JAHRBUCH
für Schlesische Kirchengeschichte

Neue Folge
Band 93/94 · 2014/2015

Verein für Schlesische Kirchengeschichte

EVANGELISCHE VERLAGSANSTALT
Leipzig

Herausgegeben von Dorothea Wendebourg

Bibliographische Information der Deutschen Nationalbibliothek
Die Deutsche Nationalbibliothek verzeichnet diese Publikation in der Deutschen Nationalbibliographie; detaillierte bibliographische Daten sind im Internet über http://dnb.dnb.de abrufbar.

Das Buch wurde auf alterungsbeständigem Papier gedruckt.

Cover: Kai-Michael Gustmann, Leipzig
Satz: kolleg3, (Schauß/Wilke)
Druck und Binden: Hubert & Co., Göttingen

ISBN 978-3-374-04277-7
www.eva-leipzig.de

Inhaltsverzeichnis

Vorwort

Fast alle Hauptbeiträge des vorliegenden Bandes sind Vorträge der Jahrestagungen des Vereins für Schlesische Kirchengeschichte in den Jahren 2014 und 2015. Die erste dieser Tagungen, vom 1.–4. September 2014 auf Schloß Muhrau/Morawa in Schlesien abgehalten, stand unter dem Thema „Adel, Reformation und Gegenreformation in Schlesien"; ergänzt werden die hier abgedruckten Referate von Muhrau durch den später geschriebenen Beitrag von Dietrich Meyer „Die Reformation und der lutherische Adel Schlesiens". Die zweite Tagung fand vom 7.-10. September 2015 in der Kreuzbergbaude bei Görlitz statt und galt dem Thema „Die Angliederung der östlichen Oberlausitz an die preußische Kirchenprovinz Schlesien vor 200 Jahren". Wie immer folgen den deutschen Beiträgen polnische Summarien, für deren Übersetzung wie in früheren Jahren Herrn Sobiesław Nowotny aus Schweidnitz zu danken ist. Im Fall des Vortrags von Alexandra Lipińska bringen wir den gesamten Text in deutscher und polnischer Sprache.

Berlin, im Juni 2016 — Dorothea Wendebourg

Adel, Reformation und Gegenreformation in Schlesien. Eine Einführung

von Ulrich Schmilewski

Ein Tagungsthema wie „Adel, Reformation und Gegenreformation in Schlesien"[1] bedarf einer Einführung in die allgemeinen und landeskundlichen Bezüge der gesellschaftlichen Gruppe, des Standes „Adel", sowie von Reformation und Gegenreformation in ihren unterschiedlichen Ausprägungen und Verlaufsformen im Alten Reich und in Schlesien. Die folgenden Ausführungen sollen hierzu einen orientierenden Überblick bieten.

Adel ist ein universalhistorisches Phänomen. Man versteht unter Adel eine sozial exklusive Gruppe mit anerkanntem gesellschaftlichen Vorrang. In Europa entwickelte sich diese Gruppe zu einem Geburtsstand, der zudem politische Privilegien, eine rechtliche Sonderstellung und Herrschaftsrechte erlangte, die besonders in Mittelalter und Früher Neuzeit zur Verfügungsgewalt über Land und Leute führten[2]. In verschiedene Herrschaftsbereiche und Regionen eingebunden, entwickelte sich der Adel trotz übergreifender politischer und kultureller Gemeinsamkeiten nach den jeweiligen lokalen Gegebenheiten, entstanden sogenannte Adelslandschaften, darunter auch jene in Schlesien. Als eigene regionale Korporation „in vnserm geliebten Vaterlande Schlesien" mag sich der schlesische Adel erstmals im 16. Jahrhundert empfunden haben, als Georg von Wentzky und Petersheyde in einem Traktat das schlesische Ritterrecht und Ehrengericht „durch offenen Druck an den Tag" brachte, posthum 1615 veröffentlicht[3]; die großen allgemeinen Gesetzessammlungen folgten hundert Jahre später. Ebenfalls rund hundert Jahre später erschienen die beiden umfangreichen Bände des Johannes Sinapius über den schlesischen Adel „mit Erzehlung des Ursprungs, der Wappen, Genealogien [...], der Stamm-Häuser

1 Die Jahrestagung des Vereins für Schlesische Kirchengeschichte fand vom 1. bis 4. September 2014 auf Schloß Muhrau bei Striegau in Schlesien statt. Im Anschluß an die Vorträge führt eine Tagesexkursion in das Bartschtal mit Besuchen in Kraschnitz (Adel und Diakonie), Militsch (Adel und Kirchenpatronat), Sulau (Adel und Landwirtschaft) und Trachenberg (Adel und Politik).

2 Definition nach MONIKA WIENFORT, Der Adel in der Moderne, Göttingen 2006, 8.

3 GEORG VON WENTZKY UND PETERSHEYDE, Kurtzer Tractat und Bericht von dem Schlesischen RitterRecht und EhrenGericht. Denen vom Adel und Ritter-Standt zu besonderm dienst und wolgefallen [...], Leipzig 1615, Zitate in der Vorrede Aiiv, Aiiir.

und Güter"[4], ein wahrer „Who's Who" des schlesischen Adels, doch gehen hier wie in der gesamten Literatur dieser Zeit über den Adel korrekte Fakten und barockes Fabulieren ein unentwirrbares Ganzes ein.

Auf wissenschaftlicher Grundlage ist Adelsforschung für den schlesischen Raum bisher kaum und in nur unzureichendem Maße betrieben worden. Die kritische Geschichtswissenschaft befaßte sich vorrangig mit Einzelaspekten, bot selten umfassendere Überblicke[5] und hat das Thema noch nie systematisch in größerem Rahmen behandelt. Eine Ausnahme stellt hier lediglich die Phase der Genese des schlesischen Adels im Zusammenhang mit der deutschen Ostsiedlung im 13. Jahrhundert dar[6]. Der Adel seinerseits interessierte sich vorrangig für die Genealogie. Größere Geschlechter und einzelne Familien veröffentlichten – wenn sie es sich finanziell leisten konnten – die eigene Familiengeschichte, manchmal auf durchaus wissenschaftlichem Niveau, aber nur selten über die Aspekte Herkunft, Biographie, Verwandtschaft und Besitztümer hinausgehend. In Zeiten der Bürgerlichkeit und des Klassenkampfes hatte Adelsforschung im Allgemeinen so gut wie keine Konjunktur in der Wissenschaft, was für die schlesische Adelsforschung mit Ausnahme für das 13. Jahrhundert insbesondere galt.

---

4 JOHANNES SINAPIUS, Schlesischer Curiositäten erste Vorstellung. Darinnen die ansehnlichen Geschlechter des Schlesischen Adels mit Erzehlung des Ursprungs, der Wappen, Genealogien der qualificirtesten Cavaliere, der Stamm-Häuser und Güter [...], 1, Leipzig 1720; DERS., Des schlesischen Adels anderer Theil oder Fortsetzung schlesischer Curiositäten; darinnen die graeflichen, freyherrlichen und adeligen Geschlechter in voelligem Abrisse dargestellet werde; nebst einer noethigen Vorrede und Register, Bd. 2, Leipzig, Breslau 1728, Nachdruck Neustadt a.d. Aisch 1999-2000.

5 Etwa JOHANNES ZIEKURSCH, Hundert Jahre schlesischer Agrargeschichte. Vom Hubertusburger Frieden bis zum Abschluß der Bauernbefreiung (Darstellungen und Quellen zur schlesischen Geschichte 20), Breslau (1915) ^{2}1927, ND der 1. Aufl. Aalen 1978; besonders NORBERT CONRADS, Adelsgeschichte (in: JOACHIM BAHLCKE (Hg.), Historische Schlesienforschung. Methoden, Themen und Perspektiven zwischen traditioneller Landesgeschichtsschreibung und moderner Kulturwissenschaft [Neue Forschungen zur schlesischen Geschichte 11], Köln, Weimar, Wien 2005, 347–381).

6 MAREK CETWIŃSKI, Rycerstwo śląskie do końca XIII w. [Die schlesische Ritterschaft bis zum Ende des 13. Jhs]. Pochodzenie – gospodarka – polityka [Herkunft – Wirtschaft – Politik], Biogramy i rodowody [Biogramme und Stammbäume] (Prace Wrocławskiego Towarzystwa Naukowego A 201, 229), Wrocław 1980, 1982; TOMASZ JUREK, Obce rycerstwo na Śląsku do połowy XIV wieku [Fremde Ritterschaft in Schlesien bis zur Mitte des 14. Jhs.] (Prace Komisji Historycznej Poznańskiego Towarzystwa Przyjacół Nauk 54), Poznań 1996; ULRICH SCHMILEWSKI, Der schlesische Adel bis zum Ende des 13. Jahrhunderts. Herkunft, Zusammensetzung und politisch-gesellschaftliche Rolle (Wissenschaftliche Schriften des Vereins für Geschichte Schlesiens 5), Würzburg 2001.

Geändert hat sich dies allgemein erst in den letzten 25 Jahren mit modernen Fragestellungen, etwa nach dem „Obenbleiben", der Selbstdarstellung und den Kulturleistungen einer jahrhundertelang führenden Schicht. Für kulturelle Brükkenlandschaften oder Überlappungsräume wie Schlesien kommt zudem die europäische Ausrichtung des Adels als supranationaler Stand hinzu, der ein besonderes Interesse hervorruft. So ist 2005 unter Federführung des Bundesinstituts für Kultur und Geschichte der Deutschen im östlichen Europa in Oldenburg und in Kooperation mit Wissenschaftlern insbesondere an den Universitäten Breslau, Passau und Stuttgart das Deutsch-Polnische Forschungsprojekt „Adel in Schlesien – Szlachta na Śląsku" ins Leben gerufen worden. Ziel des Projekts war es, den aktuellen Wissensstand zu ermitteln, im Rahmen eines Graduiertenkollegs Forschungen zur adligen Kultur Schlesiens in der Neuzeit zu fördern sowie in Teilprojekten Untersuchungen aus literatur- und kunstgeschichtlicher Perspektive zum schlesischen Adel von der Frühen Neuzeit bis ins 18. Jahrhundert durchzuführen. Fortgeführt wurde dieses bis 2008 laufende Projekt mit einem an der Universität Passau betriebenen Teilprojekt „Adel ohne Land – Land ohne Adel? Der schlesische Adel zwischen individuellem Gedächtnis und kommunistischer Erinnerungspolitik, 1945-1990"[7], in dem Erkenntnisse zum Fortleben des schlesischen Adel nach dem Ende des Zweiten Weltkriegs gewonnen werden sollen. In das Gesamtprojekt fügen sich zwei Ausstellungen ein, jene des Oberschlesischen Landesmuseums mit dem Titel „Schloßgeschichten. Adel in Schlesien" des Jahres 2011 sowie die internationale, in Görlitz, Liegnitz und Breslau 2014 gezeigte Ausstellung „Adel in Schlesien – Szlachta na Śląsku".

Ihren publizistischen Niederschlag und Nachhall haben diese Projekte bisher neben einigen Aufsätzen im Wesentlichen in fünf umfangreichen Publikationen gefunden: in den drei Bänden der Reihe „Adel in Schlesien", einem Buch über die Familie Schaffgotsch und dem zweiteiligen Katalog der genanten internationalen Ausstellung. Band 1 von „Adel in Schlesien" präsentiert die Vorträge einer 2006 in Breslau durchgeführten internationalen Tagung, die den schlesischen Adel unter den Aspekten Herkunft, Tradition, Memoria und Selbstverständnis behandelt sowie auf Beziehungsgeschichte, Politik, Wirtschaft und Verwaltung und auf Bildung und Mäzenatentum eingeht[8]. Band 2 der Reihe ist ein Repertorium mit fünf Überblicksartikeln, einem Verzeichnis von für die schlesische Adelsforschung rele-

7 Vgl. http://www.uni-passau.de/adel-in-schlesien (zuletzt besucht am 12.4.2015).

8 Jan Harasimowicz, Matthias Weber (Hgg.), Adel in Schlesien. 1: Herrschaft – Kultur – Selbstdarstellung (Schriften des Bundesinstituts für Kultur und Geschichte der Deutschen im östlichen Europa 36), München 2010.

vanten Archiven und ihren einschlägigen Beständen sowie einer durch die Einbeziehung des schlesischen Dynastengeschlechts der Piasten umfangreichen Bibliographie[9]. Der dritte Band ist Literatur und Kultur von der Frühen Neuzeit bis zur Gegenwart gewidmet, jedoch dem Adel nicht nur in Schlesien, sondern auch in Mitteleuropa, und zwar aus kulturgeschichtlicher Perspektive und in Einzelaspekten[10] – der bisher wohl problematischste Band der Reihe. Gegenstand eines Aufsatzbandes ist ein einzelnes Adelsgeschlecht – das Haus Schaffgotsch –, wobei Konfession, Politik und Gedächtnis dieser schlesischen Adelsfamilie vom Mittelalter bis in die Moderne thematisiert werden[11]. Mehr als reich bebilderter und Exponate beschreibender Katalog versteht sich schließlich trotz einführender Aufsätze die zweibändige Begleitpublikation zur großen internationalen Ausstellung[12].

Gemeinsam ist all diesen Veröffentlichungen, daß das Thema „Adel und Kirche bzw. Konfession“ nicht als eigener Aspekt behandelt, sondern nur ansatzweise gestreift wird etwa mit der Auswertung von Leichenpredigten bzw. im Bereich der Kunstgeschichte mit der Behandlung bildlicher Zeugnisse des Glaubens und von Grabdenkmälern, diese jedoch recht ausführlich als Elemente adliger Begräbniskultur und Selbstdarstellung. Einzig Joachim Bahlcke befaßt sich explizit mit bischöflichen Traditionen des schlesischen Adels[13] und den katholisch-geistlichen Karrieren der Schaffgotsch[14]. Das Verhältnis des schlesischen Adels zur katholischen oder zur evangelischen Kirche bzw. Konfession wird explizit nicht themati-

---

9 JOACHIM BAHLCKE, WOJCIECH MROZOWICZ (Hgg.), Adel in Schlesien. 2: Repertorium: Forschungsperspektiven – Quellenkunde – Bibliographie (Schriften des Bundesinstituts für Kultur und Geschichte der Deutschen im östlichen Europa 37), München 2010.

10 WALTER SCHMITZ (Hg.), Adel in Schlesien. 3: Adel in Schlesien und Mitteleuropa. Literatur und Kultur von der Frühen Neuzeit bis zur Gegenwart (Schriften des Bundesinstituts für Kultur und Geschichte der Deutschen im östlichen Europa 48), München 2013.

11 JOACHIM BAHLCKE, ULRICH SCHMILEWSKI, THOMAS WÜNSCH (Hgg.), Das Haus Schaffgotsch. Konfession, Politik und Gedächtnis eines schlesischen Adelsgeschlechts vom Mittelalter bis zur Moderne, Würzburg 2010.

12 MARKUS BAUER u.a. (Hgg.), Szlachta na Śląsku. Średniowiecze i czasy nowozytne. Adel in Schlesien. Mittelalter und Frühe Neuzeit, Dresden 2014; DIES. (Hgg.), Adel in Schlesien und in der Oberlausitz. Mittelalter, Neuzeit, Gegenwart. Szlachta na Śląsku i Górnych Luzycach. Średniowiecze. Nowozytność. Współczesność, Dresden 2014.

13 JOACHIM BAHLCKE, Bischöfliche Traditionen des schlesischen Adels in der Frühen Neuzeit (in: HARASIMOWICZ, WEBER [s. Anm. 7], 337-362).

14 JOACHIM BAHLCKE, Geistliche Karrieren der Schaffgotsch. Aufstiegsstrategien und Karrierewege in der hierarchia catholica vom 17. bis zum 19. Jahrhundert (in: BAHLCKE, SCHMILEWSKI, WÜNSCH [s. Anm. 10], 187-210).

siert, untersucht oder gewürdigt. Diesem Manko bei einem aktuellen Forschungsthema soll mit den folgenden Aufsätzen in einem ersten Ansatz begegnet werden. Dabei ergeben sich für den protestantischen Adel in Schlesien zwei Hauptthemen: Reformation und Gegenreformation sowie die Soziale Frage; das zweite Thema muß jedoch einer späteren Behandlung vorbehalten bleiben.

Reformation und Gegenreformation bzw. Konfessionalisierung sind staatspolitische Ereignisse auf der Ebene des Reiches, die sich in dessen Territorien unterschiedlich entwickelten. Deshalb sollen hier die Entwicklungen im Reich[15] und in Schlesien[16] in ihren wechselseitigen Bedingungen im Überblick vorgestellt werden. Mit dem wohl doch erfolgten Anschlag[17] seiner 95 Thesen durch Martin Luther am 31. Oktober 1517 an die Tür der Schloßkirche zu Wittenberg ging es diesem nur um eine wissenschaftliche Disputation mit dem „fernen Ziel" einer Reformation der bestehenden Kirche, um eine „re-formatio", d.h. eine Rückbildung, um eine Befreiung des alten Zustands vom üblen Einschliff der neuen Zeit. Politisiert wurde diese Absicht erst im Konflikt zwischen dem Kaiser und den Landesfürsten, erst in diesem Konflikt entstand die Reformation und mit ihr eine neue Glaubenslehre und Kirche.

Die neuen Ansichten Luthers fanden rasch Anklang – in Schlesien ab 1520 –, aber auch Ablehnung, etwa ein Jahr später mit der persönlichen Erklärung vom

15 Verwiesen sei hier lediglich auf die drei Bände des neuesten Gebhardt (10. Aufl.): Wolfgang Reinhard, Probleme deutscher Geschichte 1495–1806. Reichsreform und Reformation 1495–1555 (Gebhardt. Handbuch der deutschen Geschichte 9), Stuttgart 2001; Maximilian Lanzinner, Konfessionelles Zeitalter 1555–1618. Gerhard Schormann, Dreißigjähriger Krieg 1618–1648 (Gebhardt. Handbuch der deutschen Geschichte 10), Stuttgart 2001; Johannes Burkhardt, Vollendung und Neuorientierung des frühmodernen Reiches 1648–1763 (Gebhardt. Handbuch der deutschen Geschichte 11), Stuttgart 2006.

16 Genannt seien hier an allgemeineren Werken Ludwig Petry, Josef Joachim Menzel (Hgg.), Geschichte Schlesiens 2: Die Habsburger Zeit 1526-1740, Sigmaringen (1973) ²1988; Norbert Conrads (Hg.), Schlesien. Deutsche Geschichte im Osten Europas, Berlin 1994, 202–344; Joachim Bahlcke (Hg.), Schlesien und die Schlesier (Studienbuchreihe der Stiftung Ostdeutscher Kulturrat 7), München 1996, 46–73; Arno Herzig, Geschichte Schlesiens. Vom Mittelalter bis zur Gegenwart (C.H.Beck Wissen), München 2015, 37–53; Hugo Weczerka (Hg.), Schlesien. Handbuch der historischen Stätten (Kröners Taschenbuchausgabe 316), Stuttgart (1977) 22003, LIII–LXIX sowie aus konfessioneller Sicht Werner Marschall, Geschichte des Bistums Breslau, Stuttgart 1980, 59–102 und Gustav Adolf Benrath u.a. (Hgg.), Quellenbuch zur Geschichte der evangelischen Kirche in Schlesien (Schriften des Bundesinstituts für ostdeutsche Kultur und Geschichte 1), München 1992, 1–199.

17 Heinz Schilling, Martin Luther. Rebell in einer Zeit des Umbruchs, München (2012), ²2013, 164f.

19. April 1521 Kaiser Karls V. – eines Habsburgers – während des Wormser Reichstags, in der er sich zur vielhundertjährigen christlichen Tradition, zur Treue gegenüber Rom und zum Schutz der römischen Kirche bekannte. In Schlesien breitete sich unterdessen die neue Lehre mit Unterstützung Herzog Friedrichs II. von Liegnitz und Herzog Georgs von Ansbach-Jägerndorf – einem Hohenzollern – aus, berief der Rat der Stadt Breslau 1523 den Lutheraner Johannes Heß zum Prediger an St. Maria Magdalena, wurde 1526 in Liegnitz die erste evangelische Universität überhaupt gegründet, die jedoch drei Jahre später aus finanziellen Gründen und aufgrund theologischer Streitigkeiten wieder einging. Dieses Jahr – 1526 – ist ein Epochenjahr in der Geschichte Schlesiens: Neben Ungarn ging mit der Krone Böhmen auch Schlesien im Erbwege an den Habsburger Ferdinand über, Schlesien wurde habsburgisch und sollte es bleiben bis 1742.

Im Reich verfestigten sich die konfessionellen Gegensätze während des Reichstags zu Augsburg 1539 mit der Confessio Augustana der Protestanten und der Confutatio des Kaisers, sie führten zum Schmalkaldischen Krieg zwischen dem gleichnamigen evangelischen Bund von Fürsten und Städten einerseits und dem siegreichen Kaiser andererseits. Zur gleichen Zeit – 1546 – erklärte König Ferdinand von Böhmen als Oberherr Schlesiens die Erbverbrüderung zwischen den protestantischen Piasten in Liegnitz-Brieg und Wohlau und den Hohenzollern für nichtig und wirkte so gegen eine protestantische Schwerpunktbildung.

Eine Beruhigung für ein halbes Jahrhundert brachte der Augsburger Religionsfriede von 1555 für das Reich: Die römisch-katholische und die lutherisch-augsburgische Konfession wurden als gleichberechtigt anerkannt, nicht aber andere Glaubensrichtungen wie die der Reformierten; den Reichsständen wurde die freie Wahl des Bekenntnisses für sich und ihre Untertanen zugestanden, letzteren das Recht auf Auswanderung; eingezogene Kirchengüter sollten bei den lutherischen Ständen verbleiben. Nicht anerkannt wurde dagegen von den Protestanten, daß geistliche Fürsten, die zum Luthertum übertreten würden, ihr Amt und ihre Besitzungen verlören, von den Katholiken, daß die bereits lutherischen Untertanen geistlicher Fürsten ihren Glaubensstand beibehalten könnten. So waren zwei Konfliktbereiche vorgegeben: jener zwischen Lutheranern und Reformierten und jener zwischen den evangelischen und katholischen Mächten, die zur Gründung von Bündnissen 1608/09 führte, der evangelischen Union und der katholischen Liga.

In Schlesien dagegen hatte sich das Luthertum ungehindert ausbreiten können. Um 1564 waren nur noch der Bischof von Breslau und die Standesherren von Loslau, Pleß und Trachenberg katholisch. Das lutherische Bekenntnis wurde geduldet, königlich böhmische Erlasse ergingen nur gegen radikale Bewegungen wie die der

Schwenkfelder und der Wiedertäufer sowie etwa gegen ungeweihte Geistliche. Gegenreformatorische Strömungen machten sich jedoch mit Beginn der Herrschaft Rudolfs II. ab 1567 bemerkbar. Dennoch war er es, der im Bruderzwist des Hauses Habsburg 1609 in zwei Majestätsbriefen Religionsfreiheit gewährte, einer ausgestellt für die böhmischen Stände, der andere vom 20. August 1609 für die Stände in Schlesien[18]. In ihm wurde die Gleichberechtigung des katholischen und lutherischen Bekenntnisses sowie die freie Religionsausübung für jeden Einzelnen verbrieft, die Gründung evangelischer Kirchen und Schulen auch in den habsburgischen Erbfürstentümern und im katholischen Bistumsland gestattet sowie die Besetzung des Oberamtes, des höchsten Regierungsamtes in Schlesien, durch einen nichtgeistlichen, und das hieß damals durch einen protestantischen, Fürsten zugesagt. Mit diesem Majestätsbrief hatte Schlesien eine Höchstform von Religionsfreiheit erlangt. Dennoch schwenkten in den folgenden Jahren verschiedene schlesische Fürsten aus politisch-konfessionellen Gründen zum Katholizismus und Calvinismus über.

Gerade der böhmische Majestätsbrief bzw. die Verletzung der darin zugesagten Religionsfreiheit wurde zur Ursache des Prager Fenstersturzes vom 23. Mai 1618 und dieser zum Anlaß für den Dreißigjährigen Krieg. Hinzu kam, daß die Stände der böhmischen Länder – darunter auch die Schlesiens – den wegen seines bekannten gegenreformatorischen Eifers für sie nicht tragbaren Ferdinand II. als König von Böhmen absetzten und am 26. August 1619 an seine Stelle Friedrich V. von der Pfalz wählten. Die Herrschaft des Winterkönigs dauerte nur ein Jahr und endete mit seiner Niederlage in der Schlacht am Weißen Berg bei Prag am 8. November 1620 und der darauf folgenden Flucht durch Schlesien. Für Böhmen ist die Schlacht am Weißen Berg eine historische Zäsur. Der siegreiche Habsburger hielt ein Strafgericht, ließ die Köpfe der Rädelsführer – darunter 27 Standesherren – auf dem Ring der Prager Altstadt rollen, trieb Tausende von Protestanten ins Exil, beschlagnahmte deren und der Rebellen Güter und entmachtete die Stände völlig. Damit war für Ferdinand II. der Weg zur Rekatholisierung und zur Durchsetzung des Absolutismus in Böhmen frei.

Dieses Schicksal blieb Schlesien noch erspart. Auf Vermittlung des sächsischen Kurfürsten Johann Georg I. schlossen Ferdinand II. und die schlesischen Stände am 28. Februar 1621 den Dresdner Akkord. In ihm sagten sich die schlesischen

---

18 JOACHIM BAHLCKE, Religion, Politik und Späthumanismus. Zum Wandel der schlesisch-böhmischen Beziehungen im konfessionellen Zeitalter (in: KLAUS GARBER [Hg.], Kulturgeschichte Schlesiens in der Frühen Neuzeit. 2 Bde. [Frühe Neuzeit 111], Tübingen 2005, hier Bd.1, 69–92, hier 85).

Stände vom Winterkönig los, huldigten Ferdinand II. und zahlten dem Habsburger eine Geldstrafe von 300.000 Gulden. Ausgenommen von dieser Vereinbarung war Herzog Johann Georg von Brandenburg-Jägerndorf, der Befehlshaber der schlesischen Truppen des Winterkönigs, dessen Besitzungen eingezogen und der selbst in die Acht gegeben wurde. Gerettet wurde mit dem Dresdner Akkord die Gültigkeit des schlesischen Majestätsbriefs und damit die Religionsfreiheit für das Land an der Oder.

Dennoch begann Ferdinand mit der Rekatholisierung zunächst im Bistumsland und in den ihm unterstehenden Erbfürstentümern. Das wechselhafte Kriegsglück des Dreißigjährigen Krieges begünstigte mal die Protestanten, wenn die Schweden, mal die Katholiken, wenn die Kaiserlichen im Land, in der Stadt waren. Berüchtigt waren die Liechtensteiner Dragoner, die sich in großer Zahl bei Protestanten einquartierten, aber auszogen, wenn der Hausbesitzer schließlich einen katholischen Beichtzettel vorlegen konnte[19]. Nach dem Tode des Schwedenkönigs Gustav Adolf Wasa in Schlacht von Lützen ließen sich die schlesischen Stände 1633 auf eine „Konjunktion" mit den evangelischen Mächten Schweden, Brandenburg und Sachsen ein. Als Sachsen zwei Jahre später aus diesem Bündnis ausschied und den Prager Frieden schloß, mußten sich die Schlesier dem Kaiser unterwerfen. Nur die Piasten in Liegnitz, Brieg und Wohlau sowie die Podiebrad in Oels konnten für ihre Territorien die Religionsfreiheit bewahren. Ab 1639 war Schlesien in besonderem Maße Kriegsschauplatz mit den geschilderten Folgen je nach militärischer Lage.

Beendet wurde der Dreißigjährige Krieg auf europäischer und Reichsebene mit den Frieden von Münster und Osnabrück, unterzeichnet am 24. Oktober 1648. Für das Reich brachte der Westfälische Frieden in der Hauptsache neben einer Stärkung der Territorialfürsten gegenüber dem Kaiser die Gleichberechtigung von katholischem, lutherischem und reformierten Bekenntnis. Für das Bekenntnis und den geistlichen Besitz wurde zudem der Stand vom 1. Januar 1624 als verbindlich vereinbart. Ausgenommen von diesen konfessionellen Regelungen wurden jedoch die evangelische Kurpfalz sowie die katholische Oberpfalz und die habsburgischen Erblande. Letzteres betraf auch Schlesien, doch hatten für das Oderland Schweden und die evangelischen Reichsstände durchgesetzt, daß Liegnitz-Brieg-Wohlau, Oels und auch wieder die Stadt Breslau ihre Religionsfreiheit behielten, in den Erbfürstentümern drei sog. Friedenskirchen in Glogau, Jauer und Schweidnitz errichtet

---

19 Beispiel für Glogau und Schweidnitz bei JÖRG DEVENTER, Gegenreformation in Schlesien. Die habsburgische Rekatholisierungspolitik in Glogau und Schweidnitz 1526–1707 (Neue Forschungen zur schlesischen Geschichte 8), Köln, Weimar, Wien 2003, 189.195f.

werden durften und Schweden sowie die evangelischen Reichsstände ein Einspruchsrecht in schlesischen Religionsangelegenheiten gegenüber dem Kaiser eingeräumt wurde[20]. Die Habsburger hatten also protestantische Inseln in ihrem Erbland Schlesien und eine „Internationalisierung" der Konfessionsfrage in Schlesien hinnehmen müssen.

Dies hinderte die Habsburger jedoch nicht, den gegenreformatorischen Druck auf Schlesien zu erhöhen, die evangelische Konfession jetzt systematisch zu unterdrücken. Evangelische Kirchen wurden geschlossen, die Pfarrer vertrieben, zu städtischen Ämtern nur noch Katholiken zugelassen. Die evangelischen Gläubigen in Schlesien wichen zum Gottesdienst in die im Grenzgebiet der Nachbarländer bestehenden und nun erweiterten sogenannten Zufluchtskirchen oder die eigens errichteten Grenzkirchen aus. Als 1675 der letzte Piast, Herzog Georg Wilhelm von Liegnitz-Brieg-Wohlau, starb, fielen auch seine Länder als erledigte Lehen an die Krone, doch respektierte der Kaiser zunächst die im Westfälischen Frieden dort garantierte Religionsfreiheit. In den letzten Jahren des Jahrhunderts wurde allerdings auch hier die evangelische Religion unterdrückt, wie sich überhaupt die Gegenreformation in Schlesien immer stärker durchsetzte. Dies war auch eine Folge der neuen katholischen Frömmigkeitsformen, die das Volk ansprachen, wie Wallfahrten, Mariensäulen, Nepomukdenkmäler, neue, prächtige, barocke Kirchen und Klöster. Besonderer Förderung erfreuten sich die Orden, vor allem die Jesuiten, die, in die Stadt eingeschmuggelt, mitten im evangelischen Breslau 1702 mit kaiserlicher Förderung die Hochschule Leopoldina gegründet, der Vorläufer der Universität.

Zu einer Änderung der Situation in Schlesien kam es erst durch ein außenpolitisches Ereignis, den Nordischen Krieg um die Vorherrschaft im Ostseeraum zwischen anfänglich Rußland, Dänemark und Polen einerseits sowie Schweden unter König Karl XII. andererseits. Dieser schlug die Dänen und Russen, vertrieb August den Starken aus seinem polnischen Königreich und verfolgte ihn bis Sachsen, wo er ihn zu einem demütigenden Frieden zwang. Als sich Karl in Altrandstädt bei Leipzig aufhielt, wandten sich die evangelischen Schlesier[21] an ihn, um ihn als Repräsentanten der Schutzmacht des Westfälischen Friedens um Unterstützung zu bitten. In

20 Vgl. Matthias Weber, Das Verhältnis Schlesiens zum Alten Reich in der Frühen Neuzeit (Neue Forschungen zur schlesischen Geschichte 1), Köln, Weimar, Wien 1992, 240–280. 421–426 (Die Interzessionen des Corpus Evangelicorum und Kursachsens beim Kaiser für Schlesien).

21 Norbert Conrads, Der Anteil des schwedischen Gesandten Stralenheim an der Entschlussbildung und Durchführung der Altranstädter Konvention von 1707 (in: Jürgen Rainer Wolf [Red.], 1707–2007 Altranstädter Konvention. Ein Meilenstein religiöser Toleranz in Europa [Veröffentlichungen des Sächsischen Staatsarchivs A 10], Halle/Saale 2008, 26–50).

der Konvention von Altranstädt[22] vom 1. September 1707 zwang er Kaiser Joseph I. (1705-1711), dessen Truppen im West des Reiches gebunden waren und der selbst zu einer gemäßigteren Konfessionspolitik neigte, zur Wiederherstellung der Religionsfreiheit in den im Friedenvertrag genannten Herzogtümern Liegnitz-Brieg-Wohlau und Breslau sowie zusätzlich in Münsterberg, da die Herzöge von Oels im Westfälischen Friedensinstrument noch den Titel „Herzöge von Münsterberg" verwandten, obwohl sie das Fürstentum bereits 1569 verloren hatten. Es wurden nicht nur die evangelischen Kirchen in den genannten Gebieten restituiert, sondern aus kaiserlicher „Gnade" sechs weitere evangelische Gotteshäuser für Schlesien gewährt, die sog. Gnadenkirchen in Freystadt, Sagan, Militsch, Hirschberg, Landeshut und – als einzige evangelische Kirche Oberschlesiens – Teschen. Zur Versorgung der in den evangelischen Gebieten inzwischen entstandenen kleinen katholischen Gemeinden richtete der Kaiser Pfarrstellen, die „Josephinschen Kuratien", ein. Unter Kaiser Joseph und seinem Nachfolger Karl VI. (1711-1740) wurden die Altranstädter Verpflichtungen eingehalten, jedoch weiterhin eine katholikenfreundliche Politik bei Benachteiligung und Zurücksetzung der Evangelischen betrieben. Unter Karl VI. wurde die „Politik der Nadelstiche und Schikanen"[23], wie sie Ludwig Petry bezeichnet hat, zum System. Von einer gleichberechtigten Behandlung der beiden Bekenntnisse war man in Schlesien noch weit entfernt. Ändern sollte sich dies erst mit der Eroberung Schlesiens durch den Preußenkönig Friedrich den Großen ab 1740. Nun war der Bau zahlreicher Bethauskirchen möglich, womit die singuläre evangelische Kirchenlandschaft Schlesiens mit ihren Friedens-, Zufluchts- und Grenzkirchen, Gnaden- und Bethauskirchen vollendet wurde.

---

22 Grundlegend NORBERT CONRADS, Die Durchführung der Altranstädter Konvention in Schlesien 1707–1709 (Forschungen und Quellen zur Kirchen- und Kulturgeschichte Ostdeutschlands 8), Köln, Wien 1971. Neueste Literatur anläßlich des 200. Jahrestages FRANK METASCH, 300 Jahre Altranstädter Konvention – 300 Jahre Schlesische Toleranz. 300 lat Ugody Altransztadziej – 300 lat Śląskiej tolerancji. Begleitpublikation zur Ausstellung des Schlesischen Museums zu Görlitz (Spurensuche. Geschichte und Kultur Sachsens 2), Dresden 2007; WOLF (s. Anm. 21); HANS-WOLFGANG BERGERHAUSEN unter Mitwirkung von ULRICH SCHMILEWSKI (Hg.), Die Altranstädter Konvention von 1707. Beiträge zu ihrer Entstehungsgeschichte und zu ihrer Bedeutung für die konfessionelle Entwicklung in Schlesien (Beihefte zum Jahrbuch für Schlesische Kirchengeschichte 11), Würzburg 2009; LUCYNA HARC, GABRIELA WĄS (Hgg.), Religia i polityka. Kwestie wyznaniowe i konflikty polityczne w Europie w XVIII wieku. W 300. rocznicę konwencji w Altranstädt [Religion und Politik. Religionsfragen und politische Konflikte im Europa des 18. Jahrhunderts. Zum 300. Jahrestag der Konvention von Altranstädt] (Historia 178), Wrocław 2009.

23 LUDWIG PETRY, Politische Geschichte unter den Habsburgern (in: PETRY/MENZEL [s. Anm. 16], 1–99, hier 89).

Mit der Eroberung Schlesiens durch Preußen ging nicht nur die habsburgische Epoche in der Geschichte des Oderlandes zu Ende, sondern auch das Zeitalter der Gegenreformation, das in Schlesien von 1576 bis 1740 und damit länger als im Reich gedauert hatte.

Den geschilderten politischen Entwicklungen ist wie die gesamte Bevölkerung natürlich auch der schlesische Adel unterworfen. Dessen Anfänge liegen wie die des Landes selbst im Dunkel der polnischen Geschichte[24]. Bereits in den frühesten erzählenden und urkundlichen Quellen um die Wende des 11. zum 12. Jahrhundert tritt ein regional sich auf Schlesien beziehender Adel polnischen Ursprungs hervor. In Zusammenhang mit der deutschen Ostsiedlung kamen auch deutsche Adlige, in ihrer Mehrzahl landesherrliche und Reichsministeriale, nach Schlesien, traten in den Dienst der Landesherren und erhielten dafür Lehen, also Landbesitz mit der Verfügungsgewalt über Menschen. Besaß der alte, polnischstämmige Adel sein Land zu Eigenrecht, so wandelte der neue, deutschstämmige Adel die geliehenen Lehen im Laufe der Zeit in erblichen Eigenbesitz. Beide Gruppen betrachteten sich auf Grund ihrer sozialen Herkunft und ihrer Stellung als ebenbürtig und gingen schon früh Eheverbindungen ein. Eingesessener und zugewanderter Adel verbanden sich also im Konnubium und bildeten somit den eigentlichen schlesischen Uradel. Bis zum Ende des Mittelalters war der schlesische Adel kein fest abgeschlossener Geburtsstand, der wirtschaftliche Niedergang einer Familie führte zu deren Abgleiten aus dem Adel, wogegen städtischen Patriziern über den Erwerb von Landbesitz oder Schulzen der Aufstieg gelang.

Dies änderte sich mit Beginn der Neuzeit, als der Adel begann, sich als exklusiver Stand von Geburt und gemäß dem Aufkommen eines allgemeinen schlesischen Landesbewußtseins als eine regional definierte Korporation zu verstehen. Das sich daraus entwickelnde Selbstbewußtsein des Adels als politischer Stand stand im Gegensatz zu den Absichten der Habsburger, die seit 1526 die Oberlandesherren Schlesiens waren, ihre Lande zu einem frühmodernen Staat auszubauen. Hierfür mußten sie auf eine loyale, in Recht und Verwaltung sachkundige und im Sinne der Gegenreformation konfessionell kongruente Gefolgschaft zurückgreifen können, die sich allerdings im mehrheitlich protestantischen Adel Schlesiens mit seinen Vorbehalten gegenüber einem Dienst beim katholischen Landesherrn

24 Das Folgende nach ULRICH SCHMILEWSKI, Der schlesische Adel – Herkunft, Zusammensetzung und politisch-gesellschaftliche Rolle vom Mittelalter bis zum 20. Jahrhundert (in: BAHLCKE/MROZOWICZ [s. Anm. 9], 69–91).

nur schwer finden ließ. Die Habsburger vergaben deshalb schlesische Ämter, Würden und Güter vorzugsweise an Adlige aus ihren anderen Ländern. Vom Landesherrn bezweckt, setzte so ein beachtlicher Zustrom fremder und ganz überwiegend katholischer Adliger ein. Unter diesen habsburgischen Parteigängern befanden sich auch „fürstenähnliche" Geschlechter wie die Auersperg, Hatzfeld, Liechtenstein und Lobkowitz, die an Ansehen, Würde und Besitz den schlesischen Adel bis auf einzelne wenige Geschlechter weit übertrafen. Die Nobilitierung, die Verleihung des Adels an Bürgerliche, war eine weitere Möglichkeit der Adelsvermehrung – ein Recht, das den Habsburgern als böhmischen Königen und römisch-deutschen Kaisern zustand wie auch jenes der Rangerhöhung. Zum alten, landgesessenen schlesischen Geburtsadel trat somit als neues Element der habsburgische Briefadel als Verdienstadel hinzu. Nach außen wurde die Umgestaltung des schlesischen Adels mit der Einrichtung von Freien Standesherrschaften und Minderstandesherrschaften sowie – neu – der Verleihung verschiedener Adelstitel und somit Ränge wie Freiherr und Graf fortgeführt, der Adel Schlesiens damit in sich differenziert. Die beabsichtigten Folgen dieser landesherlichen Politik waren neben der Klientelbildung eine „Austrifizierung" der obersten Adelsschicht. Alles in allem führten diese Vorgänge unter den Habsburgern im Verlauf ihrer über 200jährigen Herrschaft zur stärksten Umformung des schlesischen Adels in seiner Geschichte überhaupt. „Zu keiner Zeit wurde der schlesische Adel stärker umgeformt als in der habsburgischen Ära."[25]

Auf die „Austrifizierung" der habsburgischen Zeit folgt die „Borussifizierung" in preußischer Zeit. Auch unter den Hohenzollern wurden preußische Adlige mit schlesischen Ämtern und Würden bedacht, kamen Adlige aus den alten Provinzen der preußischen Monarchie nach Schlesien, wo sie sich mit dem Landesadel vermischten. Auch der preußische König nahm Standeserhöhungen und Ernennungen in den schlesischen Adel vor, der jedoch in seiner rangmäßigen Gliederung unverändert bestehen blieb. Der prohabsburgische Adel – nicht selten auch in Böhmen, Mähren oder den österreichischen Landen begütert – verkaufte häufig seine schlesischen Besitzungen, insbesondere in Oberschlesien, und wanderte in das Habsburgerreich aus. Andere Familien spalteten sich in verschiedene Linien mit getrenntem Besitz auf, um so Loyalitätskonflikten vorzubeugen. Friedrich der Große förderte den Adel mit dessen Einbindung in den preußischen Staat, sei es als höhere Beamte oder Offiziere, und etwa wirtschaftlich mit der Gründung der ‚Schlesischen Landschaft' als Kreditanstalt speziell für den Adel. 1785/86 waren in den Vasallentabellen Preußisch-Schlesiens rund 8.000 Adlige eingetragen, was einem Bevöl-

25 Conrads (s. Anm. 5), 350.

kerungsanteil von etwa 0,5 % entsprach[26]. Mit der Zeit übernahm der schlesische Adel die preußischen Vorstellungen von Adligkeit und identifizierte sich mit dem Staat und seinen Königen, darin gestärkt z.B. im nationalen Kampf der Befreiungskriege.

Schlesien ist im Wesentlichen immer eine Kleinadelslandschaft gewesen. Wirtschaftliche Grundlage war der Grundbesitz, ein kleines Dorf mit einem Schloß – eigentliche einem herrschaftlichen Gutshaus – und eigener Landwirtschaft. Mit der Industrialisierung stieg eine kleine Zahl von Adligen zu Industriemagnaten auf wie die Henckel von Donnersmark, der oberschlesische Zweig der Schaffgotsch, die Tiele-Winckler, Pleß und Ballestrem.

Die Standesprivilegien auch des schlesischen Adels wurden mit dem Ende der Monarchie 1918 durch die Weimarer Reichsverfassung aufgehoben. An den territorialen Folgen des Ersten Weltkriegs litt ebenso der schlesische Adel, insbesondere in Oberschlesien und an der östlichen Grenze des Oderlandes. Verstrickt war er auch in den Nationalsozialimus, gleichwohl ebenfalls in den Widerstand gegen ihn; Kreisau mit Helmuth James Graf von Moltke sei hier als Stichwort genannt. Mit dem Ende und Untergang des deutschen Schlesien 1945 verlor der schlesische Adel nicht nur seinen Besitz, sondern „auch seine Verankerung in dem historischen Raum, den er häufig seit Jahrhunderten in politischer, wirtschaftlicher und gesellschaftlicher Beziehung maßgebend mitgestaltet und der wiederum ihn geprägt hatte. Der Adel wurde im Wortsinn entwurzelt [...]."[27]

Zu den gesellschaftlichen Beziehungen gehörten u.a. die kirchlichen, konfessionellen. Hier ist im Hinblick auf „Adel, Reformation und Gegenreformation" das Kirchenpatronat von besonderer Bedeutung. In Zusammenhang mit der Dorfgründung im Zuge der deutschen Ostsiedlung oder einfach auf seinem Besitz errichtete der Grundherr auf eigene Kosten eine Kirche, die er mit Landbesitz zur Selbstversorgung des Geistlichen ausstattete. Von dieser ursprünglichen Eigenkirche verblieb ihm das Patronat, das mit Baulasten und Fürsorgepflichten verbunden war, aber auch mit dem Recht der Berufung des Pfarrers und anfänglich auch mit der Möglichkeit des Rückgriffs auf das Kirchengut. Der Adel fügte so seiner weltlichen Grundherrschaft eine Art geistlicher Aufsicht über die abhängige Bevölkerung bei. Schloß sich der Adlige der Reformation an, berief er bei nächster Gele-

26 ZIEKURSCH (s. Anm. 5), 47. Zur weiteren Entwicklung vgl. MAŁGORZATA KONOPNICKA, Struktura szlachty śląskiej w świetle pruskich tablic wasalnych z drugiej połowy XVIII i początku XIX w. [Der schlesische Adel im Lichte der preußischen Vasallentabellen aus der zweiten Hälfte des 18. und vom Anfang des 19. Jahrhunderts] (in: Sobótka 67, 2012, Nr. 3, 21–48).

27 SCHMILEWSKI (s. Anm. 24), 89.

genheit einen protestantischen Geistlichen, womit auch die Dorfbevölkerung ihr Bekenntnis wechselte. Mit der Einsetzung evangelischer Pfarrer hat der Adel entscheidend zur Durchsetzung der Reformation auf dem Land beigetragen, zumal der Adel zunächst ganz überwiegend lutherisch war. Freilich konnte ein zum Katholizismus konvertierter Patronatsherr so auch die Gegenreformation fördern. Und zu den Methoden der staatlich betriebenen Gegenreformation gehörte es, plötzlich nach Urkunden zu fragen, in denen das Patronatsrecht dem Ortsadligen verbrieft worden war – und die es bei einem althergebrachten Recht wie diesem natürlich nicht gab. In einem solchen Fall berief sich der Kaiser auf seine Oberherrschaft und setzt als Oberpatronatsherr einen katholischen Priester gegen den Willen des Patronatsherrn ein, der immerhin bei seinem Glauben verbleiben durfte. Konversionen zum katholischen Glauben wurden übrigens staatlicherseits gefördert, solche zum evangelischen Bekenntnis wurden 1709 gesetzlich verboten![28]

Da der Adel sich zu einem abgeschlossenen Geburtsstand entwickelt hatte, pflegt man das Konnubium untereinander. Mit der Glaubensspaltung kam als weiterer einschränkender Heiratskreis jener des gleichen Bekenntnisses hinzu, was sich noch heute in den Genealogien des Adels erkennen läßt, etwa am Beispiel der Schaffgotsch vor und nach deren Konvertierung.

Bei den Bekenntnissen ist zu beachten, daß in Schlesien nur das katholische und das evangelische zugelassen waren; die Bestimmung des Westfälischen Friedens, die auch das reformierte Glaubensbekenntnis zuließ, galt in Schlesien nicht! Deshalb konnte man sich offiziell nur zu einer der beiden großen Glaubensrichtungen bekennen. Reformierte, Schwenckfelder, Wiedertäufer und andere wurden als Häretiker kriminalisiert und hielten sich deshalb im Verborgenen. Andererseits demonstrierte der Adel sein Glaubensbekenntnis öffentlich in Ausstattungsgegenständen für Kirchen, in Vasa Sacra, in Bildern und in Grabdenkmälern; er visualisierte seinen Glauben.

Während der Habsburger Herrschaft, von 1526 bis 1740, war Schlesien ein konfessionell geteiltes Land und mit ihm sein Adel. Anfänglich förderte er in seiner Eigenschaft als Patronatsherr die Ausbreitung der Reformation, indem er frei werdende Pfarrstellen mit lutherischen Geistlichen besetzte, im 17. Jahrhundert machte er von diesem Recht dann vermehrt im Sinne der Gegenreformation Gebrauch. Der zunächst ganz überwiegend lutherische Adel Schlesiens sah sich im Zuge der kaiserlich-habsburgischen Gegenreformation nicht nur konfessionellem, sondern auch politischem Druck ausgesetzt, dem die einzelnen Adelsfamilien entweder wi-

28 Petry (s. Anm. 23).

derstanden, mit der Spaltung des Hauses in eine evengelische und eine katholische Linie begegneten oder nachgaben. Als religionspolitische Frage hat die Gegenreformation den Adel nicht nur in seiner Zusammensetzung, sondern auch in seiner Integrität verändert, ihn in einen überwiegend protestantisch-niederschlesischen und einen mehrheitlich katholisch-oberschlesischen Teil differiert. Damit gab der Adel ein konfessionell-regionales Abbild der Gesamtbevölkerung Schlesiens nicht nur im Zeitalter der Gegenreformation sondern darüber hinaus bis zum Ende des deutschen Schlesien.

Szlachta, reformacja i kontrreformacja na Śląsku. Wprowadzenie do tematu

Przyczynek ten ukazuje przebieg reformacji i kontrreformacji na Śląsku z uwzględnieniem roli szlachty. Podczas gdy historia szlachty śląskiej od około 2005 r. stała się aktualnym tematem badań, to jej stosunek do wyznania ewangelickiego i rzymsko-katolickiego oraz jej rola w procesie konfesjonalizacji pozostaje do tej pory obszarem niezbadanym.

Szlachta śląska, która od XII wieku wyrosła z zasiedziałej polskiej i przybyłej, przeważnie niemieckiej części, pozostawała na początku okresu nowożytnego przeważnie po stronie protestanckiej i przeciwstawiała się służbie dworskiej u katolickich Habsburgów jako panów zwierzchnich Śląska. Z tego też powodu Habsburgowie odwołali się nie pochodzących z tego terenu osób wyznania rzymsko-katolickiego, których nobilitowali i którym udzielali urzędów, godności i majątków na Śląsku, jak również tytułów podnoszących ich rangę.

W odniesieniu do spraw kościelnych szlachta, wyrażając swe prawa patronackie, określała przynależność konfesyjną swych poddanych do protestantyzmu lub na rzecz kontrreformacji. Z drugiej strony sama znalazła się pod naciskiem wyznaniowym, trzymała się mocno swego wyznania, dzieliła się w obrębie swego rodu na gałęzie różniące się od siebie pod względem wyznaniowym, albo zmieniała swe wyznanie na podstawie przyczyn, które trudne są już dziś do uchwycenia.

Die Reformation und der lutherische Adel Schlesiens

von Dietrich Meyer

Jede Beschäftigung mit der Reformation in Schlesien[1] muss sich zwei Grundvoraussetzungen vergegenwärtigen:

1. Schlesien war ein Nebenland Böhmens und unterstand dem König von Böhmen und Ungarn vor 1526, danach den Habsburger Herrschern in Wien und war damit eingebunden in die Integrationspolitik und religionspolitische Konzeption Habsburgs.[2] Es hatte aber auch Rücksicht zu nehmen auf die Stände in Böhmen und deren Entscheidung und war bei der Wahl Ferdinands I. durch die böhmischen Stände nicht einmal beteiligt worden.

2. Schlesien war keine einheitliche Größe, sondern bestand aus den dem böhmischen König unterstehenden Erbfürstentümern (Breslau, Schweidnitz-Jauer, Glogau, Troppau und Oppeln-Ratibor), den Mediatfürstentümern der Piasten (Liegnitz-Brieg-Wohlau, Teschen) und der Podiebrad (Münsterberg-Frankenstein, Oels-Bernstadt), der Wettiner (Sagan) und der Hohenzollern (Jägerndorf) und daneben zahlreiche Freie Standesherrschaften (Trachenberg und Militsch, Groß_Wartenberg, Pleß) und die Herrschaften Beuthen a.d. Oder, Oderberg, Beuthen in Oberschlesien,

---

1 Die jüngsten zusammenfassenden Darstellungen der Reformation in Schlesien finden sich in: HELLMUT EBERLEIN, Schlesische Kirchengeschichte, Ulm [4]1962; LUDWIG PETRY und JOSEF JOACHIM MENZEL, Geschichte Schlesiens, Bd. 2 Die Habsburger Zeit 1526–1740, Sigmaringen 1973, [2]1988, [3]2000; GUSTAV ADOLF BENRATH, ULRICH HUTTER-WOLANDT, u.a. (Hg.), Quellenbuch zur Geschichte der evangelischen Kirche in Schlesien, München 1992, darin zur Reformation HORST WEIGELT, 1–55; OSKAR WAGNER, Reformation in Schlesien. Ein Beitrag zur deutschen Kirchen- und Geistesgeschichte, Leer 1967; OTHMAR KARZEL, Die Reformation in Oberschlesien. Ausbreitung und Verlauf, Würzburg 1979; THOMAS WÜNSCH (Hg.), Reformation und Gegenreformation in Oberschlesien. Die Auswirkungen auf Politik, Kunst und Kultur im ostmitteleuropäischen Kontext, Berlin 1994; NORBERT CONRADS, Deutsche Geschichte im Osten Europas: Schlesien, Berlin 1994, hinsichtlich der Stellung des Adels zur Reformation: 202–249; ARNO HERZIG, Schlesien, das Land und seine Geschichte in Bildern, Texten und Dokumenten, Hamburg 2008; DERS., Reformatorische Bewegungen und Konfessionalisierung. Die habsburgische Rekatholisierungspolitik in der Grafschaft Glatz, Hamburg 1996.

2 JOACHIM BAHLCKE, Regionalismus und Staatsintegration im Widerstreit. Die Länder der Böhmischen Krone im ersten Jahrhundert der Habsburgerherrschaft (1526–1619) (Schriften des Bundesinstituts für ostdeutsche Kultur und Geschichte, Bd. 3), München 1994; LUDWIG PETRY, Reformation in Schlesien (in: ULRICH HUTTER, (Hg.), Martin Luther und die Reformation in Ostdeutschland und Südosteuropa. Wirkungen und Wechselwirkungen, Sigmaringen 1991), 59–66.

Loslau).[3] Der Verlauf in den einzelnen Territorien verlief ganz unterschiedlich und war keineswegs von Anfang an einheitlich. Es waren mindestens drei größere Territorien, die die Reformation deutlich ablehnten, das Fürstentum Münsterberg-Oels unter Karl I., Sagan unter Herzog Georg von Sachsen und die Grafschaft Oppeln unter Johann I.[4]. Erst gegen Ende des Jahrhunderts kann man feststellen, dass sich alle Fürsten Schlesiens zur evangelischen Konfession bekannten.[5]

3. Die Einführung der Reformation stieß von Anfang an auf Gegenkräfte, und es bedurfte eines ständigen Ringens, wer sich in diesem Kräftemessen behaupten könne. Diese Gegenkräfte gingen in unterschiedlicher Stärke von den Bischöfen aus, die in der Reformationszeit in Schlesien angesichts ihrer Ausbildung im Humanismus ein gewisses Verständnis für Reformen innerhalb der Kirche mitbrachten.[6] Sehr konsequent verfolgte das Domkapitel in Breslau den Standpunkt der romtreuen katholischen Kirche ebenso wie einzelne Orden und Klöster, und konnten dort, wo sie das Patronatsrecht ausübten oder Besitzer von Dörfern waren, ihren Einfluss durchsetzen. Etwaigen Machtgelüsten von Adligen, Kirchengut in größerem Stil zu säkularisieren, waren daher in Schlesien deutliche Grenzen gesetzt, und man wird dem Urteil Conrads zustimmen: „Eine große Säkularisierung des katholischen Kirchengutes, wie sie im protestantischen Deutschland begann, war in Schlesien nicht möglich."[7] Wo sie erfolgreich versucht wurde, lag das oft auch an den jeweiligen Partnern, die entweder ihr Kloster aufgaben oder gegenüber einer Säkularisierung mit der Absicht der Förderung von Schule und sozialen Einrichtungen Verständnis entgegenbrachten.

4. Für die Reformation in Niederschlesien war der Einfluss der heimlichen Hauptstadt Breslau nicht unwichtig, insbesondere der beiden an den zentralen Stadtkirchen amtierenden Pfarrer, nämlich Johannes Hess, seit 1523 an der Maria-Magdalena Kirche und Ambrosius Moiban, seit 1525 Pfarrer an der Elisabethkirche mit den jeweiligen Schulen. Sie waren die ersten Ansprechpartner in theologi-

---

3 Diese Liste folgt FRANZ MACHILEK, Schlesien (in: Anton Schindling, Walter Ziegler, (Hg.), Die Territorien des Reichs im Zeitalter der Reformation und Konfessionalisierung. Land und Konfession 1500–1650, Heft 2: Der Nordosten, Münster [3]1993, 102–138.

4 KURT ENGELBERT, Die Anfänge der lutherischen Bewegung in Breslau und Schlesien (in: Archiv für schlesische Kirchengeschichte 18, 1960), 121–207; (19, 1961), 165–282; (20, 1962), 291–372; (21, 1963), 133–214; (22, 1964), 177–250.

5 So z.B. MAXIMILIAN EIDEN, Das Nachleben der schlesischen Piasten. Köln, Weimar, Wien 2012, 33.

6 ALFRED SABISCH, Die Bischöfe von Breslau und die Reformation in Schlesien, Münster 1975.

7 CONRADS (wie Anm. 1), 229.

schen Fragen und ihre Kontakte zu den Nachbarstädten, ihre Vermittlung von Pfarrern und Lehrern, ihr Urteil in kritischen Fragen hatten Gewicht. Natürlich bestanden darüber hinaus auch unmittelbare Kontakte zu den Wittenberger Reformatoren, vor allem zu Martin Luther, Philipp Melanchthon und Johannes Bugenhagen und deren Briefwechsel mit den schlesischen Fürsten sind eine wichtige Quelle. Die gewisse Eigenständigkeit der Reformation in Breslau und Schlesien überhaupt lag an dem starken Einfluss des Humanismus und der guten Vernetzung Schlesiens mit den deutschen Territorien. In Breslau drangen die Schriften Luthers und anderer schon sehr früh ein – bereits 1520 beobachtete das Domkapitel eine lutherische Partei[8] – und sie wurde mit Hilfe des Magistrats seit 1524 durch die Berufung von lutherisch gesinnten Pfarrern und Lehrern auch durchgeführt.[9]

Im Folgenden gehen wir den wichtigsten Adelshäusern entlang und beschreiben Eigenart, Hindernisse und Festigung reformatorischer Bemühungen von Seiten des Adels. Als ein wichtiges Hilfsmittel sind neuerdings die Regesten der Religionsakten von Buckisch heranzuziehen, die die Ergebnisse der neueren Forschung (um 1980) in den Anmerkungen wiedergeben.[10]

Die Piasten von Liegnitz und Brieg: Friedrich II.

Den größten Länderkomplex in der Hand eines Fürsten vereinigte in der ersten Hälfte des 16. Jahrhunderts Herzog Friedrich II. von Liegnitz (1480–1547)[11], der 1499 die Regierung übernahm und von 1516 bis 1526 das Amt des Landeshauptmanns für Niederschlesien inne hatte. Nach dem Tod seines Bruders Georg 1521 fiel ihm dessen Gebiet von Brieg zu und 1523 konnte er die Orte und Kleinstädte

8 Schon 1519 wurden die ersten vier Lutherschriften in Breslau bei Adam Dijon und Kaspar Lybisch gedruckt.

9 Über die Reformation in Breslau s. GEORG KRETSCHMAR, Die Reformation in Breslau, Ulm 1969 (mit Abdruck der einschlägigen Quellen).

10 GOTTFRIED FERDINAND BUCKISCH, Schlesische Religions-Akten 1517 bis 1675, bearb. von JOSEPH GOTTSCHALK, JOHANNES GRÜNEWALD, GEORG STELLER, 2 Teile (Forschungen und Quellen zur Kirchen- und Kulturgeschichte Ostdeutschlands Bd. 17), Köln, Weimar, Wien 1982, 1998.

11 Da eine Biographie fehlt, ist man auf einzelne Artikel und Aufsätze angewiesen: COLMAR GRÜNHAGEN, Art. Friedrich II., Herzog von Liegnitz, ADB 8, 1878, 13–15; ARNOLD ZUM WINKEL, Friedrich II. von Liegnitz (in: Schlesische Lebensbilder 4, 1931), 49–59; LUDWIG PETRY, Art. Friedrich II., Herzog in Liegnitz, NDB 5, 1961, 514; KRYSZTOF R. PROKOP, Art. Fryderyk II., TOMASZ JUREK, STANISLAW SZCZUR, Piastowie. Leksykon biograficzny, 502–506; FERDINAND BAHLOW, Die Reformation in Liegnitz (in: Mitteilungen des Geschichts- und Altertumsvereins Liegnitz 6, 1917), 97–288; KARL FRIEDRICH SCHÖNWÄLDER, Die Piasten zum Briege oder Geschichte der Stadt und des Fürstenthums Brieg, 3 Bde, Brieg 1855–1856, hier Bd. 2, 1–71.

um Wohlau, die er zu einem Gebiet zusammenfasste, hinzukaufen. Dass Friedrich II. an religiösen Fragen nicht uninteressiert war, bekundete er 1507 mit einer Wallfahrt nach Jerusalem. Doch machte er dann einen erstaunlichen Wandel in seiner religiösen Haltung vom schlichten katholischen Kirchenchristen über die Sympathie mit schwenckfeldischen Ansichten bis zum bewussten Verteidiger des lutherischen Glaubens durch. Diesen Wandel hat jüngst Horst Weigelt in einem Aufsatz[12] dargestellt, in dem er diese Entwicklung in vier Stufen schildert.

1507–1524 Von anfänglicher Distanz zur proreformatorischen Haltung. War Friedrich II. zunächst unbegründeten Neuerungen abhold, ja sah in ihnen einen Aufruhr, so hat er doch, wie er in seiner ersten Apologie schreibt, „auf vilfeltiges bedenken, noch gehaltem etzlichem underricht und erforschung der schrieft" seine Meinung zugunsten der lutherischen Bewegung geändert.[13] In Liegnitz wurden schon Ende 1518 Lutherschriften verteilt und vorgelesen und Friedrich II. wird diese auch unabhängig von seinem Rat Caspar von Schwenckfeld zur Kenntnis genommen haben[14]. In der Forschung hat sich die Ansicht durchgesetzt, dass sich Friedrich II. seit 1523 für die lutherische Bewegung entschieden hat und dies durch die Anstellung von evangelischen Predigern in Liegnitz bekundete.[15] Ebenso forderte der Fürstentag in Grottkau am 17. Januar 1524 die freie, ungehinderte Predigt des Evangeliums nach Deutung der heiligen Schrift.[16] Mit einem offiziellen Mandat vom 24. Juni 1524 verlangte Friedrich II. die Beachtung und Einführung der heiligen Schrift als „Norm und Regel" ohne Rücksicht auf irgendwelche menschliche Autoritäten.[17]

---

12 HORST WEIGELT, Die Religionspolitik Herzog Friedrichs II. von Liegnitz. Seine Stellung zu Caspar von Schwenckfeld und dessen Anhängern (in: JAN HARASIMOWICZ, ALEKSANDRA LIPIŃSKA, Dziedzictwo reformacji w księstwie legnicko-brzeskim. Das Erbe der Reformation in den Fürstentümern Liegnitz und Brieg, Legnica 2007), 63–75.

13 So Friedrich II. in seiner Verteidigungsschrift vom 1.5.1527 mit dem Titel „Grund, Ursach und Entschuldigung auf etlicher Verunglimpfungen wegen der Predigt des heiligen Evangelii", abgedruckt bei EMIL SEHLING, Die evangelischen Kirchenordnungen des XVI. Jahrhunderts, Bd. 3 Die Mark Brandenburg – Die Markgrafentümer Oberlausitz und Niederlausitz – Schlesien, Leipzig 1909, Nachdruck Aalen 1970, 430–435, hier 431.

14 SCHÖNWÄLDER (wie Anm. 11), Bd. 2, 29.

15 Bereits im Frühjahr 1522 stellte Friedrich II., der zunächst eine Anfrage an Johannes Hess gestellt hatte, auf dessen Empfehlung Fabian Eckel und Hieronymus Wittich, einen Schüler Luthers, in der Liebfrauenkirche an (BUCKISCH II, s. Anm. 10).

16 Über den Fürstentag s. Kretschmar (s. Anm. 9), 100f.

17 So Weigelt, Religionspolitik (wie Anm. 12), 65. BUCKISCH II (s. Anm. 10), 21. In seiner ersten Rechtfertigung von 1527 beschreibt er dieses Mandat folgendermaßen: „Aus solchen oberzelten christlichen notigen ursachen und umb keinen zeitlichen nutz noch leichferdikeit willen,

1524-1529 Tolerierung der schwenckfeldischen Bewegung. Friedrichs Ratgeber in jener Zeit waren Caspar von Schwenckfeld und die Pfarrer in Liegnitz, von deren biblischer Haltung er überzeugt war, auch wenn Luther sich nach 1525 zunehmend kritisch gegen Schwenckfeld äußerte. Als der neu gewählte König Ferdinand I. bei seiner Anwesenheit in Breslau im Mai 1527, um die Huldigung der Fürsten entgegenzunehmen, die Wiederherstellung der früheren kirchlichen Zustände forderte, sah sich Friedrich II. zu einer zweiten Apologie unter dem Titel „Vunderricht vnd entschuldigung" gezwungen.[18] Darin stellte er sich hinter die Ansicht seiner Theologen als biblisch begründet und durchaus im Einklang mit den Reformatoren.[19] Erst als der König, von seinem Hofprediger Johannes Fabri beraten, am 1. August 1528 in einem scharfen Mandat die die Sakramentsverächter als gefährlicher als Luthers Lehre bezeichnete und am 15. Dezember den schlesischen Herzog darauf hin wies, dass Schwenckfeld seine Ketzerei durch seine Schriften verbreite, die von Huldreich Zwingli mit einer Empfehlung gedruckt werden, sah sich Friedrich II. veranlasst, sich von Schwenckfeld zu distanzieren, der daraufhin 1529 von sich aus Liegnitz verließ.[20]

1530–1539 Sukzessive Annäherung an die Wittenberger. Um seinen Willen, an der Einheit mit Wittenberg festzuhalten, nach außen zu verdeutlichen, wandte sich Friedrich II. zunächst gegen eine radikalere Gruppe von Schwenckfeldern, die die Kindertaufe ablehnten und entließ 1532 Fabian Eckel. Nun versicherte er sich der Zustimmung von Wittenberg und stellte Hieronymus Wittich erst nach einem Rechtgläubigkeitsexamen durch Melanchthon an. 1535 erließ er für seine Fürstentümer eine Gottesdienst- und Sakramentsordnung, die die Bedeutung der Sakramente für die Kirche unterstrich und praktische Hinweise über die Durchführung

---

haben wir gott zu lobe, uns und unsern underthonen zu nutz und besserung das lauter clare wort gottis, dorin das gesetz und evangelium Jesu Christi verfasset ist, angenomen, dasselbe nicht anders, den noch deutung und mit grunde der heiligen schrift und on allen menschlichen zusatz , durch ein offentlich mandat, in unserm lande zu predigen, und dem gemeinen manne zur erkenntnis der sunde, vorgebung derselben, zur lieb, gehorsam und einigkeit furzutragen, vorordent und bevolen." SEHLING (wie Anm. 13), 431. Dem Mandat vorangegangen war, so hat Weigelt gezeigt, die Schrift von Schwenckfeld „Ermanung Des missbrauchs Etzlicher fürnemstenn Artickell des Euangelij, auß welcher vnverstant der gemein man in fleischliche freyheit vnd irrung gefuret wirt", mit einer sehr ausführlichen Widmung an den Herzog vom 11. Juni 1524. In diesem Vorwort rief Schwenckfeld den Herzog auf, evangelische Prediger einzusetzen, um die Verführung der armen Bauersleute durch falsche Priester zu unterbinden. (CS 2, 28–103).

18 BUCKISCH II (s. Anm. 10), 29f.

19 HORST WEIGELT, Spiritualistische Tradition im Protestantismus. Die Geschichte des Schwenckfeldertums in Schlesien, Berlin, New York 1973, 90–93.

20 BUCKISCH II (s. Anm. 10), 36f. (Instruktion vom 15. 2. 1529). Friedrichs Antwort an Ferdinand I. vom 30.11.1528 ebd. 33f.

von Taufe und Abendmahl gab. An den sächsischen Kurfürsten Johann Friedrich schrieb er am 25. Oktober 1539, dass er sich entschlossen habe, Predigt und Sakramente nach der Augsburger Konfession zu gestalten und bat um einen erfahrenen Theologen.[21] Am Bundestag des Schmalkaldener Bundestages vom 7. Februar 1537 nahm er allerdings nicht teil, da er weder Sitz noch Stimme unter den Reichsfürsten hatte, und trat auch dem Bund aus Rücksicht auf Wien nicht bei.

1539–1547 Anschluss an das Luthertum melanchthonischer Prägung. 1539 sandte Friedrich II. seinen Hofprediger Johann Sigismund Werner, einen Parteigenossen Schwenckfelds, zum Examen durch Melanchthon nach Wittenberg und, da sich Melanchthon nicht zufrieden mit dessen theologischen Auffassungen zeigte, entließ er ihn. Der Höhepunkt der Festigung der lutherischen Lehre in den beiden Fürstentümern war der Erlass einer Kirchenordnung: für Liegnitz am 26. April 1542, für Brieg am 7. Oktober 1542.[22] Diese vom Umfang her erstaunlich kurze Ordnung gibt die Eckpunkte einer auf der Augsburger Konfession beruhenden Ordnung. Der erste Punkt dieser Ordnung ist die Abschaffung der katholischen Messe, weil sie „dem heiligen evangelio zuwieder fürgenommen und gelehret wird", stattdessen „wollen wir euch als unsre unterthanen, zur reinen lehre des h. evangelii, und zu der rechten messe, die Christus selber eingesetzet hat, welche ist der rechte brauch des „h. nachtmahls Jesu Christi ernstlich vermahnet haben".[23]

Dieser Entwurf einer Kirchenordnung enthält auch die beiden kirchlichen Aufsichtsämter, die sich dann in der lutherischen Kirche etabliert haben: das Amt der Senioren und eines übergeordneten Superintendenten für jedes Fürstentum. Die Senioren oder auch Ältesten sollen jedes Vierteljahr eine Zusammenkunft halten, um sich in religiösen Fragen zu unterreden, „auch des unordentlichen lebens halben strafen, und persönliche gebrechen, so ein jeglichen beschweren, anhören, und was ihnen zwischen sich zu ordnen unmöglich, sollen sie dem superintendenten fürtragen."[24] Damit werden die später regelmäßig vierteljährlich stattfindenden Konvente der Prediger eingerichtet. Ferner wird der Katechismusunterricht angeordnet. Wiedertäufer seien weder „zu leiden, noch zu hausen oder hofen", während die Schwenckfelder nicht explizit genannt werden.[25] Ein zentrales Konsistorium gab es unter Friedrich II.

---

21 Die Sakramentsordnung ist abgedruckt bei SEHLING (s. Anm. 13), 436–439. Zum Ganzen FERDINAND BAHLOW, Die Reformation in Liegnitz (in: Mitteilungen des Geschichts- und Altertums-Vereins zu Liegnitz, Heft 6 für 1915–1917, 97–296), 219–223 und 229 (zur CA).

22 Ebd., 439–441 mit Angabe über frühere Veröffentlichungen (420f).

23 Ebd., 440.

24 Ebd., 441.

25 Ebd.

noch nicht, aber ein wichtiger Schritt in Richtung eines landesherrlichen Kirchenregiments wurde getan. Sehling urteilt: „Aus der freiheitlichen Entwicklung war die Verfassung jetzt in die Bahnen der landesherrlichen geleitet."[26] Unterstützend trat neben die Kirchenordnung für beide Herzogtümer eine Visitationsordnung aus demselben Jahr.[27] Hier wird deutlich gesagt, dass die Superintendenten und Senioren „etiam auctoritate principis bestetiget" werden müssen.

Will man die Kirchenpolitik von Friedrich II. verstehen, so muss man seine enge familiäre Vernetzung mit Brandenburg beachten. Er war in zweiter Ehe verheiratet mit der Tochter Sophie des Brandenburgers Friedrich V., die Schwester des Markgrafen Georg von Ansbach-Jägerndorf und Albrechts, Herzogs von Preußen. Mit ihnen stand er in dauerndem Kontakt, und durch seine Erbverbrüderung mit Hohenzollern 1537, die durch die Doppelhochzeit seiner Kinder 1545 bekräftigt wurde, verstärkte er diese Bindung noch. Er stand damit in einem Netzwerk des Nachrichtenaustauschs und der persönlicher Bindungen an bewusst evangelische Fürsten, die im Gegensatz zur Habsburgischen Integrationspolitik Ferdinands I. standen. Er vermittelte gemeinsam mit Georg von Brandenburg-Ansbach den Krakauer Vertrag von 1525, durch den Preußen in ein weltliches Herzogtum verwandelt wurde.

Zugleich hatte seine religiöse Haltung einen stark konservativen Charakter, der zwar auf die reine Predigt nach Gottes Wort wert legt, zugleich aber Veränderungen im Gottesdienst solange wie möglich vermeidet. Das erste Abendmahl in beiderlei Gestalt mit Brot und Wein fand am 26. April 1524 statt, aber Friedrich betont am 30. November 1728 gegenüber Ferdinand I., dass er keinen Untertan gezwungen habe, das Abendmahl in einer oder zweierlei Gestalt zu empfangen. Es ist in Liegnitz ein langer Prozess und wohlüberlegter Übergang von der alten Kirche zu einer evangelischen Reform. Nichts soll überstürzt werden, vielmehr sollen die Gemeinden auf diesem Weg der Reform mitgenommen werden.

Seine Kirchenpolitik hatte einen stark ordnungspolitischen Charakter. Darum war es für ihn seit seiner Wende zu Luther konsequent, die Wiedertäufer nach geltendem Reichsrecht zu verurteilen. Die Nähe der Schwenckfelder zu Wiedertäufern und deren Tauflehre war für Friedrich II. ein entscheidendes Motiv, sich von ihnen zu trennen.[28] So war es auch bezeichnend, dass er etwa zwei Brieger Bürger, einen

---

26 Ebd., 421.

27 Bei SEHLING (s. Anm. 13) wird die für Brieg abgedruckt: 441f.

28 Vgl. dazu MARTIN ROTHKEGEL, Ausbreitung und Verfolgung der Täufer in Schlesien in den Jahren 1527–1548 (in: Archiv für schlesische Kirchengeschichte 61, 2003), 149–209, hier 172–174. „Ein wichtiger Faktor für die Abwendung des Herzogs von seinen schwenckfeldischen Theologen war denn auch die odiöse Nähe von deren Lehre zur Wiedertäuferei." (172)

Signator und einen Lehrer in den Turm sperren ließ, weil sie einige Bilder aus der Kirche verbrannt hatten.[29]

Zu diesem rationalen nüchternen Grundzug seiner Regierung gesellte sich ein praktisch-ethischer, bildungspolitisch-humanistischer Ehrgeiz, die Bevölkerung durch Katechismusunterricht zu bilden, durch Schulen und Ausbildung zu fördern. Das bekannteste Beispiel für dieses sein Engagement ist die Umnutzung des Franziskanerklosters in Goldberg zu einem Gymnasium, in dem von 1523–1527 Valentin Trotzendorf als Lehrer und von 1531 bis 1556 als Rektor wirkte.[30] Noch weit ehrgeiziger war sein Plan der Gründung einer Universität in Liegnitz seit 1526, an der auch Trotzendorf wirkte, doch war die Ungunst der Zeit, die Auseinandersetzungen um Schwenckfeld und die Türkengefahr so bedrängend, dass dieses Unternehmen nach wenigen Jahren 1730 aufgegeben werden musste. Diese praktisch-ethische Ausrichtung der Frömmigkeit Friedrichs II. dürfte auch ein Grund gewesen sein, warum Friedrich so lange zögerte, mit Schwenckfeld endgültig zu brechen, denn dieser legte in seinen Schriften einen starken Akzent auf die Erneuerung und Heiligung des Lebens und äußerte sich enttäuscht über Luthers forensische Rechtfertigungslehre, die keinen sittlichen Wandel gebracht habe.[31]

Bereits im Jahre 1539 schrieb der Herzog ein Testament, in dem er sein Territorium auf die beiden Söhne Friedrich und Georg aufteilte.[32] Liegnitz, Hainau, Goldberg, Gröditzberg sollte Friedrich, Brieg, Ohlau, Strehlen, Nimptsch, Kreuzburg, Pitschen, Wohlau, Steinau, Raudten, Winzig, Herrnstadt und Nützen Georg bekommen. Diese Teilung des Herzogtums blieb weithin auch in Zukunft gültig, wobei der Brieger Anteil zwar der größere, aber unbedeutendere war.

Georg II. von Brieg

Für die weitere Entwicklung des Fürstentums nach dem Tod von Friedrich II. im Jahre 1547 wurde nicht dessen unbeständiger, leichtlebiger Sohn Friedrich III., sondern sein Sohn Georg II. (1523–1586) im Herzogtum Brieg entscheidend. Er verstand es „in leidlichem Einvernehmen“ mit den Habsburgern und in mehrfachen „Kraftpro-

---

29 SCHÖNWÄLDER (s. Anm. 11), 57.

30 Vgl. dazu CHRISTINE ABSMEIER, Das schlesische Schulwesen im Jahrhundert der Reformation. Ständische Bildungsreformen im Geiste Philipp Melanchthons. Stuttgart 2011, 100–128.

31 Vgl. dazu das Kapitel bei Weigelt über Schwenckfelds Kritik an der reformatorischen Rechtfertigungslehre, WEIGELT, Tradition, (wie Anm. 19), 31–36.

32 Über dieses Testament und seine Ergänzung von 1547 s. SCHÖNWÄLDER (s. Anm. 11), 81–87.

ben mit dem Oberherren" seine Selbstständigkeit zu behaupten und das lutherische Kirchentum zu festigen.[33] Buckisch sagt, er sei „ein große Beförderer des Luthertums in Schlesien und hingegen ein gewaltiger Verfolger der Katholischen" gewesen.[34]

Er setzte in jedem Herzogtum allerdings nicht nur je einen, sondern je zwei Superintendenten ein und stärkte damit seine eigene Kompetenz. Diese erhielten nun aber eine wichtige Aufgabe, nämlich die Ordination der Pfarrer, die in Liegnitz ab 1550, in Brieg ab 1563 zu belegen ist. Der Herzog hielt sich die Genehmigung für jede Ordination vor.[35]

Die Auseinandersetzung um die Schwenckfelder, die unterschiedlichen Riten in einzelnen Gemeinden verlangten zu Beginn der 1550er Jahre nach einer strafferen kirchlichen Ordnung, und Georg II. schärfte durch ein Mandat zunächst die Ordnung seines Vaters ein. Das genügte freilich nicht und der Wunsch nach einer klaren Kirchenordnung wurde auch von den Pfarrern immer lauter gestellt. 1555 entschloss sich ein Konvent der Liegnitzer Pfarrer und Senioren für die Württembergische Kirchenordnung, doch der Herzog zögerte. 1557 entschied sich ein Konvent der Brieger Geistlichen für die Mecklenburger Kirchenordnung, die auf Empfehlung Melanchthons und mit Zustimmung des Herzogs in einem Konvent 1558 angenommen wurde.[36] Georgs II. Bemühungen um eine eigene Kirchenordnung gegen Ende seiner Regierungszeit konnten erst unter seinem Sohn Joachim Friedrich 1592 verwirklicht werden.[37]

Georg II. hat die Entwicklung zu einem landesherrlichen Kirchenregiment und Summepiskopat gestärkt, ja sie wurde ihm aufgrund von Jes. 49 durch seine Theologen nahegelegt, stieß aber auch auf Widerstand. Aufschlussreich ist ein Fall der Kirchenzucht, der sich in Goldberg ereignete. Als die beiden Ortsgeistlichen einem leichtsinnigen Bergknappen das Abendmahl auf dem Sterbebett verweigerten, setzte sie der Herzog kurzer Hand ab, weil sie damit ihre Pflicht verletzt hätten. Als die beiden Superintendenten darin einen unerlaubten Eingriff in die Rechte der Kirche sahen, weil das Ministerium der Pfarrer nicht gehört worden war, wurde der Herzog unwillig. „Er verlangte nur die Anerkennung, daß ihm von Rechtswegen

33 Über Georg II. den Schwarzen s. LUDWIG PETRY, Art. Georg II., NDB 6, 1964, 209; JULIUS KREBS, Georg II. der Schwarze, ADB 9, 689–693; GERDA EICHBAUM, Georg II. Herzog von Brieg (in: Schlesische Lebensbilder Bd. 4 Schlesier des 16. bis 19. Jahrhunderts, Breslau 1931, 2. Aufl. Sigmaringen 1985), 59–68 (mit Verzeichnis der älteren Literatur).

34 BUCKISCH II (s. Anm. 10), 108.

35 SEHLING (s. Anm.13), 422

36 Ebd., 423.

37 Diese Kirchenordnung ist abgedruckt bei SEHLING (s. Anm. 13), 444–448 (Nr. 103).

zustehe, über Kirchensachen und Kirchenpersonen nach eigener Erkenntniß, ohne die Kirche um Rat zu fragen, zu schlichten."[38] Als die beiden weitere Einwände vorbrachten, entließ sie der Herzog am 6. August 1563 kurzerhand.[39]

Während Friedrich II. mit einem melanchthonischen Luthertum sympathisierte und deshalb, so urteilt Weigelt, „in seinen Landen die Konfessionalisierung wesentlich später" und „moderater als in anderen schlesischen Gebieten" verlief[40], beobachten wir bei Georg II. den bewussten Anschluss an ein orthodoxes Luthertum. 1574 weilte Matthias Flacius Illyricus in Schlesien, und die Beschwerden gegen Pfarrer, die einem Kryptocalvinismus erlegen seien, nahmen zu.[41] Am bekanntesten wurde der Fall des Superintendenten Leonhard Krentzheim (1532–1598), der 1593 des Amtes entsetzt wurde und Schlesien verlassen musste.[42] Die Geistlichen der Kreise Strehlen und Nimptsch hielten 1574 eine Synode, auf der sie eine Formula concordiae aufstellten, um die jüngsten Streitigkeiten über Person und Abendmahl Christi auf Wunsch des Herzogs zu beenden. Dieses Heidersdorfer Bekenntnis darf man als den schlesischen Versuch einer eigenen Konkordienformel, die damals in Deutschland diskutiert wurde, verstehen. Julius Krebs konnte darum über Georg II. urteilen: „Er hat den Kryptocalvinismus Zeit seines Lebens aufs heftigste bekämpft, er war, wenn auch nicht dem Wortlaute, so doch dem Geiste nach ein Anhänger der Concordienformel."[43]

Hinsichtlich des bildungspolitischen Interesses konnte Georg II. unmittelbar an Friedrich II. anknüpfen und seiner christlichen Verantwortung mit Erfolg ge-

---

38 SCHÖNWÄLDER (s. Anm. 11), 132.

39 Ebd., 133.

40 WEIGELT, Religionspolitik (s. Anm. 12), 74.

41 Schönwälder nennt zahlreiche Beispiele für die Entlassung von Pfarrern, die des Kryptocalvinismus verdächtigt wurden: „Der Hofprediger Paul Franz erhielt 1575 den 21. März nach einer am grünen Donnerstage gehaltenen Predigt wegen kalvinischer Äußerungen seinen Abschied; den Pastor Martin Zimmermann, welcher geäußert haben sollte, daß, da Gott alle Menschen zur Seligkeit berufen habe, man kaum glauben könne, daß alle, die nicht eben vom Abendmahl dächten wie er, verdammt sein sollten, wenn sie nur sonst fromm gelebt, hätten, ließ er die Kanzel verbieten" (152). „1584 gerieth der Rector des Gymnasiums Lorenz Cirkler mit vier seiner Collegen Lorenz Besler, Jakob Paulonius, Melchior Tilesius und Johann Samuel Schröder in den Verdacht des heimlichen Calvinismus." Da den Herzog deren Antworten nicht befriedigten, entließ er alle, wonach Tilesius einlenkte und später Rektor wurde. Schönwälder urteilt: „Die Strenge Georgs gegen den leisesten Verdacht des Calvinismus mag dieser Stimmung [eines Hasses gegen alles Reformierte] Vorschub geleistet haben." (264).

42 Vgl. BUCKISCH II (s. Anm. 10), 113 und das Mandat vom 1.1.1591, das alle Predige auf die CA 1530 verpflichtet.

43 KREBS (s. Anm. 33), 692.

recht werden. Philipp Melanchthon schrieb am 10. April 1550 an Herzog Friedrich III., um ihn an die Verantwortung des Fürsten für Kirche und Schulen zu erinnern und den darauf liegenden Segen Gottes für sein Haus zu veranschaulichen.[44] Nicht Friedrich III., „einzig Herzog Georg II. von Brieg übernahm die Idee in sein Herrschaftskonzept, dass ein Fürst für die Schulen zu sorgen habe. Aus diesem Grunde war es seine Residenzstadt Brieg, in der trotz der Konkurrenz zu Liegnitz und Goldberg das gymnasium illustre gegründet wurde."[45] Absmeier zeigt in ihrer Darstellung, wie um die Jahrhundertwende eine „Verlagerung der Zuständigkeit von der städtischen Obrigkeit in Richtung des Fürsten" stattfand. So wandte sich Melanchthon in seiner Sorge um die Schule in Goldberg und die Nachfolge von Trotzendorf in weiteren Briefen an den Fürsten von Liegnitz, und nicht mehr an den Rat der Stadt, seit 1554 ebenfalls an Herzog Georg II.[46] Auch der Rat der Stadt Brieg schob die Verantwortung Georg II. zu. „Durch die Gründung des Illustren Gymnasiums sicherte er [= Georg II.] sich breite Zustimmung, weil er das von Seite der gelehrten, humanistisch gesinnten Theologen ersonnene Konzept des ‚christlichen Fürsten' in vorbildlicher Weise umsetzte."[47]

Georg, Markgraf von Brandenburg-Ansbach und Jägerndorf und sein Sohn Georg Friedrich

Wenige Jahre nach Liegnitz führte der Schwager Friedrichs II., der Hohenzoller Georg der Fromme (1484–1543)[48], die Reformation in der Herrschaft Jägerndorf/Oberschlesien durch, das er 1523 käuflich erwarb. Mit diesem Kauf konnte er

44 HEINZ SCHEIBLE (Hg.), Melanchthons Briefwechsel. Kritische und kommentierte Gesamtausgabe, Stuttgart 1979 ff, Nr. 5768 (CR 7, 570f). Vgl. dazu ABSMEIER (wie Anm. 30), das Kapitel: „Das Konzept des ‚christlichen Fürsten' als Motiv für die Gründung des Brieger Gymnasiums", 152–161.

45 Ebd., 152.

46 Melanchthons Briefwechsel, Nr. 7111 und ABSMEIER (s. Anm. 30), 158.

47 ABSMEIER (s. Anm. 30), 160.

48 Über ihn HERMANN MARKGRAF, Art. Georg der Fromme, Markgraf von Brandenburg-Anspach, ADB 8, 611–614; GERHARD PFEIFFER, Art. Georg der Fromme (oder Bekenner), Markgraf von Brandenburg-Anspach, NDB VI, 1964, 204f; KONRAD MÜLLER, Markgraf Georg v. Brandenburg-Ansbach-Jägerndorf (in: JSKG 34, 1955), 7–31; ISELIN GUNDERMANN, Markgraf Georg von Brandenburg-Ansbach und die Einführung der Reformation in Oberschlesien, in: Wünsch (wie Anm. 1), 31–45; DIES., Markgraf Georg der Fromme von Ansbach (in: JSKG 73, 1994, 205–224 (beide Aufsätze sind weitgehend identisch); WOLFGANG HUBER, Art. Georg (der Fromme), BBKL, Bd. 30, 2009, Sp. 472–484; LUDWIG POPP, Die Reformation in Kulm-

sich zu den Fürsten Schlesiens zählen und die Fürstentage besuchen. In demselben Jahr erhielt er von Johann von Oppeln, dem letzten Piast der Oppelner Linie, die Herrschaft Oderberg und damit den Titel eines Herzogs von Ratibor. Dieser belehnte ihn ferner im Jahr 1526 mit der Herrschaft Beuthen in Oberschlesien[49]. 1531 kam es zu dem Prager-Vertrag mit Johann, wonach er nach dem Tode von Johann das Gebiet als Pfandbesitz von König Ferdinand I. erhalten solle, was nach dem Tod von Johann 1532 auch geschah, so dass Georg in Oberschlesien einen ähnlichen Einfluss wie Friedrich II. in Mittelschlesien hatte. Georg weilte ab 1505 am Hof des Bruders seiner Mutter, König Wladislaw von Ungarn und Böhmen in Ofen, als Hofmeister und setzte ihn bei seinem Sterben zum Erzieher seines Sohnes Ludwig ein, nach 1516 auch zum Mitvormund. Ludwig folgte 1516 seinem Vater auf den Thron.

Es ist unklar, wann und warum er sich für Luther entschieden hat, waren doch sowohl König Wladislaw wie nach dessen Tod 1516 König Ludwig bewusst katholisch und erließen Mandate gegen die lutherische Bewegung. Rosenberg meint wohl nicht zu Unrecht: „Die Lesung der ersten Schriften Lutheri hatte sonder Zweifel das erste Licht davon in sein Hertz gebracht."[50] Gundermann vermutet einen Einfluss des Predigers von Ofen, Konrad Cordatus, dessen aufrührerische Predigten dessen Haft verursachten und für den sich Georg ebenso wie für den Reformator Paul Speratus einsetzte. Jedenfalls trat er schon am Hof des Königs Ludwig für die Reformation ein[51] und konnte die Ausführung der antilutheri-

---

bach und ihre Vorgeschichte (= Schriften zur Heimatpflege, Bd. 20), Kulmbach 1978. Es soll nicht unerwähnt bleiben, dass sich der schlesische Generalsuperintendent David Erdmann in mehreren Beiträgen um die Erforschung Georgs des Frommen verdient gemacht hat: Art. Georg, Markgraf von Brandenburg-Anspach-Kulmbach, RE^3 6, 533-538 mit Lit. Sowie ders.: Luther und die Hohenzollern, Breslau 1883, 110-165; Georgs Mutter war die Schwester Königs Wladislaw von Ungarn und Böhmen, sein Bruder Albrecht Hochmeister des Deutschen Ordens. Er war in zweiter Ehe verheiratet mit Hedwig, einer Tochter Karl I. von Münsterberg, in dritter Ehe mit Emilie, einer Tochter Herzog des Frommen von Sachsen.

49 Vgl. dazu Franz Machilek, Reformation und Gegenreformation in Schlesien unter besonderer Berücksichtigung Oberschlesiens. Eine Einführung, in: Wünsch (wie Anm. 1), 9–29, hier 12.

50 Abraham Gottlob Rosenberg, Schlesische Reformationsgeschichte, Breslau 1767, 21.

51 Gundermann (s. Anm. 48), 34. Nach der älteren Forschung war er es, der der Königin Maria, der Schwester Karls V., einen lutherisch gesonnenen Beichtvater Johann Henkel beigegeben und diese für das Luthertum gewonnen habe (Johannes Soffner, Geschichte der Reformation in Schlesien, Breslau 1887, 129). Rosenberg beginnt darum seine Darstellung der schlesischen Reformationsgeschichte mit einer Würdigung von Markgraf Georg (Anm. 50, 17-19), da sonst die Entscheidungen des Magistrats in Breslau kaum so glimpflich verlaufen wären.

schen Mandate des Königs abmildern und in dem Streit der Stadt Breslau mit den Bernhardinern vermitteln.[52] In seinen fränkischen Besitzungen verordnete er durch einen Landtagsabschied vom 1. Oktober 1524 mit seinem Bruder die Einführung der evangelischen Predigt.[53] Sicherlich hat er dies auch in Jägerndorf seit 1524 versucht, doch konnte der Markgraf, so hat Karzel nachgewiesen, nicht schon 1523, sondern erst um 1528 den ersten evangelischen Prediger in Jägerndorf installieren, in der Herrschaft Leobschütz, der zweiten Stadt dieses Fürstentums, erst 1535.[54]

1515 übernahm Georg gemeinsam mit seinem Bruder Kasimir die Regierung in Ansbach und Kulmbach , 1527 nach dem Tode seines Bruders zog er nach Ansbach und führte nun die Reformation im Kontakt mit Luther ungehindert durch. Eine Visitation von 1528 zeigte ihm die Notwendigkeit, die evangelische Neugestaltung der Gemeinden durch eine Kirchenordnung zu sichern, die schließlich 1533 abgeschlossen und von ihm erlassen werden konnte. Diese hat er dann auch in seinem schlesischen Fürstentum Jägerndorf eingeführt, wie die mehrfachen Nachbestellungen zeigen. Es war die erste evangelische Kirchenordnung in einem schlesischen Territorium überhaupt.

Markgraf Georg gehörte seit 1527 zu den Mitgliedern des Reichstages, trat hier 1529 in Protestschreiben für die Sache der Reformation ein und gehörte zu den Unterzeichnern der Augsburger Konfession auf dem Reichstag in Augsburg 1530. Sein offenes Bekenntnis vor dem Kaiser, der die Abhaltung von evangelischen Gottesdiensten in der Zeit des Reichstages verbieten wollte, trug ihm den Beinamen der Fromme oder der Bekenner ein.[55] Im Rückblick auf den Augsburger Reichstag ließ er eine Gedenkmünze prägen, die auf der einen Seite die Worte enthielt: „Ist Gott für uns, wer mag wider uns sein", auf der anderen: „Das Wort Gottes bleibt in Ewigkeit". Karzel datiert den Ursprung dieser „bekenntnishaften Züge" in der Haltung Georgs auf das Jahr 1524, wo er eine persönliche Begegnung mit Luther gehabt habe.[56] Er stand mit Luther in regelmäßigem Briefverkehr und konnte auch gegen-

52 ENGELBERT (s. Anm. 4), 209f; SOFFNER (s. Anm. 51), 129; BUCKISCH II (s. Anm. 10), 13f. So habe er die Verhandlungen auf der schlesischen Standesversammlung vom 9.7.1522 so geleitet, dass der angesetzte Artikel „Abschaffung Luthers und seiner Sektiererei Anhänger verführerische Lehre" nicht mehr zur Verhandlung kam.

53 MARKGRAF (s. Anm. 48), 613.

54 KARZEL (wie Anm. 1), 42 und 48.

55 GUNDERMANN, Oberschlesien, 34–36.

56 KARZEL (s. Anm.1), 35; so auch Rosenberg (s. Anm. 50), 21, der die Begegnung aber auf 1525 datiert.

über Luther, als ihn dieser zur Standhaftigkeit ermahnt schreiben: „Dann wir sind des Vertrauens, der allmächtig ewig Gott wird uns durch sein göttlich Gnad bei seinem ewigen Wort erhalten."[57] Seinen Bekennermut lassen insbesondere seine Briefwechsel mit anderen Fürsten und den Reformatoren erkennen. Gegenüber dem Vorwurf von katholischer Seite, dass er die Reformation in Schlesien mit Gewalt eingeführt und die Kirchenschätze der Klöster angesichts eines enormen Geldbedarfs entwendet habe, kann Karzel zeigen, dass der Markgraf „in keinem uns bekannten Fall den Boden der Legalität verlassen; das heißt, daß er in fremde Patronatsrechte nicht eingriff, ja nicht anzutasten wagte. Wenn es sich allerdings ergab, daß vorhandene Rechte nicht klar nachgewiesen werden konnten, dann entschied de Markgraf zugunsten der Reformation."[58] Allerdings habe Georg sein Patronatsrecht, wo er es besaß, im Sinne des landesherrlichen Kirchenregiments, auch gerade auf seinen Kammergütern ausgeschöpft, wobei er allerdings in den Gebieten von Oppeln und Ratibor, wo er nur ein Pfandrecht besaß, vorsichtig und zurückhaltend vorging.

Nachfolger von Georg wurde sein Sohn Georg Friedrich (1539–1603)[59], der, beim Tod des Vaters erst vier Jahre alt, unter der Vormundschaft Herzog Heinrichs von Sachsen und Brandenburg und von Philipps von Hessen stand. In Jägerndorf wurde 1543 der markgräfliche Statthalter Friedrich von Knobelsdorff eingesetzt. Als Georg Friedrich die Regierung 1556 antrat, bewährte er sich als ein guter Nachfolger seines Vaters und verwaltete sein Herzogtum klug und erfolgreich. Er verstand sich als lutherischer Christ und in seiner Regierung als ein „Werkzeug Gottes", der sein kirchliches Aufsichtsamt verantwortungsvoll wahrnahm.[60] Der Markgraf zeichnete sich durch den Erlass von allerlei Ordnungen nicht nur in seinen fränkischen Besitzungen, sondern auch in Oberschlesien aus, etwa durch eine Eheordnung von 1561 oder ein Mandat gegen Fluchen, Schwören u.a.[61] Als er von seinen Theologen die Unterzeichnung der Konkordienfor-

---

57 WA Briefwechsel, Bd. 7, 253 (am 25.1.1532).

58 Vgl. dazu den Abschnitt „Das religiöse Selbstverständnis Markgraf Georgs", KARZEL (wie Anm. 1), 35–38.

59 GEORG HAENLE, Art. Georg Friedrich, Markgraf von Brandenburg zu Ansbach und Baireuth, ADB, 614–617; WALDEMAR KAMPF, Art. Georg Friedrich, Markgraf von Brandenburg-Ansbach und Bayreuth, NDB 6, 205f; JÜRGEN PETERSOHN, Staatskunst und Politik des Markgrafen Georg Friedrich von Brandenburg-Ansbach und Bayreuth 1539–1603 (in: Zeitschrift für bayrische Landesgeschichte 24, 1961), 229–276.

60 KARZEL (s. Anm. 1), 39.

61 Abgedruckt bei SEHLING, (s. Anm. 13), 450–452.

mel forderte, weigerten sich die Jägerndorfer mit einem Schreiben vom 17. März 1579, weil ihnen die darin entschiedenen Streitfragen fremd seien.[62] Sie befürchten, dass gerade durch diese Unterschrift unter ein neues Dokument Misstrauen bei ihren lutherischen Nachbarkirchen verursachen und insbesondere den katholischen Widersachern ein Argument zu einer Beschwerde beim Kaiser in die Hand geben könnte, „gleich als ob wir uns von der Lehre, dazue wir uns biß hieher bekannt, nemblich der Augspurgischen Confession, abgefallen weren und was Neues nue einfüren wollten". Ein Grund für diese Ablehnung war die Entscheidung der Breslauer und Brieger Pfarrerschaft: „So ist uns auch ganz glaubwirdig für Ohren kommen, das die im Breßlischen und Briegischen, da es denn die fürnembsten Theologen fast in ganz Schlesien hat, allbereit sich entschlossen haben, diß Buch, wenn es ihnen gleich zue keme, in keinem Wege aus beweglichen Ursachen anzuenemen." Andernfalls müsste man einen „Generalen Synodum" aller Theologen aus den vornehmsten Fürstentümern und Herrschaften zusammenrufen und die Entscheidung diskutieren. Gerade um die „Einigkeit allhie zuerhalten", lehnen die Jägersdorfer Theologen die Konkordienformel ab. Georg Friedrich selbst hatte die Konkordienformel bereits 1577 unterschrieben.

Herzog Wenzel Adam in Teschen und sein Sohn Adam Wenzel

Im Fürstentum Teschen, zu dem bis zu ihrem Verkauf 1573 auch Bielitz, Freistadt und Friedeck gehörten, regierte Herzog Kasimir II. (1477–1528) und nach dessen Tod seine Witwe Anna von Hohenzollern, eine Schwester von Georg von Brandenburg-Ansbach (1487–1539), eine Enkelin von Georg Podiebrad. Beide gehörten zeitlebens der katholischen Kirche an, verhinderten aber nicht das Eindringen lutherischer Schriften und Gedanken in der Bevölkerung.[63] Ob auf deren Sohn Wenzel Adam und seine Entscheidung, sich der lutherischen Bewegung anzuschließen, der Einfluss von Georg von Brandenburg-Ansbach, mit dem er in engem Kontakt stand, entscheidend war, ist nicht zu belegen. Als Herzog Wen-

62 Das Schreiben ist vollständig abgedruckt bei KARZEL, 270–275.

63 Zur Religionspolitik von Kasimir II., der hussitische Teile der Bevölkerung dadurch zu integrieren suchte, dass er unter anderem eine „zweisprachige Pastorenschaft an der Teschener Stadtpfarre" installierte, s. ANDREAS GAYDA, Die kirchlichen Verhältnisse in Teschen im Kontext der spätmittelalterlichen Krisenlandschaft um 1500 (in: Peter Chmiel, Jan Drabina (Hg.), Die konfessionellen Verhältnisse im Teschener Schlesien vom Mittelalter bis zur Gegenwart, Ratingen 2000, 23–47), hier 43.

zel III. Adam (1523–1579) 1545 die Regierung antrat, förderte er von Anfang an die Reformation in dem bereits weitgehend lutherisch geprägten Land und unterstützte sie tatkräftig.[64] So übergab er im Herbst 1545 den lutherisch Gesinnten nicht nur die Dominikanerkirche für die Gottesdienste, sondern auch das Bernhardinerkloster für die Versorgung der Armen. Als Piast hielt er enge Kontakt mit Georg II. von Brieg und lehnte sich auch in kirchlichen Entscheidungen an Brieg an. Im Sinne dieses Vorbilds erließ er 1568 einen ersten Entwurf einer Kirchenordnung, der inhaltlich eine liturgische Anleitung oder Agende enthält.[65] Diese wurde nach seinem Tod von seiner Frau 1584 erweitert mit einem Vorspann über Pfarrer, Kirchen und Schuldiener, der eine explizite Berufung auf die Augsburger Konfession und Luthers Katechismus enthält.[66] Mit einer weiteren Maßnahme, einer Landesordnung von 1573, suchte der Herzog sein Fürstentum abzusichern.

Bei seinem Tod war sein Sohn und Nachfolger Adam Wenzel (1574–1617)[67] knapp fünf Jahre alt und wurde von seiner Mutter, der zweiten Frau Wenzel Adams, Katharina Sidonia, Herzogin von Sachsen, und ab 1587 am Dresdener Hof von Christian I. von Sachsen erzogen. Als er nach dem Tod seiner Mutter 1594 die Regierung antrat, blieb er zunächst ganz auf der Linie seines Vaters und garantierte den Gemeinden Jablunkau (1596) und Teschen (1598) den Fortbestand des lutherischen Bekenntnisses, ja er setzte sich für die Gewährung des Majestätsbriefs von Rudolf II. 1609 ein, trat dann aber 1610 zur katholischen Kirche über, die seiner Kariere ganz andere Möglichkeiten bot. 1617 wurde er von Kaiser Matthias zum Oberlandeshauptmann von Schlesien ernannt. In seinem Fürstentum leitete er sofort gegenreformatorische Maßnahmen ein und nahm der evangelischen Ge-

---

64 KARZEL (s. Anm. 1), 89. Nach dem Tod von Kasimir II. war neben Anna der mährische Landeshauptmann Ludwig von Pernstein, der die Brüder-Unität schützte und förderte, für seine Erziehung verantwortlich. Wenzel Adam heiratete in erster Ehe Maria von Pernstein. Zur Reformationsgeschichte Teschens s. OSKAR WAGNER, Mutterkirche vieler Länder. Geschichte der Evangelischen Kirche im Herzogtum Teschen 1545–1918/20, Wien, Köln, Graz 1978, 15–27; KARZEL (s. Anm. 1.), 172–176; HERBERT PATZELT, Geschichte der Evangelischen Kirche in Österreichisch-Schlesien, Dülmen 1989; JAN DRABINA, Wokól przyczin sukcesów reformacji w księstwie cieszyńskim w XVI wieku [= Zu den Ursachen des Fortschrittes der Reformation im Herzogtum Teschen im 16. Jahrhundert (in: Chmiel/Drabina, Anm. 63), 49–59.

65 Abgedruckt bei KARZEL (s. ANM. 1), 283–289.

66 Abgedruckt bei SEHLING (a. Anm. 13), 458–463.

67 Über ihn s. RAFAEL SENDEK, Adam Wenzel, Herzog von Teschen (1574–1617) (in: Karl Borchardt, (Hg.), Schlesische Lebensbilder Bd. 10, Insingen 2010), 77–89 mit der neusten, auch polnischen Literatur.

meinde Teschen die Stadtkirche weg. Dieser völlig überraschende, radikale Wandel seiner Religionspolitik, dieses Umschalten auf die katholischen Mächte der Zeit – seinen Sohn ließ er auf Kosten des spanischen Königs Philipp in München am Jesuitengymnasium erziehen – hat die historische Forschung verständlicherweise zu Studien gereizt, zumal diese Vorgänge in den Archiven weit besser dokumentiert sind.[68] Die Gemeinden seines Fürstentums allerdings haben sich, soweit es ihnen möglich war und sie durch Patronatsherren unterstützt wurden, dieser Machtpolitik ihres Landesherrn widersetzt.

Eine andere Entwicklung nahm die Herrschaft Bielitz, die Wenzel Adam, um seinen Sohn Friedrich Kasimir auszustatten, 1565 abtrennte und nach dessen Tod verkaufte. Sie gelangte am Ende des Jahrhunderts an die evangelischen Familien Schaffotsch, dann die von Sunnegh aus Ungarn, die das Patronat über mehrere Generationen innehatte.[69]

Münsterberg-Oels und Sagan

Zu den drei größeren Fürstentümern, die sich zunächst nicht der Reformation anschlossen, gehörte Oppeln-Ratibor, Münsterg-Oels und Sagan. Nach dem Tode von Georg dem Frommen fiel das Herzogtum an König Ferdinand, der die Pfandschaft für Oppeln-Ratibor kündigte. Das Herzogtum wurde nach einem Intermezzo von königlichen Hauptleuten verwaltet, so dass hier die Reformation nur über die Bürgerschaft der Städte und einzelne Patronatsherren eindringen konnte.

In Münsterberg-Oels regierte Karl I. (1476–1536), der sich in einem Brief an Luther[70] als Nachfahre von König Georg Podiebrad aus persönlichen Gründen an der Einführung des Laienkelchs und der Wiedergutmachung des an seinem Hause getanen Unrechts, welches das Haus Münsterberg „über sich so lange Zeit hat erdulden sollen", interessiert zeigte.[71] Das bedeutete aber nicht, dass er ein innerli-

---

68 NORBERT CONRADS, Die Rekatholisierungspolitik in Teschen und die Ambitionen des letzten Herzogs von Teschen (in: Joachim Bahlcke (Hg.), Norbert Conrads. Schlesien in der Frühmoderne. Zur politischen und geistigen Kultur eines habsburgischen Landes, Köln, Weimar, Wien 2009), 21–38. Dort weitere Literatur.

69 WAGNER, Mutterkirche (s. Anm. 64), 19–22; WALTER KUHN, Geschichte der deutschen Sprachinsel Bielitz (Schlesien), Würzburg 1981 (Quellen und Darstellungen zur schlesischen Geschichte 21), 97–107.

70 Der Brief vom 29.6.1522 ist abgedruckt bei ROSENBERG (wie Anm. 50), 387–390, Literatur bei BUCKISCH II (s. Anm. 10), 31.

71 Vgl. die Darstellung bei ENGELBERT (s. Anm. 4), Teil 4, 1963, 133–164.

ches Verhältnis zur Reformation gewonnen hatte, obwohl der von ihm sehr geschätzte Johannes Heß, der spätere Reformator Breslaus, Erzieher seiner Söhne war, vielmehr erwies er sich insbesondere nach den Bauernunruhen 1525, vor denen seine Schwester Margarete hatte fliehen müssen, als ein Ratgeber für Bischof und Domkapitel in Breslau. „Jedenfalls hat Herzog Karl von seinen Fürstentümern Münsterberg und Öls die neue Lehre ferngehalten, wenn er auch nicht verhindern konnte, daß mancherorts lutherisch gepredigt wurde."[72]

Die Reformation wurde aber nach Karls I. Tod 1537 durch seine beiden Söhne Heinrich II. (1507-1548) in Münsterberg und Frankenstein und durch Johannes (1509–1565) in Oels eingeführt. Sinapius berichtet, dass Martin Luther 1541 eine Bibel mit einem Begleitbrief nach Oels gesandt habe, in dem er die Grafen mit Joh. 5,39 „Suchet in der Schrift [...]" ermuntert habe. Beides werde in der Schlossbibliothek in Oels im Original gezeigt.[73] Für die Festigung des Luthertums in Oels ist von grundlegender Bedeutung Karl II. (1545-1617), der Sohn Heinrichs II.. Über ihn sagt Sinapius: „Hertzog Carl II. hatte in seiner ganzen Regierung ein sonderbares Auge auff die Religion, bauete, zierte, erhielt Kirchen und Gotteshäuser, ließ alle Jahr 2mahl einen General-Synodum halten, denen entweder die Fürstlichen Herren Sohne oder gewisse Personen aus den Fürstlichen Räthen beygewohnet, und Achtung gegeben."[74] Es wird sich hier also um ganz ähnliche Pfarrerversammlungen handeln wie die in Liegnitz eingeführten Konvente, mit Senioren und Superintendent. 1593 erließ Karl II. eine „Agenda oder Ordnung derer Evangelischen Kirchen im Oelßnischen", die von Superintendent Melchior Eccard verfasst wurde.[75] Karl II. begründete 1592 eine Kirchenbibliothek und errichtete 1594 ein Fürstliches Gymnasium. Er gehörte ferner zu den Fürsten, die mit Kaiser Rudolf II. wegen eines freien exercitium religionis verhandelt haben und den Majestätsbrief von 1609 erwirkt haben.

Das Fürstentum Sagan unterstand Herzog Georg von Sachsen (1471–1539), der sich gegen das Eindringen der Reformation mit Kräften wehrte und

---

72 Ebd., 162.

73 JOHANNES SINAPIUS, Olsnographia Oder Eigentliche Beschreibung Des Oelßnischen Fürstenthums In Nieder-Schlesien, Leipzig, Frankfurt 1707, 355f; Vgl. GEORG HÄHNEL, Zur Geschichte der Schloßkirche und des kirchlichen Lebens im Herzogtum und in der Gemeinde Oels, Oels 1910, 13f.

74 SINAPIUS, 358.

75 SEHLING (s. Anm. 13), 465; eine Beschreibung des Inhalts findet man bei HELLMUT EBERLEIN, Die evangelischen Kirchenordnungen Schlesiens im 16. Jahrhundert (in: Silesiaca. Festschrift des Vereins für Geschichte und Alterthum Schlesiens zum 70. Geburtstage seines Präses Colmar Grünhagen, Breslau 1898, 214–234), 233; ferner HÄHNEL (s. Anm. 73), 22f.

dies doch nicht völlig verhindern konnte.[76] Nach seinem Tod 1539 kam das Fürstentum an den evangelisch gesinnten Bruder Herzog Heinrich V. von Sachsen (1473–1541), der 1540 eine Visitation durchführte, den Evangelischen in Sagan Kirchen öffnete und ihnen einen Superintendenten und drei Senioren gab. Da aber dessen Sohn Moritz (1521–1553) das Fürstentum 1549 mit der Herrschaft Eilenburg als Gegenleistung für die Kurwürde durch Ferdinand I. tauschen musste, fiel es an den König[77], und es begann eine sehr wechselvolle Geschichte.

Einzelne Standesherren und Grafen

Es ist ein schwieriges Unterfangen, die einzelnen schlesischen Adligen, die die Reformation in ihren Territorien als Patronatsherren gefördert haben, zu erfassen. Johann Adam Hensel lässt die schlesische Reformationsgeschichte mit Siegmund von Zedlitz beginnen, der, von hussitischer Tradition beeinflusst, Kontakt mit Martin Luther aufgenommen und 1518 den ersten evangelischen Prediger in Neukirch an der Katzbach eingesetzt habe.[78] Auch wenn sich diese Notiz nach „einem alten neukirchischen Manuscripte" nicht hat verifizieren lassen, so deutet es doch auf die Familie Zedlitz als einer in einzelnen Vertretern von früh an der Reformation zuneigenden und sie begünstigenden Familie hin.[79] In der ersten Hälfte des 16. Jahrhunderts hatten die führenden Herzöge von Liegnitz-Brieg und von Brandenburg-Ansbach mit ihrem Einsatz für die lutherische Bewegung eine gewisse Sogwirkung, die andere Patronatsherren in ihren Gebieten mitriss. Schaut man die noch immer ausführlichste Gesamtdarstellung der Reformationsgeschichte Schlesiens von Soffner auf die darin genannten Namen von evangelischen Adligen durch, so lässt sich allein in dieser Übersichtsdarstellung eine ganze Reihe von Persönlichkeiten zu-

---

76 Zur Geschichte des Fürstentums s. die ausführliche Darstellung von JOHANN GOTTLIEB WORBS, Geschichte der evangelischen Kirchen, Prediger und Schullehrer im Fürstenthum Sagan, Bunzlau 1809; GEORG STELLER, Der Adel des Fürstentums Sagan 1440–1714 (in: Jahrbuch der urkundlichen Beiträge 12, 1967, 69–125, und 13, 1968, 7–10).

77 Vgl. dazu BUCKISCH II (s. Anm. 10), 73–76.

78 JOHANN ADAM HENSEL, Protestantische Kirchen-Geschichte der Gemeinen in Schlesien Nach allen Fürstenthümern, vornehmsten Städten und Oertern dieses Landes, Leipzig und Liegnitz 1768, 129f. Zu diesem Bericht s. BUCKISCH II, 17 Anm. 49 mit der Literatur, die sich damit befasst; vor allem JOHANNES GRÜNEWALD, Beiträge zur Kirchen- und Pfarrgeschichte von Neukirch an der Katzbach (in: JSKG 41, 1962, 7–39).

79 Belege dafür finden sich bei SOFFNER (s. Anm. 50) für die Familie Zedlitz auf Parchwitz, die dort 1524 die Reformation eingeführt haben (122, 240).

sammenbringen.[80] Diese Liste könnte anhand von Karzels detaillierter Darstellung der Reformationsgeschichte von Oberschlesien für diesen Raum ergänzt werden. Immer dann, wenn es Rechtsstreitigkeiten um den Besitz einer Kirche oder von evangelischen Predigern in einer Gemeinde ging, war dies ein Anlass für den evangelischen Adel, sich öffentlich zu äußern. Als König Ferdinand I. in Sagan 1554 die Abschaffung der dortigen Prädikanten forderte, verweigerte dies der Rat der Stadt und bat darum, dass das dortige Kloster diese besolde. In diesem Rechtsstreit trat der Adel der Stadt zur Seite, und zwar Adam von Niesemeuschel auf Reichenau, Sigmund von Berge zu Niedergorbe, Franz von Nechern zu Kunzendorf, Valentin von Knobelsdorf zu Rückersdorf, Stanislaus von Nostitz zu Hertwigswaldau und Franz von Rackel zu Küpper.[81] Es ist immer wieder erstaunlich, in welche uns peripher erscheinenden Spezialfälle sich Ferdinand I. einschaltete, aber auch das andere, dass sich die Landstände nicht scheuten, sich für diese konfessionellen Fragen einzusetzen und den Streit mit einem König aufzunehmen, der seinen Unwillen deutlich äußerte und kein Pardon kannte.

Die Situation änderte sich in der zweiten Hälfte des Jahrhunderts nach der Festigung der katholischen Kirche durch das Tridentiner Konzil und einer neuen Generation von Breslauer Bischöfen, die die Entwicklung im Sinne der Rückgewinnung des verlorenen Einflusses der katholischen Kirche vorantrieben. Dies führte auch auf evangelischer Seite zu einer Verhärtung der Fronten und konfessionellen Selbstverteidigung, so dass nun die religiöse Frage mit der ständischen Selbstbehauptung eine enge Verbindung einging.[82] Nun vertraten die evangelischen

80 SOFFNER (s. Anm. 50) nennt für das 16. Jahrhundert ohne Glatz: Kaspar von Bischofshain auf Deutsch-Leipe bei Grottkau 1597 (397,412); Otto von Dohna in Massel 1592 (207); Konrad von Dyhr in Hünern 1602 (207); Balthasar von Hörnig in Lissa bei Breslau 1552 (55f); Hieronymus von Hörnig und Achatius von Haunold in Breslau 1524 (27); Melchior III. von Hoberg in Schönau 1624 (288); Sebastian von Knobelsdorf in Schwiebus 1541 (337); Sebastian von Kottwitz in Köben 1540 (338); Henrich III. von Kurzbach in Trachenberg und Hans von Kurzbnach in Militsch 1525 (233f); Adam von Schaffgotsch auf Kynast 1595 (234); Hans Bernhard von Malzan und Joachim Malzan in Polnisch Wartenberg und Goschütz 1551 (157); Balthasar Freiherr von Pückler und sein Bruder Wenzel in Falkenberg (1552); Freiherr Wilhelm von Oppersdorf in Kosel 1551 (452); Hans von Posadowski in Oppeln 1540 (51); Balzer von Prädel auf Wiesau in Bolkenhain 1531 (277); Matthias und Hieronymus von Prockendorf in Schosnitz und Rothsürben 1563 (88); Hans und Clemens von Rechenberg in Großen Bohrau und Prümkenau 1528 (327f)Hans von Rechenberg und Fabian von Schönaich in Beuthen-Karolath 1524/1565 (232); Hans von Schweinichen auf Schweinhaus in Schweinhaus 1566 (279).

81 BUCKISCH II (s. Anm. 10), 80f.

82 Vgl. dazu GABRIELA WĄS, Religionsfreiheiten der schlesischen Protestanten. Die Rechtsakte und ihre politische Bedeutung für Schlesien (in: Joachim Köhler, Rainer Bendel (Hg.), Geschichte des christlichen Lebens im schlesischen Raum, Bd. 1, Münster. Hamburg, London 2002), 451–482, hier 458f.

Stände ihr Recht energisch vor den Habsburger Herrschern und forderten es mit ihren Religionsgravamina vor dem Kaiser ein. Es ist aufschlussreich zu beobachten, wer die evangelischen Sprecher dieser Gesandtschaften an den Kaiser sind und neben den bereits genannten Fürstenhäusern auftreten. So werden auf dem Fürstentag am 6. Juni 1608 als Gesandte an den Kaiser bestimmt: Weighard von Promnitz, Freiherr zu Pleß auf Sorau, Triebel und Hoyerswerda (gest. 1618), Hans Georg von Zedlitz auf Stroppen (1579–1620) und Siegmund von Burghaus auf Stolz (1574–1611) mit ihren Räten, am 7. Juli: Hartwig von Stitten (1563–1621), Melchior von Senitz (1578–1642), Joachim von Franckenberg.[83] Bei einer Gesandtschaft an den Bischof 1610 kommen zu den soeben Genannten noch Georg Friedrich Herr von Kittlitz auf Ottendorff (1568–1620) und Wolf von Rothkirch (1573–1619).[84] Bevollmächtigte der evangelischen Fürsten angesichts der Bischofswahl sind im Jahre 1600 Joachim III. von Maltzan (1559–1625) und Adam von Schaffgotsch (1543–1601).[85] Die Genannten waren als Sprecher für eine größere Gruppe des evangelischen Adels keine unbedeutenden Gestalten, sondern ihre Stimme hatte Gewicht.

Von diesen hochgestellten Geschlechtern ist der Landadel zu unterscheiden, aber auch dessen Stimme bedeutete mehr als die eines einfachen Bürgers. Seine Unterschrift unter die Eingaben, die sich an die evangelischen Fürsten und Stände richteten, damit ihre Anliegen gehört wurden, zeugt doch von keinem geringeren Engagement für die evangelische Sache. Als der Kommendator von Groß Tinz, Klein Oels und Lossen 1598 wieder den katholischen Gottesdienst einführen wollte, unterschrieben sechs Adlige eine Eingabe: Leonhard von Gellhorn zu Prschiedrowitz, Hans von Gellhorn (1536–1613), Hans von Gfug und Föllersdorf auf Manze (1575–1615), Christoph von Reinischberg zu Gloffenau, Esther geb. von Seidlitz, und Barbara von Kanitz.[86] Es sind in dieser Spätphase der Reformation immer wieder die Witwen von adligen Patronen, die nun für den Erhalt des evangelischen Gottesdienstes streiten. Mehrere Listen von lutherischen Adligen aus Oberschlesien, die für das Recht der evangelischen Gemeinden stritten, bringt Karzel und nennt die Familien: Donat, Lichnowsky, Morawitzky; Odersky; Prazma, Rohr, Schaffgotsch, Sedlnitzky, Skrbensky, Tschammer, Tworkau und Wilczek, zu der später noch die Czygan, Schlick, Blach, Larisch und Wilemowsky kommen.[87] Hin-

83 Ebd., 133f.

84 Ebd., 151.

85 Ebd. 121.

86 Buckisch II, 119.

87 Karzel, 230.

ter diesen Namen stehen ganze Adelshäuser mit unterschiedlichen Vertretern und natürlich müsste diese würdigen.

Die Neubewertung der historischen Leistung des Adels für die Geschichte Schlesiens hat gerade erst begonnen.[88] Sie bietet die Chance, nicht nur Einzelgestalten wahrzunehmen, sondern Kontinuitäten und Diskontinuitäten in einem Adelsgeschlecht zu erkennen. Vergleicht man die Studien zum Haus Schaffgotsch, die mit der tragischen Gestalt von Hans Ulrich von Schaffgotsch einen Blick auf das Ende der lutherischen Periode dieses Geschlechts werfen,[89] mit dem Geschlecht der Rechenberg[90], so zeigen sich durchaus Parallelen. Beide Häuser wanderten in Schlesien im 13. Jahrhundert aus Mitteldeutschland ein. Beide schlossen sich der Reformation Luthers an. Beide haben ihre Familiensitze in den Erbfürstentümern Schlesiens, die Schaffgotsch im Fürstentum Schweidnitz-Jauer, die Rechenbergs im Fürstentum Glogau. So wie die Schaffgotsch den Anschluss an die Reformation auf ihren Besitzungen in Warmbrunn, Friedeberg am Queis und Greiffenberg, Bober-Röhrsdorf u.a.[91] energisch förderten, sind auch die Rechenbergs von Beginn an aktiv tätig. Die Familie besaß das Patronat über die Orte Windischborau, Großenborau, Schlawa, Deutsch Wartenberg und Primkenau und Hans von Rechenberg soll schon 1521/22 lutherischen Gottesdienst in der Schlosskapelle von Freystadt,

88 Vgl. dazu die beiden Bände: JAN HARASIMOWICZ, MATTHIAS WEBER (Hg.), Adel in Schlesien. Bd 1: Herrschaft, Kultur, Selbstdarstellung und JOACHIM BAHLCKE, WOJCIECH MROZOWICZ (Hg.): Adel in Schlesien. Bd 2: Repertorium: Forschungsperspektiven, Quellenkunde, Bibliographie, München: R. Oldenbourg Verlag 2010 (Schriften des Bundesinstituts für Kultur und Geschichte der Deutschen im östlichen Europa 36 und 37).

89 JOACHIM BAHLCKE, ULRICH SCHMILEWSKI, THOMAS WÜNSCH, Das Haus Schaffgotsch. Konfession, Politik und Gedächtnis eines schlesischen Adelsgeschlechts vom Mittelalter bis zur Moderne, Würzburg 2010, darin etwa der Abschnitt von Maximilian Eiden: Hans Ulrich Schaffgotsch und die Verbindung mit den Piasten 142–145; Über Hans Ulrich von Schaffgotsch s. WILLY KLAWITTER, Hans Ulrich Freiherr von Schaffghotsch (in: Schlesische Lebensbilder Bd. 3, Breslau 1928, Sigmaringen ^{2}1985), 27–36. Dieser wohl bedeutendste und energischste Sohn des evangelisch gewordenen Geschlechts heiratete drei Wochen vor der Schlacht am Weißen Berg 1620 in das Fürstengeschlecht der Piasten von Liegnitz-Brieg ein. Er hatte Friedrich V. von der Pfalz unterstützt und entging dem Zorn des Kaisers dadurch, dass er sich in dessen Dienste stellte und in kaiserliche Dienste als General in der Armee Wallensteins trat, was ihm 1635 zum Verhängnis wurde.

90 TOMASZ ANDRZEJEWSKI, Die Herren von Rechenberg im Herzogtum Glogau während des 16. und 17. Jahrhunderts. Familie, Wirtschaft, Politik, Kunst (Wiss. Arbeiten des Vereins für Geschichte Schlesiens 7), Würzburg 2012.

91 Vgl. dazu SOFFNER (s. Anm. 51), 233–238; vgl. dazu auch sein Religionsprivileg für die Stadt Bielitz/OS aus dem Jahre 1587, WAGNER, Mutterkirche, (s. Anm. 64), 21.

wo er als Burghauptmann residierte, eingeführt haben und damit den ersten evangelischen Prediger im Herzogtum Glogau.[92] Freystadt mit seinem Gymnasium entwickelte sich unter seinem Schutz zu einem Zentrum des evangelischen Lebens. Weitere Familienmitglieder schlossen sich im Lauf der nächsten Jahre der Reformation an und begünstigten sie in ihren Patronaten. Aber die Gegenreformation, der Dreißigjährige Krieg und die Maßnahmen Wiens zur Ausschaltung des protestantischen Einflusses haben das Geschlecht in den finanziellen Ruin getrieben. Da sie nicht zur Unterwerfung unter den Kaiser und zur Konversion bereit waren, wurden sie ihres politischen und wirtschaftlichen Einflusses beraubt.[93]

Schluss

Dieser Durchgang durch die schlesischen Adelsgeschlechter konnte die Vielfalt der damit angesprochenen Probleme nur andeuten. Darum seien zum Schluss noch drei grundsätzliche Erwägungen angedeutet. Die Motive für einen Adeligen, sich der Reformation anzuschließen, waren sehr unterschiedlich und reichen von reiner Bereicherung durch Kloster- und Kirchengut bis zu Glaubensmut und Standhaftigkeit auch bei persönlichen Verlusten. Es ist freilich schwer zu entscheiden, ob ein Adliger den Anschluss an Luther aus egoistischen opportunistischen Gründen, um sich kirchliches Vermögen anzueignen, oder aus innerer Überzeugung, weil er den Rückgang auf die biblische Wurzel des Glaubens als eine zeitgemäße, humanistische, aufblühende Geistesbewegung bejahte, oder aus Glaubensüberzeugung suchte, weil sie ihn aus inneren Glaubenszweifeln befreite. Häufig findet sich in einer einzigen Person die Überlagerung aller drei und sicherlich weiterer Motive, und Georg von Brandenburch-Anspach ist ein sprechendes Beispiel, wie hier Bekennermut mit der Chance, die Schulden seines Hauses durch Enteignung von Kirchengut auszugleichen, miteinander gepaart sind. Diese Überlagerung der Motive kehrt dann im 17. Jahrhundert, als die Aufstiegsmöglichkeiten für den Adel nur noch über Kaisertreue und Zugehörigkeit zur katholischen Kirche möglich sind, in derselben Schärfe wieder, nur dass nun die Karten umgekehrt gemischt werden, und es waren oft Konvertiten, die der evangelischen Kirche einen großen Schaden zufügten, wie etwa Adam Wenzel und Karl von Liechtenstein.[94]

---

92 Vgl. ANDRZEJEWSKI (s. Anm. 90): Die Familie Rechenberg und die Verbreitung der Reformation im Herzogtum Glogau (178–191).

93 ANDRZEJEWSKI (s. Anm. 90): Die Rechenbergs während der Gegenreformation (191–204).

94 Karl von Liechtenstein konvertierte 1599 zur katholischen Kirche und erhielt nach der Schlacht am Weißen Berg 1620 vom Kaiser das Herzogtum Jägerndorf.

Angesichts dieser Mischung von Motiven mag man geneigt sein, die Bedeutung des Adels für die Reformation nur gering anzusetzen. Damit würde man aber eine völlige Fehleinschätzung vornehmen. In der politischen und sozialen Situation der Reformationszeit konnte eine Kirche kaum überleben, wenn sie nicht Schutz durch eine weltliche Macht erfuhr.[95] Darum wird man die Entwicklung zum landesherrlichen Kirchenregiment und Summepiskopat des Landesherrn, wie sie sich bei den Herzögen von Liegnitz-Brieg und Brandenburg-Anspach zeigte, als eine historisch notwendige Durchgangsstufe bewerten müssen. Sichtbarer Ausdruck für dieses Kirchenregiment waren jeweils die Mandate, Agenden und Kirchenordnungen und eine gestufte Ämterordnung vom Superintendenten bis zum Pfarrer, die wir auch in kleineren Territorien als Ausdruck einer geordneten Verwaltung wiederfanden. Dabei war die Einführung von regelmäßigen Konventen, gelegentlich auch Synode genannt, sicherlich eine der wirksamsten Maßnahmen. Als wichtige Grundlage für die Verankerung der Reformation im Volk erkannten die Fürsten die religiöse Bildung durch den Katechismusunterricht in den Gemeinden und den Bau von Schulen und Gymnasien. Dies entsprach dem Ideal eines christlichen Regenten, wie es vor allem von Melanchthon formuliert wurde, und es war die Weiterentwicklung der humanistischen Wurzeln der Reformation zu einem späthumanistischen Bildungsbürgertum in den Städten, wodurch die Reformation nachhaltig auf die Geistesgeschichte einwirkte.

Die christlichen Fürsten der Reformation suchten den Anschluss an ebenbürtige Geschlechter im Reich, um der Umklammerung und Einengung durch die Habsburger zu entgehen. Die Abschottung Schlesiens vom Reich war Teil der Religionspolitik Ferdinands I., um etwa die Beschlüsse des Augsburger Reichstags von 1555 auf Schlesien nicht anzuwenden.[96] Darum war für ihn Georg von Brandenburg-Anspach ein ebenso großes Ärgernis wie Friedrich II., und er ruhte nicht, bis er die Gelegenheit fand, den Erbverbrüderungspakt mit Brandenburg zu annullieren. Für Friedrich II. war es demgegenüber entscheidend, die Verbindung mit der Reformation in Wittenberg aufrechtzuerhalten, und sicherlich war diese Anbindung an die Reformation Luthers für ihn wichtiger als irgendein theologisches Argument, das ihn von der Häresie Schwenck-

95 Zwar haben auch Gruppen der Wiedertäufer und Schwenckfelder bis in die Gegenwart überlebt, aber eben nur als verfolgte Untergrundgruppen mit außerordentlich hohen Todesopfern.

96 Vgl. dazu WĄS, 456: „Nach Ferdinand war, laut Augsburger Frieden, das Recht der Bestimmung über die Wahl der Religion seiner Untertanen, d.h. ‚ius territori' ausschließlich ihm als böhmischen König, der auch den Titel des höchsten schlesischen Fürsten trug, vorbehalten und nicht für seine Untertanen bestimmt, zu denen er die Fürsten und Stände zählte."

felds hätte überzeugen können.[97] Man darf nicht unterschätzen, dass die Reformation für den Adel den Anschluss an eine Kulturentwicklung und Geisteshaltung bedeutete, die der mittelalterlichen römischen Kirche mit ihrem Klosterwesen und hierarchischer Struktur, ihrem Sakramentsverständnis und Autoritätsglauben weit überlegen erschien.[98]

Die Selbstbehauptung der eigenen Konfession war freilich nur die eine Seite, auf der andern Seite war man auf die Zusammenarbeit mit der alten Kirche angewiesen. Der Bischof von Breslau war zugleich Landeshauptmann Schlesiens, und in juristische Hinsicht gab es keine kirchliche Zentralinstanz außer dem Bischof. In diese juristische Lücke drängte freilich Ferdinand I. als Landesherr mit summepiskopalem Anspruch, – er hatte auf dem Konzil von Trient sogar die Anerkennung des Laienkelchs für Schlesien erreichen können[99] – und er war gelegentlich auch bereit, evangelische Adelige aus Schlesien anzustellen, wenn sie sich seinem monarchischen Anspruch fügten und mitarbeiteten. Als er 1558 die schlesische Kammer als Aufsichtsbehörde in fiskalischer und juristischer Hinsicht begründete, eine in Breslau außerordentlich unbeliebte Einrichtung, stellte er dort auch lutherische Beamte ein. Der erste Präsident Friedrich von Redern war kein Katholik und Matthias von Logau, ein Bruder des Bischofs Kaspar von Logau, Kammerpräsident ab 1567 besuchte zum Ärger des Domkapitels die lutherischen Gottesdienste der Stadt. Kammerrat Hans von Schaffgotsch bekannte sich seit 1573 zum Luthertum wie auch zwei der Kammersekretäre.[100] So kam es in Schlesien zu einer „konfessionellen Koexistenz",[101] die einerseits den Notwendigkeiten gemeinsamen Zusammenlebens entsprach und zu Rücksichtnahme zwang, andrerseits aber gerade für den Adel Chancen zu einer ehrenvollen Mitarbeit in einer königlichen Behörde barg.

---

97 Er hätte noch 1541 die Entlassung Friedrich Sigismund Werners rückgängig gemacht, wenn er sich mit den Gelehrten des Reichs vergleichen d.h. einigen und die Augsburger Confession annehmen würde (Schreiben Friedrichs II. an Caspar Schwenckfeld am 24.4.1741, s. BUCKISCH II, 59 und ROSENBERG, 457).

98 Was wir uns heute kaum noch klar machen, ist die Tatsache, dass die Reformation eine starke Reduzierung der kirchlichen Amtsträger bedeutete. An die Stelle von 25 Domherren und Vikarien in Brieg begnügte sich Friedrich II. mit zwei Schlosspredigern, in der Stadt selbst blieben statt bisher 50 Geistlichen nur noch fünf übrig, drei in der Pfarrkirche und zwei am Dom. Zwei Klöster wurden aufgehoben (SCHÖNWÄLDER, Teil 2, s. Anm.11, 58f).

99 Diese war nach Schönwälder von 1564 bis 1628 in Schlesien gültig (SCHÖNWÄLDER, Teil 2, 121).

100 Vgl. dazu ELISABETH ZIMMERMANN, Die Schlesische Kammer und die Reformation in Schlesien (in: ASKG 14, 1956, 141–152).

101 BAHLCKE (s. Anm. 2), 139.

Luterańska szlachta Śląska w okresie reformacji

Po wprowadzających uwagach do tematu autor artykułu przechodzi do omówienia najważniejszych rodów książęcych Śląska i kładzie szczególny nacisk na Piastów, księcia legnickiego Fryderyka II oraz księcia brzeskiego Jerzego II. Na obszarze Górnego Śląska za wyznaniem luterańskim opowiedzieli się margrabiowie von Brandenburg-Ansbach, panowie na Karniowie, Jerzy i jego syn Jerzy Fryderyk, którzy z naciskiem i zręcznością wykorzystywali swe prawa patronackie. Ich śladem ruszyli Piastowie cieszyńscy, książę Wacław Adam i Adam Wacław. Na terenie księstw żagańskiego, oleśnicko-ziębickiego i opolskiego rezydowali najpierw książęta katoliccy, jednakże ich następcy, za wyjątkiem księstwa opolskiego, przyłączyli się do ruchu luterańskiego. Artykuł kończy się przykładami kilku rodów szlacheckich, baronów i hrabiów, tj. von Rechenberg, von Schaffgotsch i von Maltzahn, którzy na terenie swych posiadłości jednoznacznie opowiedzieli się za reformacją.

Der reformierte und der die Schwenckfelder tolerierende Adel Schlesiens

von Dietrich Meyer

1 Der reformierte Adel

Die Phase der reformierten Konfessionsbildung, die, wie man früher sagte, „zweite Reformation", setzt man gewöhnlich 1563 mit dem Übergang der Kurpfalz zur reformierten Kirche und der Annahme einer reformierten Kirchenordnung, die den Heidelberger Katechismus einschloss, an. In Brandenburg setzte dieser Prozess erst 50 Jahre später mit dem Konfessionswechsel von Johann Sigismund zur reformierten Kirche im Jahre 1613 ein. Beides, Heidelberger Katechismus und der Glaubenswechsel der Brandenburger, haben auf Schlesien eingewirkt. Denn in Schlesien gab es mehrere Adelsfamilien, die sich dem reformierten Bekenntnis in dieser zweiten Phase der Reformation anschlossen. An erster Stelle muss man hier den Konfessionswechsel der piastischen Herzöge von Liegnitz, Brieg und Wohlau nennen. Schon Herzog Joachim Friedrich von Brieg (1550-1602), der von 1586 bis 1602 regierte und 1596 das Herzogtum Liegnitz erbte, empfand Sympathie für die reformierte Kirche und pflegte Kontakte mit den reformierten Fürsten im Reich und zu reformierten Theologen, etwa zu Laurentius Circler, Rektor des Briegischen Gymnasius. Sein frühzeitiger Tod 1602 habe, so schreibt Lucae, sein öffentliches Bekenntnis zum Reformiertentum verhindert.[1] Seine Frau Anna Maria, geb. zu An-

1 FRIEDRICH LUCAE, Schlesiens curieuse Denckwürdigkeiten oder vollkommene Chronica Von Ober- und NiederSchlesien, Frankfurt/Main 1689, 486–550, hier 493 („Uber dieses machte er auch alle Anstalt vor seine Person, die Reformirte Religion anzunehmen, correspondirte deß-wegen fleissig mit ausländischen Reformirten Theologis, bediente sich ihrer Information, sonderlich Laurentii Circleri, gewesenen Briegischen Rectoris laut derer in seinem Cabinet nach dem Absterben gefundener Brieffschafften ... Aber desselben Todesfall, Anno 1602 hinderte so thanes Vorhaben, und deß Hertzogs offentliche Reformirte Glauben-Bekäntnüß."); Vgl. ferner DERS., Schlesische Fürsten-Krone Oder Eigentliche, warhaffte Beschreibung Ober- und Nieder-Schlesiens [...] Also auch insonderheit Von Den Fürstenthümern Lignitz, Brieg und Wohlau, Frankfurt/Main 1685, 521–605; Geschichte der Liegnitz-Brieger Piasten, von GEORG THEBESIUS, 1733 hg. von GOTTFRIED BALTHASAR SCHARFF, bearb. und erg. von GEORG JAECKEL, Bd. 2, Crailsheim 1982, S. 12–19; JOACHIM BAHLCKE, Deutsche Kultur mit polnischen Traditionen. Die Piastenherzöge Schlesiens in der frühen Neuzeit (in: Matthias Weber (Hrsg.), Deutschlands Osten – Polens Westen in der frühen Neuzeit. Vergleichende Studien zur geschichtlichen Landeskunde, Frankfurt/M. 2001), 83–112.

halt, bekannte sich bewusst zur reformierten Kirche und ließ ihre beiden Söhne Johann Christian und Georg Rudolph zwar von dem lutherischen, aber weitherzigen Hofmeister Adam von Stange erziehen, sorgte aber für deren Fortbildung und enge Verbindung mit dem Hause Brandenburg.

Johann Christian, der ältere Sohn Joachim Friedrichs (1591–1639), verbrachte einige Jahre zunächst am lutherischen Hof von Karl II. Münsterberg-Oels, dann am Hof seiner reformierten Tante, der Kurfürstin Elisabeth von Brandenburg, in Crossen.[2] Auf Wunsch seines Vormunds Karl II. besuchte er die lutherische Universität in Straßburg. Nach seiner Kavaliersreise nach Frankreich kehrte er 1609 nach Brieg zurück und heiratete 1610 die reformierte Dorothea Sibylla von Brandenburg. Bereits 1604 war er auf den Heidelberger Katechismus in Berlin konfirmiert worden, und trat 1614 mit seinem Hof in der Nachfolge des Brandenburger Kurfürsten zum reformierten Bekenntnis über. Dass er alles andere als ein calvinistischer Heißsporn war, zeigt die Tatsache, dass er erst am 25. Dezember 1619 mit seiner Schwester und mit seiner Gemahlin das Abendmahl mit Brotbrechen feierte. Politisch stellte er sich ganz hinter den Winterkönig Friedrich V. von der Pfalz, und weil er nach dessen verlorener Schlacht am Weißen Berg 1620 die Bestrafung des Habsburger Kaisers fürchten musste, brachte er seine Frau in Frankfurt/Oder in Sicherheit und folgte ihr im April 1621 nach, wo er bis Anfang November blieb. Immer wieder blieb Brandenburg-Preußen sein Zufluchtsort, so 1633, als die Pest in Brieg ein Drittel der Bevölkerung in den Tod riss und er nach Thorn ging. Nach der verlorenen Schlacht von Nördlingen 1635 zog er sich erneut nach Thorn zurück, begleitet von dem Dichter Martin Opitz, der ein Jahr bei ihm blieb. 1639 starb er in Osterode/Preußen, seinem letzten Rückzugsort. Seine Kinder aus der ersten Ehe Georg III. (1611–1664), Ludwig IV. (1616–1663) und Christian II. (1618–1672) blieben dem reformierten Bekenntnis treu.

Von Johann Christian stammt das Brieger Bedenken von 1526, dessen zweiter Teil wohl von ihm selbst formuliert wurde. Es ist ein einziger Bußruf, der auf die Erneuerung der Buß- und Bettage, der Katechisation, der Schulaufsicht und Kirchenzucht dringt. Daraus spricht ein Christentum der Innerlichkei, das auf die Erneuerung „des innerlichen Gottesdiensts mit stätigem Seuffzen und Hertzens-Beten, steter und immerwehrender Bußfertigkeit, Niederschlagung des Geistes, Absterbung der Sünden, Ablegung des alten Menschen, Ertötung des Fleisches,

2 NORBERT CONRADS, Das preußische Exil des Herzogs Johann Christian von Brieg 1633–1639 (in: Udo Arnold (Hg.), Preußische Landesgeschichte. Festschrift für Bernhard Jähnig zum 60. Geburtstag, Marburg 2001), 39–49; JAECKEL (wie Anm. 1), 24–78; vgl. ferner ANDRZEJ KISZA, Jan Chrystian, ewangelicki książe piastowski, Warszawa 1981; JULIUS KREBS, Johann Christian, Herzog von Brieg, ADB 14, 1881, 189–200.

Creutzigung der Lüsten, Verleug- und Hassung seiner selbst, Absagung der Welt und aller Creaturen, Erneuerung des Bildes Gottes, Anziehung des neuen Menschen und neuen Creatur, Annehmung des Jochs CHristi zu seiner Nachfolge und endlichen der Wirckung unserer Seligkeit mit Furcht und Zittern" drängt.[3] Einen Aufruf, den noch Spener, der Vater des Pietismus, als vorbildlich empfand. Von einer toleranten Haltung gegenüber seinen lutherischen Untertanen war auch seine Religionspolitik bestimmt: Er verzichtete darauf, zu den vierteljährlichen Predigerkonventen mit Zwang einzuladen, obwohl die meisten „auffrichtige und modeste Philippisten waren",[4] die also der reformierten Tradition gegenüber offen waren oder nahestanden.

Anders sein Bruder Georg Rudolph von Liegnitz (1595–1653). Er wurde wie sein Bruder am Hof in Oels erzogen und besuchte 1611/12 zusammen mit dem brandenburgischen Kurprinzen die Universität in Frankfurt/Oder.[5] Nach seiner Kavalierstour durch Italien, Schweiz, Frankreich und Holland heiratete er 1614 die bewusst reformierte Prinzessin Sophie Elisabeth von Anhalt, Tochter Johann Georgs von Anhalt-Dessau, trat auch selbst zum reformierten Bekenntnis über, was er am 14. Dezember 1616 in den Liegnitzer Kirchen bekannt machte. Allerdings kehrte er schon 1621 kurz vor dem frühen Tod seiner Frau zur lutherischen Kirche zurück. Für ihn zählte die Konfession weit weniger als für seinen Bruder, und er übte sie „nicht mit gleicher Beständigkeit und Eyfrigkeit" aus. Auch ließ er die Hofgottesdienste, wie seine Hofprediger verdächtigten, nicht in der Stiftskirche St. Johannis halten, „weil er nicht gedachte bey dieser Religion zu sterben".[6] Er hatte darum weit weniger Schwierigkeiten mit dem Habsburger Kaiser.

Wir können hier nicht die Geschichte der Piasten im einzelnen verfolgen. Über den weiteren Verlauf sei aber kurz angemerkt: Nach dem kinderlosen Tod von Georg Rudolph im Jahr 1653 teilten die drei Söhne Johann Christians den gesamten Besitz unter sich auf. Ludwig erhielt Liegnitz, Georg Brieg und Christian Wohlau. Georg, der älteste, hielt sich in religiösen Fragen weitgehend zurück, Ludwig handelte bewusst als reformierter Fürst und setzte nicht nur einen reformierten

---

3 Zitiert nach dem Abdruck bei Gottfried Arnold, Das Leben Der Gläubigen Oder Beschreibung solcher Gottseligen Personen, welche in denen letzten 200. Jahren sonderlich bekandt worden, Halle 1701, 584–620, hier 616. Vgl. DIETRICH MEYER, Die Entstehung und Wirkung des Briegischen Bedenkens von 1627 (in: Jan Harasimowicz und Aleksandra Lipinska (Hg.), Das Erbe der Reformation in den Fürstentümern Liegnitz und Brieg, Legnica 2007), 153–169.

4 Ebd., 497.

5 Vgl. dazu JAECKEL (wie Anm. 1), II, 31–78; Julius Krebs, Georg Rudolph, Herzog von Liegnitz, in: ADB 8, 693–696

6 LUCAE, Denckwürdigkeiten (wie Anm. 1,), 498.

Hofprediger, sondern mit Heinrich Schmettau als höchsten Geistlichen des Fürstentums einen reformierten Administrator über alle Geistlichen ein. Das war in Liegnitz neu und führte zu allerlei Widerstand. Als Christian nach dem Tod von Ludwig 1663 das gesamte piastische Erbe übernahm, glaubte er, nun auch Schmettau zum Superintendenten einsetzen zu dürfen. Doch das führte zu einer heftigen Auseinandersetzung mit den lutherischen Ständen, die es schließlich durch Beschwerden beim Kaiser durchsetzen konnten, dass Schmettau auf das Amt verzichtete und nach Berlin ging.[7]

Diese Auseinandersetzung ist in mehrfacher Hinsicht aufschlussreich, wenn man sie mit der Situation in Brandenburg vergleicht. Grundsätzlich war die Lage für die Position des reformierten Hofes in beiden Territorien sehr ähnlich, da beide Höfe einer breiten lutherischen Bevölkerung gegenüberstanden. Aber der Brandenburger hatte keinen katholischen Oberherren über sich und war in seiner Religionspolitik viel freier, auch wenn er letztlich dem Kaiser zu bestimmten Diensten verpflichtet war. Schlesien aber war Teil des Habsburger Reiches, und die evangelischen Fürstentümer mussten insbesondere nach der Niederlage Friedrichs von der Pfalz 1620, dem sie sich angeschlossen hatten, mit konsequenten gegenreformatorischen Maßnahmen rechnen. Hier scheiterte eine reformierte Konfessionalisierung schon deshalb am lutherischen Widerstand, weil sich diese in Streitfällen an den Kaiser in Wien wandten, obwohl auch sie die katholische Konfessionalisierung der Habsburger traf. Reformierte Konfessionalisierung konnte daher in Schlesien nur mit großer Vorsicht und Zurückhaltung von Seiten eines reformierten Fürsten gelingen.

Zugleich zeigt diese Auseinandersetzung, dass sich die Fronten der Konfessionalisierung auf allen Seiten verschärften und sich auch der katholische Bischof von Breslau Sebastian von Rostock nicht scheute, in den Streit einzugreifen. Ferdinand III. hat seinerseits in seinen Erbfürstentümern 1653/54 zu der Maßnahme der Kirchenreduktionen gegriffen und über 600 evangelische Pfarrer vertrieben.

Dieses vorsichtige Vorgehen reformierter Kirchenpolitik zeigt sich im Vergleich zu Brandenburg besonders deutlich, wenn man den Umgang mit den Kirchengebäuden vergleicht. Lucae vermerkt zu Herzog Johann Christian in Brieg ausdrücklich: „In der Kirche ließ der Hertzog die alten Bilder, Crucifix, und dergleichen Mahlereiyen unberühret, und in ihrem Wesen stehen."[8] Ähnlich berichtet er zu

7 Vgl. dazu die ausführliche Darstellung dieser Auseinandersetzung bei JOHANN ADAM HENSEL, Protestantische Kirchen-Geschichte der Gemeinen in Schlesien, Leipzig und Liegnitz 1768, 398–406; dazu JOHANNES WALLMANN, Schlesische Erbauungsliteratur des 17. Jahrhunderts. Die Schriften des Liegnitzschen Landeshauptmanns David von Schweinitz (1600–1667) (in: JSKG 86, 2007), 45–98, hier 71–74.

8 LUCAE, Denckwürdigkeiten (wie Anm. 1), 497.

Georg Rudolph, dass er darauf verzichtete, die St. Johanniskirche in Liegnitz zu seiner Hofkirche und Gottesdienststätte zu machen, und den reformierten Gottesdienst auf die Schlosskapelle beschränkte, auch wenn der Hofprediger gelegentlich bei „Begräbnissen, und dergleichen Begebenheiten" in der Johanniskirche predigen konnte oder wenn sich der Herzog seinen Untertanen in einem eigens dazu erbauten „Fürstlichen Stand" zeigen wollte[9].

Die Piasten-Herzöge von Liegnitz-Brieg-Wohlau handelten selbstverständlich nicht völlig isoliert, sondern konnten sich auf einzelne reformierte Adelige stützen und förderten diese, was insbesondere für das Herzogtum Brieg gilt. Charakteristisch ist etwa die Berufung Wenzels von Zedlitz und Neukirch auf Eichholtz zum Landeshauptmann durch Herzog Joachim Friedrich, die er sozusagen programmatisch auf dem ersten von ihm einberufenen Landtag nach seinem Regierungsantritt im Jahr 1596 vollzog. Gegen diese Berufung protestierten die lutherischen Stände, und der Pastor von Rankau schloss Zedlitz vom Abendmahl wegen „heimlicher calvinistischer Ketzerei" aus, was sich der Herzog aber nicht gefallen ließ.[10] Wenzel von Zedlitz war später als Vormund mit verantwortlich für die Erziehung der beiden Söhne Joachim Friedrichs, den genannten Johann Christian und Georg Rudolph.[11]

In ähnlicher Weise berief Joachim den Adligen Friedrich Heinrich von Senitz zum Rat, der unter Johann Christian Landeshauptmann von Strelen und Nimptsch wurde[12]. Aus dieser Familie stammte auch der noch bekanntere Melchior von Senitz auf Rudelsdorf, Rat von Johann Christian und Landeshauptmann von Brieg, den Sinapius „einen Herrn von ungemeiner Gelehrsamkeit und Qvalitäten" nennt und der eine in Schlesien berühmte Bibliothek besaß.[13]

Als Johann Christian im Jahre 1614 die erste reformierte Abendmahlsfeier im Schloss zu Brieg hielt, tat er dies neben seiner Familie mit den Räten Melchior von

---

9 Ebd., 499.

10 JAECKEL (wie Anm. 1) II, 17.

11 Wenzel von Zedlitz und Neukirch auf Eichholtz, Janowitz und Dohna starb am 24.4.1613 (JOHANNES SINAPIUS, Des Schlesischen Adels Anderer Theil, oder Fortsetzung Schlesischer Curiositäten, Darinnen Die Gräflichen, Feyherrlichen und Adelichen Geschlechter [...], Leipzig und Breslau 1728, Nachdruck Neustadt an der Aisch 2000, 487). Von seiner ersten Frau Elisabet von Bibran und Wolffshayn stammte Christoph von Zedlitz und Neukirch (1585–1657), Liegnitzer Rat und Landeshauptmann, dessen Frömmigkeit Sinapius mit dem von diesem geliebten Wahlspruch charakterisiert: Jesus in corde, ore, opere, vita, morte, aeternitate sit mihi Jesus (SINAPIUS II, 487).

12 Heinrich von Senitz der Jüngere auf Rudelsdorff starb am 16. 8. 1624 und war verheiratet mit Magdalena von Borschnitz (SINAPIUS II, s. Anm. 11, 1008).

13 Er wurde 1578 geboren und starb in Brieg am 24.8.1642 (SINAPIUS II, 1007).

Senitz, Johann von Nostitz,[14] Wolf Ernst von Axt,[15] Friedrich von Marwitz,[16] Heinrich von Reideburg[17] und Wolfgang von Niebelschütz,[18] die dem reformierten Bekenntnis zuneigten oder sich zu ihm bekannten.[19]

Zu den für die reformierte Tradition in Schlesien wichtigen Gestalten gehörte ferner Georg von Schönaich (1557–1619), der Sohn von Johannes von Schönaich und Anna geborene vom Berge, die in der Niederlausitz lebten.[20] Sein Vetter Fabian sorgte für seine Ausbildung im Freistädter Gymnasium und an der Universität Wittenberg, dessen lutherische Orthodoxie ihn freilich eher abschreckte. Sein jahrelanger Aufenthalt am Hof in Prag mit diplomatischen Aufträgen machte ihn mit den Habsburgern vertraut und ermöglichte ihm nach dem Tod von Fabian 1591 wenigstens den Besitz von Beuthen-Karolath von Kaiser Rudolph II., der das Vermögen an sich gezogen hatte, zurückzukaufen. Er vermehrte sein Land, verbesserte die Erträge der Landwirtschaft und erbaute sich in Karolath seit 1597 ein großes Schloss. Was ihn bekannt machte, war der Ausbau der vorhandenen Schule in Beuthen zu einem Pädagogium und weiterführenden akademischen Gymnasium, das wohl als Ersatz für eine in Schlesien fehlende Universität mit 12 Professoren gedacht war und in kurzer Zeit Schüler oder Studenten aus Schlesien und darüber hinaus anzog. Um 1612 soll die Zahl der Schüler des Pädagogiums ca. 250 betragen haben[21].

---

14 Vgl. dazu unten.

15 Vgl. zur Familie von Axt SINAPIUS I, s. Anm. 11, 239.

16 Friedrich von der Marwitz auf Marwitz im Braunschweigischen und Neudorf im Briegischen war Johann Christians Rat und lebte nach Sinapius noch 1642. Er war verheiratet mit Marjana von Baruth und Bresewitz, der 1624 eine Tochter geboren wurde (SINAPIUS II, s. Anm. 11, 802).

17 Heinrich von Reideburg und Lorenzberg auf Dobergast und Krayn war 1622 Herzog Johann Christians Regierungsrat (SINAPIUS II, s. Anm. 11, 914).

18 Ein Wolfgang von Niebelschütz wird bei Sinapius nicht erwähnt; ein Heinrich von Niebelschütz auf Rostersdorf im Wohlauischen war dort Landesältester um 1650 (SINAPIUS II, s. Anm. 11, 838).

19 So LUCAE, Denckwürdigkeiten (wie Anm. 1), 496.

20 Vgl. zu diesem Abschnitt: ROBERT SEIDEL, Späthumanismus in Schlesien. Caspar Dornau (1577–1631). Leben und Werk (Frühe Neuzeit 20), Tübingen 1994; GÜNTHER GRUNDMANN, Georg Freiherr von Schönaich (in: Friedrich Andreae u.a. (Hg.), Schlesier des 16. bis 19. Jahrhunderts, Sigmaringen ^{2}1985, Schlesische Lebensbilder 4), 68–74; DERS., Die Lebensbilder der Herren von Schönaich auf Schloß Carolath (in: Jahrbuch der Schlesischen Friedrich-Wilhelms-Universität zu Breslau 6, 1961), 229–330; WILHELM BARTH, Die Familie von Schönaich und die Reformation. Festschrift zur 150. Erinnerungsfeier der Erhebung der freien Standesherrschaft Carolath und Beuthen zum Fürstenthum, Beuthen a.d. Oder (1891).

21 SIEGFRIED WOLLGAST, Zum Schönaichianum in Beuthen an der Oder (in: Jahrbuch der Schlesischen Friedrich-Wilhelms-Universität zu Breslau 35, 1994, 63–103), 69.

Es ist schwer, die Frömmigkeit von Georg von Schönaich genau zu bestimmen. Er selbst verbot seinen Lehrern alle konfessionelle Polemik, legte größten Wert auf Frömmigkeit und praktische Bewährung des Glaubens und richtete darum eine Professur für Frömmigkeit und eine Professur für christliche Sitte ein. Seine irenische Frömmigkeit wird gewöhnlich aus dem Lehrkörper seines akademischen Gymnasiums erschlossen, in dem Philippisten wie der erste Rektor Adam Liebig neben mehrheitlich reformiert geprägten Lehrern unterrichteten.

Schmilewski[22] verweist auf die reformierte Verwandtschaft des Grafenhauses. Seine Mutter Anna vom Berge kommt aus einer reformierten Familie. Er selbst heiratete in erster Ehe Elisabeth von Landskron, in zweiter Ehe Johanna Schenkin von Landsberg und hatte Verbindungen über einen weiteren Zweig der Familie nach Brandenburg-Preußen. Auch sein Erbe Hans von Schönaich heiratete in die märkische Familie von Putlitz ein, dessen Bruder und Nachfolger verheiratete sich mit der Tochter des Genfer Gerichtspräsidenten de la Rive Coligny aus hugenottischer Herkunft. Er war also gut reformiert vernetzt, aber achtete streng auf eine irenisch-konfessionell-offene Frömmigkeit.

> „Von dem politisch radikalisierten Calvinismus Heidelbergs, zu dem aufgrund der reichen personalen Verflechtungen immer wieder (zurecht) Verbindungen hergestellt werden, wie auch von einigen dogmatisch radikalisierten Kreisen in Breslau sind die Beuthener Schulgründer nach Lage der Quellen deutlich abzugrenzen."[23]

Die Gegenreformation hat freilich dieser aufblühenden evangelischen Bildungseinrichtung schon 1628 ein Ende gesetzt. Das Gymnasium wurde den Jesuiten übergeben, auch wenn einige Lehrer noch weiter versuchten zu unterrichten.[24]

Wichtig erscheint mir die Beobachtung, die sich aus einem Vergleich mit dem von den Brandenburgern bewusst und öffentlich vollzogenem Konfessionswechsel ergibt. Bei Georg von Schöneich lässt sich nichts dergleichen konstatieren. Es ist das Hineinwachsen in ein reformiert-irenisches Netzwerk und Beziehungsgeflecht,

---

22 ULRICH SCHMILEWSKI, Reformierte Einflüsse aus Südwestdeutschland auf das schlesische Bildungswesen – eine Spurensuche (in: Joachim Bahlcke und Albrecht Ernst (Hg.), Schlesien und der deutsche Südwesten um 1600. Späthumanismus, reformierte Konfessionalisierung, politische Formierung, Heidelberg 2012, Pforzheimer Gespräche 5), 105–115, hier 113f.

23 SEIDEL, 239.

24 WOLLGAST (wie Anm. 21), 97f.

das durch die Familienherkunft und das Bildungsinteresse an einer europäischen Gelehrtenrepublik vorgegeben ist und das Georg übernimmt und ausbaut.

Ein anderes, vielleicht noch deutlicheres Beispiel für diesen fluktuierenden Übergang und das Hineinwachsen in ein offenes weitherziges Reformiertentum beobachten wir bei dem Adligen Joachim vom Berge (1526–1602).[25] Dieser wuchs in einem „streng katholischen Elternhaus“ auf dem Gut Herrndorf in der Nähe von Glogau auf.[26] Von 1539 bis 1544 besuchte er das Goldberger Gymnasium unter Valentin Trotzendorf und studierte in den nächsten 12 Jahren Jura in Wittenberg, Leipzig, Frankfurt/Oder und erkannte vor allem in Melanchthon seinen nach seinen Eltern wichtigsten Lehrer. Die für einen Adligen übliche Kavaliersreise führte ihn in die Niederlande, nach England und Frankreich. Er besuchte die reformierten Zentren der Schweiz Zürich, Bern und Basel, besuchte dann aber auch Österreich, Italien, Ungarn und Polen. Zurück in der Heimat wurde er zunächst Stellvertreter des Glogauer Landeshauptmanns, dann aber bald vom Wiener Hof entdeckt, dem er 10 Jahre in diplomatischen Geschäften diente, zuletzt bei der Vermittlung eines Friedensvertrages zwischen Dänemark und Schweden. In dieser Position lernte er die europäischen Machtzentren kennen und entwickelte eine besondere Nähe zu Kurfürst Friedrich III. von der Pfalz, der 1563 den Heidelberger Katechismus einführte. Nur ungern stimmte Wien zu, als er sich 1570 auf sein Gut in Herrndorf zurückziehen wollte, gab aber schließlich nach. Da die beiden Ehen von Joachim vom Berge kinderlos blieben, gründete er ein Familienfideikommiss, verbunden mit einer Stiftung, die aus Erträgen geliehener Gelder finanziert wurde und Studenten aus dem Kreis Glogau zugute kommen sollte. Als er beim Landesherrn deren Bewilligung beantragte, wurde ihm überraschend in einer Anklageschrift der Vorwurf des Kryptokalvinismus und der Feindschaft gegen die katholische Kirche gemacht. Zwar konnte eine kaiserliche Kommission den Vorwurf niederschlagen, so dass die Stiftung genehmigt wurde. Aber die Gegner gaben nicht Ruhe, bis der vierte Senioratsherr Christoph Georg vom Berge (1647–1709) um seiner Karriere willen zur katholischen Kirche übertrat und die Gelder der Stiftung auf Befehl des Kaisers an das Glogauer Jesuitenkolleg zahlte.

25 JOACHIM BAHLCKE, Joachim vom Berge (1526–1602) (in: Schlesische Lebensbilder 9, Insingen 2009), 121–134; IRENE DINGEL, Spuren reformierter Konfessionalität in Leichenpredigten auf Angehörige des schlesischen Adels (in: Joachim Bahlcke und Irene Dingel, Die Reformierten in Schlesien. Vom 16. Jahrhundert bis zur Altpreußischen Union von 1817, Göttingen 2016), 15–30, hier 22–25 mit der Interpretation der Leichenpredigt von Martin Füssel auf den Tod Joachims vom Berge.

26 BAHLCKE, 122.

Diese opportunistische Haltung um der eigenen Karriere willen trifft leider für mehrere Söhne des reformierten Adels, auch für die bekannte aus der Oberlausitz stammende Familie der von Nostitz zu: Abraham Nostitz Seifersdorfer Linie (1529–1592) war fürstlicher Rat in Brieg, sein Sohn Hans (1562–1662) Wohlauer Landeshauptmann und Kunstmäzen bei den Piasten. Aber dessen beide Söhne Otto (1608–1665) und Johann Hartwig (1610–1683) wurden katholisch, um im Habsburger Reich eine glänzende Karriere zu machen und prunkvolle Paläste in Prag und Wien zu erbauen.[27]

Unter dem reformierten Adel nennt Lucae ferner die Familie von Kanitz auf Urschkau.[28] Elias von Kanitz und Dallwitz erwarb das Herrenhaus zwischen 1566 und 1570. Dieser wandte sich „aus eigenem Studium" (Bickerich) dem Kalvinismus zu und sandte seine Söhne auf die Brüderschule in Eibenschütz. Auch nahm er Verbindung mit Lissa, dem Zentrum der Brüder-Unität in Polen auf und erhielt Nicolaus Gertich, den späteren Hofprediger der Piasten, für anderthalb Jahre als Prediger in Urschkau. Bekannt wurde das Schloss dadurch, dass die Familie von Georg Siegmund von Kanitz nach dem Brand von Lissa 1656 mehrere Familien aus Lissa aufnahm, wo sie dann freilich in kurzer Zeit von der Pest ergriffen wurden. Diese Verbindung der schlesischen Reformierten mit der Brüderkirche in Polen, die im Consensus von Sandomir 1570 eine Union mit der reformierten Kirche eingegangen war, wurde nicht nur in diesem Fall bedeutsam, sondern zeigte sich auch in der Tatsache, dass die Liegnitz-Brieger Piasten mehrere Hofprediger von Lissa anstellten.[29]

Werfen wir zuletzt noch einen Blick auf Oberschlesien. Hier war das Herzogtum Jägerndorf 1623 durch Kauf in die Hände der Hohenzollern gekommen (Markgraf Georg der Fromme).[30] Da dessen Sohn Georg Friedrich kinderlos blieb, schenkte er Jägerndorf Kurbrandenburg, freilich ohne Bestätigung durch den Kaiser. Der damals regierende Kurfürst Joachim Friedrich übertrug seinem zweiten Sohn Johann

27 Robert Luft, Art. Nostitz, NDB 19, 350–355.

28 Wilhelm Bickerich, Die Unität in Urschkau 1656–1659 (in: Correspondenzblatt des Vereins für Geschichte der ev. Kirche Schlesiens, Liegnitz 1906), 134–142.

29 Vgl. dazu Dietrich Meyer, Die reformierten Hofprediger im Herzogtum Liegnitz-Brieg im 17. Jahrhundert (in: Joachim Bahlcke und Irene Dingel: Die Reformierten in Schlesien. Vom 16. Jahrhundert bis zur Altpreußischen Union von 1817, Göttingen 2016, Veröffentlichungen des Instituts für Europäische Geschichte Mainz, Beiheft 106), 83–111, hier 88–90, 106f.

30 Zum Ganzen vgl. Othmar Karzel, Die Reformation in Oberschlesien. Ausbreitung und Verlauf, Würzburg 1979 (Ludwig Petry und Josef Joachim Menzel (Hg.), Quellen und Darstellungen zur schlesischen Geschichte, Bd. 20).

Georg[31] 1606 dieses oberschlesische Herzogtum, der sich vergeblich um die Anerkennung durch den Kaiser bemühte. Dieser sprach es ihm 1610 vielmehr ab. Johann Georg hatte zunächst einige Aufgaben für seinen Bruder Johann Sigismund in der Mark zu erledigen und trat hier am 2. September 1613, also noch vor seinem Bruder Johann Sigismund zur reformierten Kirche über. Er war aber seit 1610 mit einer streng lutherischen Württembergerin verheiratet. Da die Habsburger ihn ablehnten, schlug er sich auf die Seite der Gegner und unterstützte nach Kräften Friedrich V. von der Pfalz. Er ist, soweit ich sehe, der einzige in Schlesien wirkende Herzog, der 1616 seinen Untertanen einen Erlass über 24 Punkte, die entsprechend dem reformierten Glauben in den evangelischen Kirchen zu ändern sind, verordnet hat.[32]

Dieser Erlass beginnt mit der Aufforderung, „alle Bilder aus der Kirche zue Thun und nach hoff zue schicken." Der steinerne Altar muss durch einen hölzernen Tisch ersetzt werden, die goldenen Becher durch hölzerne. Die Abendmahlsworte sollen nicht mehr gesungen, sondern gesprochen werden. Altargemälde, Kruzifixe, Leuchter auf dem Altar, Epitaphien in der Kirche, Taufsteine, Messgewänder sollen abgeschafft werden. Die Kommunikanten sollen nicht mehr knien und sich bekreuzigen, usw. Kurzum, alles, was man sich unter einer calvinistischen Reform in den Kirchen vorstellt, wird hier angeordnet. Aber natürlich gab es einen Sturm der Entrüstung dagegen. Johann Georg hatte nichts von der Weisheit und Toleranz eines Johann Christian. Er musste sofort zurückrudern, als es Proteste von allen Seiten, den lutherischen Pfarrern, der Habsburger Regierung und Adligen Oberschlesiens gab und legte in einer detaillierten Ordnung vom 2. Juni 1616 genaue Regeln über die Rechte der beiden Konfessionen fest.[33] Grundsätzlich sollte das Privileg des Brandenburgischen Kurfürsten von 1599, das die Beibehaltung der Augsburger Konfession garantierte, auch weiterhin gelten, aber der Kurfürst forderte einen reformierten Hofprediger und Superintendenten. Der Konflikt über diesen deutlichsten Versuch einer reformierten Konfessionalisierung beschränkte sich allerdings weitgehend auf die beiden Städte Leobschütz und Jägerndorf.

Als es in Leobschütz mehrfach zu Auseinandersetzungen mit reformierten Diakonen kam und der von der Stadt eingesetzte lutherische Pfarrer Tobias Aleutner gegen die reformierte Haltung der markgräfliche Regierung predigte, entließ ihn

31 Über Johann Georg (1577–1624) s. BERTOLD BRETHOLZ, Johann Georg Herzog von Jägerndorf (in: Friedrich Andreae u.a. (Hg.), Schlesische Lebensbilder Bd. 3: Schlesier des 17. bis 19. Jahrhunderts, Breslau 1928, Sigmaringen ^{2}1985), 19–27; Karzel, 39f.

32 Ebd., KARZEL, 276f mit dem „Vorzaichnus der Artickell, so der Margraffe zu Jägerndorff In seinen Kirchen zu Endern Anbefohlen".

33 Abgedruckt bei KARZEL, 277–280.

diese 1615 und setzte den Kryptocalvinist Thomas Stegmann, gebürtig aus Jägerndorf, als Pfarrer ein. Daraufhin kam es zum Tumult und die Bürgerschaft legte eine Beschwerde vor. Schließlich griff der Markgraf ein Dreivierteljahr später mit Gewalt durch und ließ die Stadt durch eine Truppe besetzen. Er entschied: „Sein Recht auf Berufung der Pfarrer bleibt unangetastet", gesteht aber der Stadt das Vorschlagsrecht, drei oder vier Vorschläge zu benennen, zu. Im übrigen solle der Rat der Stadt darauf achten, dass sich die Pfarrer untereinander nicht streiten und das Evangelium gemäß der Augsburger Konfession predigen. Stegmann verließ daraufhin Leobschütz.[34] Dieser herzogliche Reformversuch wurde mit dem Sieg von Ferdinand II. 1620 in der Schlacht am Winterberg bei Prag über Friedrich V., also nach bloß vier Jahren, obsolet, und Johann Georg verlor sein Territorium endgültig.

Zu den reformierten Adligen, die Johann Georg unterstützten, gehörte vor allem der Landeshauptmann Hartwig von Sitten und einige nichtadelige Regierungsmitglieder.[35] Lucae berichtet aus eigner Kenntnis als Hofprediger von Brieg, dann von Liegnitz, dass einige Reformierte dieses Territoriums sehr treu an ihrem Glauben festgehalten haben und bis 1674 zum Abendmahl nach Brieg gekommen seien.[36] An weiteren Reformierten Adelshäusern in Oberschlesien nennt er das Haus Kochtizki, besonders Johannes und Andreas von Kochtizki in Lublinitz, die sich sogar ihren eignen Hofprediger Adam Christian Agricola hielten, der nach 1620 Hofprediger in Brandenburg wurde.[37]

Wir lernen damit ein wichtiges Merkmal reformierter Konfessionsbildung durch den Adel kennen, nämlich ihre Anstellung von „krypto-calvinistischen", also heimlich-reformierten Predigern. Die so bescholtenen Pfarrer waren häufig Schüler Melanchthons, die sich von einem konfessionellen Luthertum distanzierten. Ein Beispiel ist die Berufung Martin Füssels durch Joachim von Berge auf sein Gut in Kladau, der nach Verdächtigungen über Anhalt ebenfalls als Hofprediger in Berlin landete und der Verfasser der Confessio Sigismundi wurde.[38] Solche An-

34 Ebd., 49f.

35 Ebd., 277.

36 LUCAE, Denckwürdigkeiten, 495.

37 Ebd., ferner RUDOLF VON THADDEN, Die brandenburgisch-preußischen Hofprediger im 17. und 18. Jahrhundert. Ein Beitrag zur Geschichte der absolutistischen Staatsgesellschaft in Brandenburg-Preußen, Berlin 1959 (Arbeiten zur Kirchengeschichte 32).

38 Füssel stammte aus Görlitz, war in Schlesien wegen seiner des Calvinismus verdächtigten Predigt über 1. Kor 3, 10-16 nicht angestellt worden und gelangte über Kladau an den Hof Johann Georgs I. von Anhalt, der das reformierte Bekenntnis angenommen hatte. Vgl. dazu KARL PAHNCKE, Martin Füssel (in: Jahrbuch für brandenburgische Kirchengeschichte 6, 1908), 104–121; THADDEN (s. Anm. 37), 172–174.

stellung sagt doch auch einiges über seinen Patron aus, eben dies, dass dieser den Mut besaß, auch gegen die zu erwartenden Angriffe seine Hand über seinen Schützling zu halten.

Ich schließe diesen ersten Teil mit der Frage ab: Was ist das Charakteristische dieser reformierten Konfessionalisierung in Schlesien? Sie wurde vom schlesischen Adel weitgehend in Anlehnung an Brandenburg, aber mit viel Zurückhaltung gegenüber den lutherischen Untertanen und in ständiger Gegenwehr gegen den Druck von habsburgischer Seite aus riskiert. Sie hatte nach dem Desaster von 1620 mit dem kläglichen Scheitern des Pfälzer Kurfürsten Friedrichs V. keine Aussicht auf Erfolg, schon gar nicht in Oberschlesien. Auch wenn den piastischen Herzogtümern, vor allem in Brieg eine längere Phase reformierten Einflusses vergönnt war, so waren ihnen die Freiräume von lutherischer und katholischer Seite zu eng bemessen, als dass sie sich hier wirklich mit einem reformierten Territorium im Westen oder auch mit Brandenburg vergleichen ließen.

2. Der die Schwenckfelder tolerierende Adel

Mit der Bezeichnung „Schwenckfelder" oder „Schwenckfelder Bruderschaft" bezeichnet man die Anhänger Caspar von Schwenckfelds (1589–1561) aus Ossig bei Lüben in Mittelschlesien und meint seine Anhänger im Herzogtum Liegnitz, insbesondere unter den Geistlichen, mit denen er sich zu einer Bruderschaft verbunden hatte. Die Schwenckfelder bildeten also keine eigene Kirche und hatten im 16. Jahrhundert keine kirchliche Struktur oder Organisation, etwa im Sinne einer Freikirche, in der man Mitglied werden konnte, sondern verstanden sich wie der Pietismus als eine kirchliche Erneuerungsbewegung. Von daher gab es für Adlige nicht die Frage einer Mitgliedschaft oder schriftlichen Verpflichtung, sondern lediglich die Frage ihrer Sympathiebekundung mit den Ansichten von Caspar von Schwenckfeld oder ihre Verpflichtung zum Schutz ihrer schwenckfeldischen Untertanen.

Die ersten schwenckfeldischen Prediger in Liegnitz galten in der Bevölkerung als Vertreter der Reformation, da sie nach der Wende Herzogs Friedrich II. zu Luther vom diesem in Liegnitz seit 1522 eingesetzt und ihren Gemeinden als Anhänger Luthers bekannt gemacht wurden. Caspar von Schwenckfeld hat seine Abhängigkeit von Luther immer dankbar anerkannt, war er doch durch die Lektüre seiner Schriften für die Reformation gewonnen worden. Er war zweimal zu Luther geritten und glaubte sich mit ihm im Einverständnis. Zwar hat Luther die Schwenckfelder Bewegung nach 1525 mit deutlichen Worten abgelehnt ebenso wie sehr bald die Breslauer Reformatoren. Die gleiche Ablehnung erfuhren die Anhänger Schwenckfels seit 1527 durch die Mandate des Habsburger Königs Ferdinand I. Doch eine ähnliche Verurteilung erfuhren auch die Schweizer Reformatoren, und es war zunächst offen und für einen adeligen Grund- und Patronatsherrn nicht klar abzuschätzen, was als orthodoxe reformatorische Lehre zu gelten habe. Das geschah erst durch die Bekenntnisentwicklung und zunehmende Konfessionalisierung im Laufe des 16. Jahrhunderts, insbesondere durch die Formula Concordiae 1577 bzw. das Konkordienbuch von 1580 auf lutherischer Seite. Es war also für einen verantwortlich in seinem Territorium regierenden Regenten eine Frage seines Ermessens, inwieweit er schwenckfeldisch Gesinnte oder als solche Beschuldigte für glaubwürdige Anhänger der reformatorischen Bewegung hielt und zu tolerieren bereit war oder nicht.

Caspar von Schwenckfeld entstammte einer alten, seit dem 13. Jahrhundert nachgewiesenen adligen Familie in dem Gebiet von Breslau, Brieg, Glogau, Schweidnitz.[39] Seine Mutter Barbara geb. von Kreckwitz kam aus einer Kroatischen Adelsfamilie, die schon im 11. Jahrhundert nachgewiesen ist. Die Vermutung liegt also nahe, dass sich Schweckfelds Ansichten über seine Familienkontakte verbreitet hätten. Doch das ist, soweit ich sehe, nicht der Fall. Allerdings scheint sein jüngerer Bruder Hans seine Ansichten geteilt zu haben. Von 1511 bis 1515 diente Caspar am Hof Karls I. von Münsterberg-Oels, danach bis ca. 1518 am Hof des Piasten Georg I. in Brieg, woher seine Kontakte mit dessen Frau Anna geb. von Pommern stammten. Danach lebte er am Hof Friedrich II. in Liegnitz, dessen Hochzeit mit Sophie von Brandenburg 1518 er erlebte. Er diente seinem Herzog bis 1523 in Liegnitz, zog sich dann aber wegen seiner Schwerhörigkeit auf sein Gut in Ossig bei Lüben zurück und war als Patron für das dazugehörige Dorf bis zu seinem freiwilligen Weggang 1529 verantwortlich. Seit 1518 studierte er Lutherschriften und informierte und diskutierte diese mit Friedrich II. und Anna von Brieg, die er beide seit 1722 für die Reformation gewann. Auch vielen anderen verhalf er zur Annahme der Reformation,[40] darunter folgende Adlige: Erhard von Queiss, später Bischof in Ostpreußen, Conrad von No-

39 Vgl. zum Folgenden SELINA GERHARD SCHULTZ, Caspar Schwenckfeld von Ossig (1489–1561), Pensburg [4]1977 und HORST WEIGELT, Spiritualistische Tradition im Protestantismus. Die Geschichte des Schwenckfeldertums in Schlesien, Berlin, New York 1973 sowie DERS., Von Schlesien nach Amerika. Die Geschichte des Schwenckfeldertums. Köln, Weimar, Wien 2007.

40 SCHULTZ (s. Anm. 39), 21. Schultz nennt ebd. folgende Personen, die er zwischen 1518 und 1525 für eine Erneuerung der Kirche gewonnen habe: Ambrosius Creusing, Andreas Arnold, Johann Scaurus, Fabian Eckel, Johann Werner, Valentin Krautwald, Hieronymus Wittich, Bartholomaeus Rürsdorf, Michael Wittiger, Bernhard Egetius, Valerius Rosenhain, Caspar Glaubius, Kaspar von Kittlitz aus Wohlau, Simon Martini (Ruff) und Gregorius Emeranus.

stitz, Hans Magnus von Axleben auf Langenwaldau, mit dem gemeinsam er einen Brief an den Breslauer Bischof Jakob von Salza 1525 schrieb, um ihn für die Reformation zu gewinnen.[41]

Friedrich II. hat den persönlichen Kontakt zu Schwenckfeld bis zu seinem Tod gehalten und Johann Sigismund Werner zwar 1532 als seinen Hofprediger entlassen, aber bis 1539 eine Stelle an der St. Peter- und- Paul-Kirche in Liegnitz überlassen und erst dann ausgewiesen. Obwohl Friedrich II. spätestens seit 1533 den Anschluss an Wittenberg und die dortigen Refmatoren suchte und 1539 die Augsburger Konfession annahm, erließ er doch erst am 26. Januar 1545 das erste Edikt gegen die Schwenckfelder.[42] Der hochgelehrte und geschätzte Humanist Valentin Krautwald, der sich Schwenckfeld angeschlossen hatte, durfte bis zu seinem Tod im September 1545 in Liegnitz wohnen, und Friedrich II. hat sich gehütet, seiner Tante Anna von Brieg, die seit dem Tod Georg I. in Lüben lebte, die Sympathie für die Schwenckfelder zu nehmen oder zu verbieten.

Denn Friedrich II. unterschied zwischen einer radikaleren Gruppe der Schwenckfelder, die die Kindertaufe ablehnte und damit in die Nähe der Täufer geriet und die er ab 1530 auswies, und einer gemäßigten, bei der er auf eine Einigung mit Wittenberg hoffte. Das lässt sich aus seiner Antwort an Caspar von Schwenckfeld entnehmen, als ihn dieser wegen der Entlassung von Werner tadelte. Er habe Werner zum Kolloquium mit Philipp Melanchthon, „und nicht zu Martino [Luther] geschickt, weil der etwas hitzig ist, sich mit ihme, als mit einem wohlgelehrten und sanftmüthigen Manne zu bereden, welches auch geschehen. Weil sie aber sämmtlich vermercktet, daß ihre Lehre und Meynbung nach heiliger Schrifft nicht gegründet, sich auch mit Gelehrten des Heil. Reichs nicht vergleicht, und von demselben abzustehen nicht bedacht, haben Wir sie von uns ziehen lahn, denn Wir wollten in Unsern Landen gern also nach heiliger Schrifft gelehrt und gehalten haben." Wenn sich aber Werner mit den Gelehrten des Reichs „vergleichen" d.h. zu einem Vergleich und Einigung kommen könne, dann „wollen Wir sie zu predigen gerne annehmen" und mit „besser Besoldung als vormahls beschehen, sie unterhalten."[43] Friedrich II. hat in seiner auf Ausgleich bedachten Art auch jetzt nicht den Stab über Werner gebrochen, sondern die Tür zu einer Rückkehr offen

41 Der Brief vom Neujahrstag 1524 wurde gedruckt unter dem Titel: Ein Christliche ermanung zu furdern das wort Gottis (CS I, 242–283).

42 Horst Weigelt, Von Schlesien nach Amerika. Die Geschichte des Schwenckfeldertums, Köln, Weimar, Wien 2007, 62

43 Der Brief von Quasimodogeniti 1541 ist hier wiedergegeben nach Abraham Gottlob Rosenberg, Schlesische Reformations-Geschichte, Breslau 1767, Anlage 12, 455–457.

gehalten unter der Bedingung, dass sich Werner auf den Boden der Augsburger Konfession stellt.

Wenn man von Schwenckfelds Einfluss auf den Adel reden will, dann muss man in der Anfangszeit vor allem an Anna von Brieg in Lüben denken, wo sie seit dem Tod ihres Mannes 1521 lebte. Als Schwenckfeld 1522 Wittenberg besuchte, muss er Bugenhagen von der Aufgeschlossenheit Annas für die Reformation berichtet haben. 1523 veröffentlichte Bugenhagen einen Sendbrief an sie. Bei seinem nächsten Besuch in Wittenberg Anfang Dezember 1525 übergab er Bugenhagen eine Botschaft von Anna von Brieg.[44] Seit 1523 hielt er von Ossig aus die Verbindung zu ihrem Hof und legte diesem die Schrift aus. Nach seinem Weggang 1529 schrieb er für sie die *Betrachtung und Außlegung deß XXV. Psalms* (Augsburg 1534)[45]. Auf ihre Anfrage, wie sie es mit dem Abendmahl halten solle, antwortete er 1538 im 62. Sendbrief: Er sei nicht gegen das Abendmahl und wolle es keineswegs aufheben, aber es komme darauf an, wie es gehalten werde, ob der Pfarrer nach dem Himmel oder zur Kreatur gerichtet wäre und bittet sie zu prüfen, ob ihr Pfarrer ein geistliches Verständnis vom Abendmahl besitze.[46] Obwohl in Lüben ein schwenckfeldisch gesinnter Pfarrer Georg Hirsenberger amtierte, kritisierte die Herzogin dessen zu leichte Lebensführung und enthielt sich daraufhin konsequent des Abendmahls. Schwenckfeld hielt bis zu ihrem Tod 1550 Kontakt mit ihr.[47] Sie war eine beliebte Herzogin und setzte sich für die arme Bevölkerung ein, so dass diese hinter ihr stand. Nach ihrem Tod sollen unter dem lutherischen Pfarrer Franz Rosentritt, der die Schwenckfelder bekämpfte, zwischen 1560 und 1570 noch ca. 500 bis 600 Anhänger Schwenckfelds im Raum Lüben, einschließlich der Kinder, gewesen sein.

Unter den adligen Familien, mit denen Schwenckfeld nach 1529 brieflich Kontakt hielt, nennt er außer der Herzogin Anna noch Scholastica von Kittlitz in Wohlau – Caspar von Kitlitz gehörte zur Liegnitzer Bruderschaft[48] – und Christoph von Scopp, den er aus seiner Jugendzeit kannte. Zu diesem Wohlauer

44 SCHULTZ (s. Anm. 39), 77.

45 CS Bd. 5 Nr. 163, 15–96.

46 Der 62. Sendbrief vom 16.9.1538 ist abgedruckt in: CS Bd. 6 Nr. 267, 157–175.

47 Vgl. dazu KONRAD KLOSE, Schwenckfeld und die Schwenckfelder in Lüben. Ein Beitrag zur Reformationsgeschichte der Stadt Lüben (in: Correspondenzblatt des Vereins für Geschichte der Ev. Kirche Schlesiens 11, 1909, 190-208).

48 SCHULTZ (s. Anm. 39), 115. Inwieweit diese beiden mit dem Landeshauptmann von Glogau, Kaspar von Kittlitz (1565–1577), verwandt sind, müsste weiter geklärt werden, s. JÖRG DEVENTER, Gegenreformation in Schlesien, Die habsburgische Rekatholisierungspolitik in Glogau und Schweidnitz 1526–1707, Köln, Weimar, Wien 2003, 57f.

Freundeskreis zählte auch Balthasar Magnus von Dittersbach, der mit Schwenckfeld korrespondierte. Diesen Briefwechsel führte der schlesische Edelmann häufig über Barbara von Eichholtz, der Äbtissin eines Konvents in Liegnitz, auch sie also eine mit ihm sympathisierende Adlige.[49] Denn nach dem Tod Friedrichs II. 1547 war eine Korrespondenz mit Schlesien fast unmöglich, da dessen Nachfolger Friedrich III. sich als unerbittlicher Gegner der Schwenckfelder zeigte und scharfe Edikte gegen sie erließ. Auch Georg II. ging gegen die Schwenkfelder vor. Den weitaus größeren Anhang hatte Schwenckfeld allerdings unter den Bürgern. Diese wurden bereits seit Ende der 1530er Jahre in das Glatzer Bergland abgedrängt.[50]

Glatz gehörte damals nicht zu Schlesien sondern zu Böhmen. Die Habsburger hatten das Land von 1537 bis1548 an die Grafen von Pernstein, den „wohl bedeutendsten mährischen Magnaten“,[51] als Pfandbesitz ausgegeben, obwohl sie dessen unterschiedliche religiöse Einstellung kannten.[52] Johann von Pernstein gen. der Reiche (1487–1548) war mährischer Oberstkämmerer und Landeshauptmann und besaß außer der Grafschaft Glatz eine ausgedehnte Herrschaft in Mähren (Pernstein, Großmeseritsch, Trebitsch, Pardubitz, Prossnitz, Frauenberg u.a.). Pernstein begünstigte die Anstellung von Schwenckfelder Predigern aus Liegnitz (Eckel, Werner u.a.). Der Breslauer Reformator Ambroius Moiban widmete Pernstein seine Schrift über das Abendmahl mit Kindern, die er auf dessen Wunsch ausgearbeitet hat, mit einer deutlichen Warnung gegen die Schwenckfelder, aber er konnte die Einstellung Pernsteins nicht beeinflussen.[53] Weigelt meint sogar, dass Pernstein das Schwenckfeldertum „insgeheim protegiert“ hat.[54] Es ist freilich eine Frage, ob die Duldung der Schwenckfelder nicht in gleicher Weise von den Grundherren und dem Rat der Stadt Glatz ausging. Der Glatzer Rat Martin Strauch[55] stammte aus Liegnitz und gehörte dort zur schwenckfeldischen Bruderschaft. Unter dem Grundherren zählt Herzig folgende mit Schwenckfeld sympathisierende Grafen auf: In Neurode war Heinrich von Stillfried d. Ä. der Patron, der Valerius Rosen-

49 SCHULTZ, (s. Anm. 39), 167.

50 Vgl. dazu WEIGELT, Tradition (s. Anm. 39), 181–1994.

51 ARNO HERZIG, Geschichte des Glatzer Landes, Hamburg 2006, 62.

52 Vgl. dazu WEIGELT, Amerika (s. Anm. 42), 106 - 116.

53 WEIGELT, Tradition (s. Anm. 39), 187. Moiban verfasste: Ad magnificium ac generosum Domin. Joannem Baronem a Bernstein in Helfenstein: An communio infantium, quae apud quosdam servatur, probetur Ecclesiae, Breslau 1541.

54 WEIGELT, Amerika (s. Anm. 42), 106.

55 Ebd., 107

hayn als Prediger anstellte. In Mittelwalde war es David Friedrich von Tschirnhaus,[56] unter dessen Patronat drei Schwenckfelder nacheinander amtierten. Unter dem Patronat der Herren von Pannwitz übte Pfarrer Johann Sigismund Werner eine beachtliche Ausstrahlung aus und veröffentlichte hier seine bekanntesten Werke: einen Katechismus und seine Postille.

Auch hier spielten Herkunft und verwandtschaftliche Beziehungen eine Rolle. So war Heinrich Stillfried, der in seiner Jugend am Hof in Liegnitz für die Reformation, und das heißt hier wohl für Schwenckfelds Interpretation des Evangeliums gewonnen wurde, mit Elisabeth von Pannwitz verheiratet. Er wurde 96 Jahre und starb erst 1615, musste also erleben, wie 1548 Ernst von Bayern als neuer Pfandherr eine konsequent katholische Gegenpolitik betrieb und die Anhänger Schwenckfelds verfolgte. Als er nach 10 Jahren seiner kirchenpolitischen Tätigkeit vom 27. Juni bis 2. Juli 1558 eine Synode in Glatz abhielt, auf der alle Geistlichen, soweit sie erschienen waren, nach ihrem Glauben gefragt wurden: 13 bekannten sich zur katholischen, elf zur lutherischen und 5 zur schwenckfeldischen Lehre.[57] Erst nach Ernsts von Bayern Tod 1560 ließ der Druck auf die Grundherren und Pfarrer nach, und es kam noch einmal zu einer Blüte schwenckfeldischen Lebens unter den Patronatsherren Christoph von Pannwitz, „der Schwenckfelder haubtmann und obrister“ und David Heinrich v. Tschirnhaus und Falkenkamp.[58] Doch gewann das Luthertum in den Gemeinden zunehmend die Oberhand, das unter der Herrschaft von Kaiser Maximilian II. 1564–1572 keinen Widerstand erfuhr. Herzig urteilt: „Für den Grafschafter Adel war es nun nicht mehr opportun, sich zu den Schwenckfeldern zu bekennen.“[59] Nach der Schlacht am weißen Berg und der Eroberung von Glatz durch Ferdinand II. 1622 wurde schließlich alles evangelische Leben in der Grafschaft erstickt.

Unabhängig von dieser Skizze der in der schwenckfeldischen Literatur aufgeführten Adligen wäre es eine lohnende Aufgabe zu untersuchen, welche Adlige sich zeitweise für Schwenckfelds Lehren interessiert haben. Jörg Deventer erläutert anhand einer Leichenpredigt für Hans von Schaffgotsch auf Kynast und Greiffenstein (1496–1584), der zeitweilig Amtsverweser des Fürstentums Schweidnitz-Jauer war, dessen zeitweilige Beeinflussung durch Schwenckfeld,

56 Weigelt, Amerika (s. Anm. 42), 116 bezweifelt, ob diese Familie schwenckfeldisch oder überhaupt religiös gesinnt war. Sie war möglicherweise lediglich an arbeitsfreudigen Siedlern für ihre Dörfer interessiert.

57 Herzig (s. Anm. 51), 100; Weigelt, Tradition (s. Anm. 39), 188f.

58 Weigelt, Tradition (s. Anm. 39), 190.

59 Herzig (s. Anm. 51), 101.

die nach seiner Vermutung durch den Einfluss des kaiserlichen Rats Friedrich von Redern, von 1558 bis 1564 schlesischer Kammerpräsident, ausgelöst wurde.[60]

Dass von Redern schwenckfeldische Ansichten hegte, geht aus Schwenckfelds 50. Sendbrief hervor, der an von Redern gerichtet ist und eine Antwort auf dessen Brief ist. Darin dankt er ihm für seine „ungefärbte Liebe, Treue und Freundschaft" und dass er seine Bücher vor dem Feuer geschützt hat.[61] Gerade die religiös aufgeschlossenen Adligen lasen und diskutierten die neuen Strömungen des so bewegenden Reformationsjahrhunderts, und es scheint geraten, nicht jeden, der sich einmal von Schwenckfeld begeistern ließ, gleich für einen seiner Anhänger auszugeben. Damit stehen wir überhaupt vor der Frage: Welche Rolle spielte eigentlich der Glaube für die Entscheidungen eines Fürsten oder Grundherrn? Deventer meint: „Es sei „unverzichtbares Handwerkszeug" für einen Adligen der damaligen Zeit gewesen, Konfession nur mehr als eine Kommunikationsform unter vielen zu betrachten, aber auch, über das Konfessionelle hinwegzusehen".[62] Mit diesem heutigen Urteil unterschätzt er m.E. völlig die individuellen Unterschiede und religiöse Überzeugung der einzelnen Adligen und damit die Rolle, die Religion damals überhaupt einnahm. Die religiöse Einstellung entschied weitgehend über Tod oder Leben, über Bestehen oder Untergang eines Adelsgeschlechts. Freilich – es war für einen religiös engagierten Adligen im 16. Jahrhundert nicht ganz einfach, die theologischen Ansichten zu beurteilen. Und gerade der unkonfessionelle spiritualistische Ansatz, die lutherische Reformation zu interpretieren, wie es Schwenckfeld tat, mochte für einen Adligen etwas Verlockendes, Weitherziges, Tolerantes haben, zumal Schwenckfeld mit seiner Betonung eines moralisch-praktischen Christentums für Laien etwas Überzeugendes besaß.

---

[60] JÖRG DEVENTER, Adel und Konfession. Beobachtungen am Beispiel der Schaffgotsch (in: Joachim Bahlcke, Ulrich Schmilewski und Thomas Wünsch (Hg.), Das Haus Schaffgotsch. Konfession, Politik und Gedächtnis eines schlesischen Adelsgeschlechts vom Mittelalter bis zur Moderne, Würzburg 2010, 177–186, hier 179f. Vgl. dazu ELISABETH ZIMMERMANN: Die schlesische Kammer und die Reformation in Schlesien (in: ASKG 14. 1956, 141–152).

61 ZIMMERMANN, 144. Der Brief aus dem Jahre 1559 ist abgedruckt in: CS Bd. 16, Nr. 1102, 998–1009 und enthält einen Anhang über: Ein ander bedencken vom gewalt der Oberkeit in Göttlichen hendeln. Von Redern hat vermutlich eine Bücherverbrennung von Schriften Schwenckfelds in Breslau verhindert.

62 DEVENTER (S. ANM. 60), 186.

Reformowana i tolerująca szwenkfeldian szlachta Śląska

Artykuł dokonuje przeglądu najważniejszych rodziny szlacheckich Śląska, które opowiedziały się za wyznaniem reformowanym: w pierwszej linii książąt z rodu Piastów, panów na Brzegu i Legnicy w XVII wieku i ludzi należących do ich orszaku, rodzin szlacheckich von Zedlitz, von Nostitz-Seifersdorf i von Senitz; w dalszej kolejności von Schönaich, panów na Bytomiu Odrzańskim i Siedlisku, rodu vom Berge na Żukowicach, von Kanitz na Orsku. Na Górnym Śląsku niestrudzonym orędownikiem reformowanej polityki kościelnej był członek rodu Hohenzollernów, Jan Jerzy z Karniowa, którego śladem podążyło kilka górnośląskich rodów szlacheckich, jak na przykład panowie Kochtitzki z Lublińca. Druga część artykułu poświęcona została rodom szlacheckim sprzyjającym szwenkfeldianom, przy czym należy tu dokonać rozróżnienia między umiarkowanym i radykalnym skrzydłem tego ruchu, który początkowo nie tworzył własnego kościoła. Początkowo kontakt z przedstawicielami tego umiarkowanego skrzydła utrzymywał książę legnicki Fryderyk II, a następnie permanentnie jego ciotka Anna, księżna lubińska. Na terenie Ziemi Kłodzkiej poszczególni członkowie rodziny von Pernstein, podobnie jak rodziny von Stillfried i von Pannwitz, roztaczali swą opiekę nad szwenkfeldiańskimi kaznodziejami, przy czym niekiedy trudno jest w tym wypadku rozstrzygnąć, czy było to wyrazem ich tolerancji, również wykazywanej przez innych szlachciców, czy jedynie przejściowej sympatii.

Der römisch-katholische Adel Schlesiens und die Gegenreformation am Beispiel der Schaffgotsch und der Oppersdorff

von Ulrich Schmilewski

Die Gegenreformation[1] wurde nicht nur von der römisch-katholischen Kirche, insbesondere dem 1534 als Teil der Erneuerungsbewegung gegründeten Orden der Jesuiten, und in Schlesien durch den frühmodernen Staat der Habsburger betrieben[2], sondern auch von schlesischen Adelsfamilien befördert bzw. durchgesetzt. War der Landesadel zunächst ganz überwiegend lutherisch[3], so sah er sich mit Beginn der Herrschaft Kaiser Rudolfs II. 1576 verstärktem konfessionellen Druck sowie politischer Zurücksetzung und Benachteiligung ausgesetzt. Hier bestanden für die einzelne Adelsfamilie drei Möglichkeiten des Verhaltens: das Festhalten am lutherischen Glauben unter Inkaufnahme der Nachteile im öffentlichen Leben, der Übertritt zum katholischen Glauben nur eines Zweiges der Familie, um sich ge-

1 Verwiesen sei hier für das Alte Reich lediglich auf die drei Bände des neuesten Gebhardt (10. Aufl.): WOLFGANG REINHARD, Probleme deutscher Geschichte 1495-1806. Reichsreform und Reformation 1495-1555 (Gebhardt. Handbuch der deutschen Geschichte 9), Stuttgart 2001; MAXIMILIAN LANZINNER, Konfessionelles Zeitalter 1555-1618. GERHARD SCHORMANN, Dreißigjähriger Krieg 1618-1648 (Gebhardt 10; s. Anm.1), Stuttgart 2001; JOHANNES BURKHARDT, Vollendung und Neuorientierung des frühmodernen Reiches 1648-1763 (Gebhardt 11; s. Anm. 1), Stuttgart 2006.

2 Genannt seien hier an allgemeineren Werken LUDWIG PETRY, JOSEF JOACHIM MENZEL (Hg.), Geschichte Schlesiens. Bd. 2: Die Habsburger Zeit 1526-1740, Sigmaringen (1973) ²1988; NORBERT CONRADS (Hg.), Schlesien. Deutsche Geschichte im Osten Europas, Berlin 1994, 202-344; JOACHIM BAHLCKE (Hg.), Schlesien und die Schlesier (Studienbuchreihe der Stiftung Ostdeutscher Kulturrat 7), München 1996, 46-73; ARNO HERZIG, Geschichte Schlesiens. Vom Mittelalter bis zur Gegenwart (C.H.Beck Wissen), München 2015, 37-53; HUGO WECZERKA (Hg.), Schlesien. Handbuch der historischen Stätten (Kröners Taschenbuchausgabe 316), Stuttgart (1977) ²2003, LIII-LXIX sowie aus konfessioneller Sicht WERNER MARSCHALL, Geschichte des Bistums Breslau, Stuttgart 1980, 59-102 und GUSTAV ADOLF BENRATH u.a. (Hg.), Quellenbuch zur Geschichte der evangelischen Kirche in Schlesien (Schriften des Bundesinstituts für ostdeutsche Kultur und Geschichte 1), München 1992, 1-199.

3 ULRICH SCHMILEWSKI, Der schlesische Adel – Herkunft, Zusammensetzung und politisch-gesellschaftliche Rolle vom Mittelalter bis zum 20. Jahrhundert (in: JOACHIM BAHLCKE, WOJCIECH MROZOWICZ [Hg.], Adel in Schlesien. Bd. 2: Repertorium: Forschungsperspektiven – Quellenkunde - Bibliographie [Schriften des Bundesinstituts für Kultur und Geschichte der Deutschen im östlichen Europa 37], München 2010, 69-91, hier 71.-84).

genseitig zu unterstützen, was aber auch den konfessionellen Gegensatz in das Geschlecht tragen konnte wie im Falle der Herrn vom Berge[4], oder die Konversion zum alten Glauben und damit die Erlangung des kaiserlichen Wohlwollens.

Der Übertritt zum katholischen Bekenntnis – und ab 1709 war nur dieser erlaubt[5] – konnte aus Glaubensgründen erfolgen oder im Interesse von Karriere, der Erlangung von Ämtern und Würden und der Besitzerhaltung oder -mehrung. Die einzelnen Gründe lassen sich heute in der Regel nicht mehr nachweisen, möglicherweise spielte beides ineinander.

Ein Beispiel für eine Konversion ist die Familie der Schaffgotsch[6]. Diese wanderte aus der Mark Meißen nach Schlesien ein, wo sie urkundlich erstmals 1287 mit Reinhard Schaph genannt wird[7]. Von herausragender Bedeutung ist Gotsche II. Schoff (1366-1420), der bei Herzog Bolko II. von Schweidnitz-Jauer (reg. 1326-1348) und dessen Witwe Agnes († 1392) in hoher Gunst stand. 1375 erhielt Gotsche die Landvogtei zu Hirschberg. Gegen Ende des 14. Jahrhunderts erwarb er im Iser- und Riesengebirgsvorland umfangreiche Besitzungen, darunter Altkemnitz als einen der Stammsitze der Schaffgotsch, die Herrschaft Greiffenstein mit den Städten Friedeberg und Greiffenberg, die Herrschaft Kynast, zu der später 16 Güter gehörten, deren Erwerb zum Teil auf Gotsche Schoff zurückgeht, 1381 durch Kauf das Gut Warmbrunn und anderes mehr. 1403 stiftete er die Zister-

4 JOACHIM BAHLCKE, Joachim vom Berge (1526-1602) (in: DERS. [Hg.], Schlesische Lebensbilder 9, Insingen 2007, 121-133, hier 130f.).

5 LUDWIG PETRY, Politische Geschichte unter den Habsburgern (in: PETRY/MENZEL [s. Anm. 2], 1-99, hier 89).

6 Genannt seien an neueren Gesamtdarstellungen ULRICH SCHMILEWSKI, Schaffgotsch (in: Neue Deutsche Biographie 22 [2005], 536-538); ARKADIUSZ KUZIO-PODRUCKI, Schaffgotschowie. Zmienne losy śląskiej arystokracji [Die Schaffgotsch. Die wechselvollen Schicksale schlesischer Aristokraten], Bytom 2007; DERS., Das Haus Schaffgotsch. Das wechselvolle Schicksal einer schlesischen Adelsdynastie, Tarnowskie Góry 2009; JOACHIM BAHLCKE, ULRICH SCHMILEWSKI, THOMAS WÜNSCH (Hg.), Das Haus Schaffgotsch. Konfession, Politik und Gedächtnis eines schlesischen Adelsgeschlechts vom Mittelalter bis zur Moderne, Würzburg 2010; ARKADIUSZ KUZIO-PODRUCKI, Das Haus Schaffgotsch. Geschichte eines schlesischen Adelsgeschlechts vom Mittelalter bis in die Neuzeit, in: Zeitschrift für Ostdeutsche Familiengeschichte 2011, 129-148. - Genealogische Übersicht bei DETLEV SCHWENNICKE (Hg.), Europäische Stammtafeln. Neue Folge, Bd. 9: Familien des Früh- und Hochkapitalismus, Limburg a.d. Lahn 1987, Tafel 117-126.

7 Das Folgende in zum Teil wörtlicher Übernahme nach ULRICH SCHMILEWSKI, Das Geschlecht der Schaffgotsch – ein genealogisch-historischer Überblick vom 13. bis zum 20. Jahrhundert (in: BAHLCKE/SCHMILEWSKI/WÜNSCH [s. Anm. 6], 1-17).

zienserpropstei Warmbrunn[8]. Nach ihm als Begründer der wirtschaftlichen Grundlagen des Geschlechts führte die Familie „Schaff" oder „Schoff" zunächst den Beinamen „Gotsch", später verbanden sich beide Namen zu „Schaffgotsch". Gotsches Sohn Hans (1418-1469) bekleidete als erster der Familie die Ämter des Kanzlers und Hofrichters sowie seit 1457 auch jenes des Landeshauptmanns des Fürstentums Schweidnitz-Jauer, seine Söhne aus erster Ehe Christoph († 1493) und Ernst († 1525) folgten ihm im Kanzleramt. Dies zeigt, daß die Schaffgotsch des Mittelalters besitzmäßig und auch politisch-ämtermäßig fest im Fürstentum Schweidnitz-Jauer verankert waren.

Mit den drei Söhnen aus Hans' zweiter Ehe, nämlich Anton, Kaspar und Ulrich, beginnt die gesicherte Genealogie des Hauses Schaffgotsch. Mit ihnen teilte sich das Geschlecht in drei Stämme, wobei hier der Kaspar-Stamm, der bedeutendste und historisch relevanteste des Geschlechts der Schaffgotsch, von besonderem Interesse ist.

Wie in der Familie bereits üblich, war auch Kaspar (1476-1534) Landeshauptmann des Fürstentums Schweidnitz-Jauer. Die Enkel des Kaspar, Adam (1543-1601) aus der Linie Hermsdorf sowie die Brüder Balthasar († 1595), Christoph (1552-1601), Watzlaw († 1602) und Kaspar (1558-1616), kauften 1592 von Freiherr Heinrich von Kurzbach die Freie Standesherrschaft Trachenberg, die nach dem Aussterben der Oelser Piasten aus deren Herzogtum 1492 ausgegliedert worden war. Mit der Bestätigung des Erwerbs der Standesherrschaft ließen sich die Genannten den mit ihr verbundenen Titel eines Freiherrn gesamthaft vom böhmischen König mit Diplom vom 5. Juli 1592, gegeben zu Prag, bestätigen. Zudem waren diese Schaffgotsch mit der Kaufbestätigung zu Freien Standesherren avanciert, hatten also an das Territorium Trachenberg gebundene landesherrliche Rechte erworben, ohne damit jedoch Landesfürsten zu werden. Dennoch hatten sie ihre Position im politischen System und ihren ständisch-gesellschaftlichen Rang erheblich verbessert.

Die Hauptgüter der Familie, die Herrschaften Kynast, Greiffenstein und Trachenberg, gelangten auf dem Erbweg an Christophs Sohn Hans Ulrich (1595-1635)[9], der so einen umfangreichen Grundbesitz in seiner Hand vereinte. Bereits sein Vater hatte sich zur neuen Lehre Martin Luthers bekannt, und so war auch

8 HEINRICH NENTWIG, Schoff II. Gotsch genannt, Fundator (c. 1346-1420) (Mitteilungen aus dem Reichsgräflich Schaffgotsch'schen Archive 3), Warmbrunn 1904.

9 JULIUS KREBS, Hans Ulrich Freiherr von Schaffgotsch. Ein Lebensbild aus der Zeit des dreißigjährigen Krieges. Breslau 1890; WILLY KLAWITTER, Hans Ulrich Freiherr von Schaffgotsch (in: FRIEDRICH ANDREAE u. a. [Hg.]: Schlesier des 17. bis 19. Jahrhunderts [Schlesische Lebensbilder 3], Breslau 1928, 27-36).

Hans Ulrich Protestant. 1620 ehelichte er Barbara Agnes von Liegnitz-Brieg (1593-1631) und heiratete damit in ein Dynastengeschlecht ein[10]. Barbara Agnes war die Tochter von Herzog Joachim Friedrich von Liegnitz, Brieg und Wohlau, entstammte also dem Haus der schlesischen Piasten. Damit waren die Schaffgotsch als eines der wenigen schlesischen Adelsgeschlechter mit den Landesherren verschwägert, was abermals ihr Ansehen hob und später auch in ihrem Familienwappen Ausdruck fand[11]. Zudem wurde Hans Ulrich 1627 vom Kaiser mit allen Rechten eines schlesischen Fürsten und dem Titel „Semperfrei" ausgezeichnet[12], erlangte also eine formal fürstengleiche Stellung und die bisher höchste Position der Schaffgotsch. Als kaiserlicher General diente Hans Ulrich während des Dreißigjährigen Kriegs unter Wallenstein, unterzeichnete allerdings den Ersten Pilsener Revers[13] als Treueversprechen gegenüber seinem Oberbefehlshaber, was am Kaiserhof jedoch als Verrat ausgelegt wurde. Zum Tod verurteilt, wurde er am 23. Juli 1635 in Regensburg enthauptet[14].

Bereits mit der Verhaftung wurden alle Besitzungen Hans Ulrich Schaffgotschs eingezogen, so daß seine fünf noch unmündigen Kinder mittellos wurden. Hier ergab sich, wie die kaiserlich-katholische Adelspartei rasch erkannte – dies belegt

---

10 Der Text des Ehevetrags vom 31.3.1620 bei JÜRGEN SCHWANITZ, Hans Ulrich Schaffgotsch und das letzte Gastmahl der Generäle Wallensteins in Pilsen am 12.01.1634 (in: DERS. [Hg.], Auf historischer Spurensuche im Bobertal 2013/2014. Aktuelle Forschungsergebnisse von und für Regionalforscher, Ortschronisten, Genealogen und Historiker im niederschlesischen Riesengebirge [Einzelschriften des Vereins für Geschichte Schlesiens 5], Würzburg 2015, 596-615, hier 608-615).

11 ARTUR KWAŚNIEWSKI, Herb Schaffgotschów – fakty i legendy [Das Wappen der Schaffgotsch - Fakten und Legenden] (in: Karkonosz. Sudeckie materiały krajoznawcze 3-4 /10-11 [1993], 65-117).

12 Die Titel der Schaffgotsch bedürfen noch einer genaueren Untersuchung und Interpretation. Als ungedrucktes und noch nicht ausgewertetes Manuskript vorhanden im Archiwum Państwowe we Wrocławiu (Staatsarchiv Breslau), Akta majątku Schaffgotschów. Urząd Kameralny, 738-741: EMIL VOIGT, Titelgeschichte des Erlauchten Reichsgräflich Schaffgotsch'schen Hauses, Bde. 1-4, Hermsdorf/Kynast 1925 (den kommentierten Druck des Werkes bereitet Prof. Dr. Joachim Bahlcke, Stuttgart, vor).

13 Abgebildet bei KREBS (wie Anm. 9), Frontispiz, HANS-EBERHARD HENKEL, Schaffgotsch und der Schatten Wallensteins. Eine Geschichte aus dem Dreißigjährigen Krieg, Mainz 2002, 104 und JÜRGEN SCHWANITZ, Das fatale Ende von Hans Ullrich Schaffgotsch in Regensburg († 1635) (in: ULRICH SCHMILEWSKI, JÜRGEN SCHWANITZ [Hg.]: Auf historischer Spurensuche im Bobertal 2011/2012. Aktuelle Forschungsergebnisse von und für Regionalforscher, Ortschronisten, Genealogen und Historiker im niederschlesischen Riesengebirge [Einzelschriften des Vereins für Geschichte Schlesiens 4], Würzburg 2012, 117-148, hier 123.

14 Hierzu detailliert SCHWANITZ (s. Anm. 13).

ein Brief des Grafen Georg Ludwig von Starhemberg vom 4. April 1634 an den Präsidenten der kaiserlichen Hofkammer –, die Möglichkeit, das vielleicht bedeutendste Adelsgeschlecht dieses Landes auf die Seite des Katholizismus zu ziehen, was auch im Sinne des Kaisers wäre, der an der Schaffung einer ihm ergebenen und katholischen Adelsklientel höchst interessiert war. Kaiser Ferdinand II. nahm sich der Kinder an und gab sie in die Obhut des Olmützer Bischofs Franz von Dietrichstein. Im Dezember 1634 wurden sie nach Olmütz gebracht, wo sie im Bischofspalast wohnten. Ein paar Monate später erhielten sie die Nachricht, daß das Kaiserpaar bereit wäre, das älteste Mädchen am Hof aufzunehmen, am katholischen Kaiserhof. Dies war ein Gnadenangebot, das jedoch auf den Übertritt zum Katholizismus zielte. Damit wurde auch deutlich gemacht, daß dies der Weg wäre, die momentane Situation zu verbessern. Im April 1636, ihr Vater war acht Monate tot, wurde den Kindern in Aussicht gestellt, im Falle ihrer Konversion 60.000 fl. je Sohn und 20.000 fl. je Tochter zu erhalten. In der ausweglosen Situation haben die Waisen am 10. September 1636 diesen Vorschlag angenommen[15].

„Die Entscheidung", so Michał Witkowski in seinem biographischen Aufsatz über Christoph Leopold Schaffgotsch, das älteste der Kinder, „scheint ein dramatischer Schritt des ältesten der Geschwister gewesen zu sein, der sich aus Angst wie aus Verantwortungsgefühl für die ganze Familie zur formellen Änderung des Glaubensbekenntnisses bereiterklärte. In diesem konkreten Fall läßt sich feststellen, daß die Konversion der Kinder des verurteilten Schaffgotsch eindeutig von außen erzwungen war und als eine bloße Anpassungsstrategie betrachtet werden muß. Die Änderung des Glaubensbekenntnisses sollte der Familie kurzfristig das Überleben sichern und den Weg zur Wiedergewinnung mindestens eines Teils des väterlichen Vermögens ebnen. Langfristig erwies sie sich aber als ein Akt, der die ganze Familie in enge Verbindung zum Hof brachte und damit den Eintritt der Familie Schaffgotsch in den Entstehungsprozeß der neuen allgemein-österreichischen Aristokratie vorbereitete."[16]

Nunmehr katholisch geworden, war Ferdinand II. bestrebt, die Familie an sich zu binden, indem er sie mit kaiserlicher Gnade überhäufte. Am 28. Oktober 1636, anderthalb Monate nach dem Glaubenswechsel, wurde das älteste Mädchen, Anna Elisabeth, als 14jährige verheiratet, und zwar mit Jakob von Weiher[17], ebenfalls ein

---

15 So MICHAŁ J. WITKOWSKI, Zwischen Landesorientierung und Hofadel: Christoph Leopold Schaffgotsch (1623-1703) (in: BAHLCKE/SCHMILEWSKI/WÜNSCH [s. Anm. 6], 35-55, hier 39f.).

16 Ebd., 40.

17 Vgl. zu ihm https://de.wikipedia.org/wiki/Jakob_von_Weiher (zuletzt besucht am 12.9.2015).

Konvertit. Die Hochzeit hat William Crowne[18] in seinem Bericht von der Reise des englischen Botschafters Thomas Lord Howard[19] beschrieben: „Am Abend des nächsten Tages fand eine große Hochzeit statt. Oberst Wejher, ein Pole, heiratete eine Hofdame der Kaiserin mit Namen Schaffgotsch. Ihr Vater war vor einigen Jahren hier in der Stadt [Regensburg] als Verschwörer gegen den Kaiser enthauptet worden. Die Hochzeitszeremonie verlief entgegen unserer englischen Traditionen; ich werde es erklären: Zuerst wurde der Bräutigam von dem polnischen Gesandten und vielen Edelmännern aus seiner Unterkunft gebracht. Alles war gut für die Zeremonie vorbereitet. Er stieg ab und ging zum Kaiser und der Kaiserin, dann zu der Privatkapelle Seiner Majestät. Er wurde von Kaiser und König dorthin gebracht, die Braut von Kaiserin und der Königin. Dort traute der Bischof das Paar, und der Kaiser setzte eine reich mit Diamanten und Perlen geschmückte Krone, welche Seiner Majestät gehörte, auf den Kopf des Bräutigams. Abschließend kehrten sie zum Privatgemach des Königs zurück, wo der Kaiser ihnen ein Essen servieren ließ und Seine Majestät, die Kaiserin, der König und die Königin von Ungarn und die Erzherzogin zusammen mit den Kurfürsten von Mainz und Köln mit ihnen am Tisch saßen. Und der Bräutigam trug die ganze Zeit über die Krone, und die Braut war sehr reich auf Kosten der Kaiserin gekleidet. Sie trug an diesem Abend keine anderen Juwelen außer denen Ihrer Majestät. Nach dem Essen wurden sie zu Bett gebracht, denn es war eine Regel, daß, sobald eine Dame des Hofes heiratete, das Paar in dieser Nacht dort schlief (sofern sie eine Hofdame war, sonst nicht)."[20] – Welch eine Pracht, welch eine außergewöhnliche Ehre! Das Paar wurde von einem Bischof getraut, es speiste an einem Tisch mit dem Kaiser- und Königspaar, mit zwei Kurfürsten und Erzbischöfen.

Auch das älteste der Kinder, Christoph Leopold Gotthard (1623-1703), stellte sich im Familieninteresse vorbehaltlos in den Dienst des Kaisers, der ihm seine Gnade erwies: Christoph Leopold erhielt die eingezogenen Besitzungen Greiffen-

18 Vgl. zu ihm https://en.wikipedia.org/wiki/William_Crowne (zuletzt besucht am 12.9.2015).

19 Vgl. zu ihm https://de.wikipedia.org/wiki/Thomas_Howard,_21._Earl_of_Arundel (zuletzt besucht am 12.9.2015).

20 William Crowne, Blutiger Sommer. Eine Deutschlandreise im Dreißigjährigen Krieg, Darmstadt 2012, 69. In Anm. 220 leisten sich Übersetzer und Lektorat einen bemerkenswerten, von Unkenntnis aber Zeitgeistergebenheit zeugenden Lapsus: Sie machen aus Anna Elisabeth eine Freiherrin (!!) von Schaffgotsch; ihr korrekter Titel lautet Freiin, die Ehefrau eines Freiherrn ist eine Freifrau. - Der Übersetzung liegt das englische Original zugrunde: William Crowne, A true relation of all remarkable places and passages observed in the travels of the right honourable Thomas Lord Howard, London 1637; als Digitalisat unter http://reader.digitale-sammlungen.de/resolve/display/bsb10469897.html (zuletzt besucht am 12.9.2015), Zitat 51f.

stein und Kynast zurück – nicht jedoch die rangmäßig wertvollere Freie Standesherrschaft Trachenberg –, wurde 1654 zum erblichen Grafen erhoben, erlangte 1662 das ungarische Indigenat, war mehrfach kaiserlicher Gesandter in Polen[21] und begleitete als Vertreter des Kaisers 1683 den polnischen König Johann III. Sobiecki beim Entsatz von Wien gegen die Türken; in Schlesien wurde er Erbhofmeister und Erbhofrichter in den Fürstentümern Schweidnitz und Jauer, zudem schlesischer Kammerpräsident und Verwalter des schlesischen Oberamts. Die Krise der Familie war somit überwunden und gemeistert, wenn auch Trachenberg und damit die Qualität eines Freien Standesherrn verloren waren.

Ebenfalls Karriere machte in kaiserlichen Diensten der Sohn Johann Anton Gotthard (1675-1742)[22], der in Schlesien verschiedene hohe Positionen bekleidete. 1708 wurde er in den Reichsgrafenstand erhoben, wobei ihm Kaiser Joseph I. zwar nicht den Titel, wohl aber die Ehrenrechte eines schlesischen Fürsten verlieh. 1719 wurde Johann Anton Gotthard mit dem Direktorium des schlesischen Oberamts und dem Präsidium des schlesischen Fürstentags betraut; er bewährte sich in seinen politischen Ämtern und legte auch den Grundstein für den Neubau der Breslauer Universität, wo sich seine Büste noch heute gegenüber jener Kaiser Leopolds I. in der Aula Leopoldina befindet. Als Repräsentant des Kaisers und höchster Vertreter der habsburgisch-schlesischen Landesbehörden war er jedoch nach dem Einmarsch der preußischen Truppen in Schlesien 1740 dort nicht mehr gelitten.

Die nächste Generation, dies sei noch angemerkt, arrangierte sich mit Preußen: Johann Nepomuk (1713-1775) wurde preußischer Minister, Emanuel Gotthard (1723-1763) preußischer Kammerherr, und als Günstling Friedrichs des Großen

---

21 JANUSZ WOLIŃSKI, Poselstwo Krzysztofa Leopolda Schaffgotscha na elekcię polską 1674 roku [Die Gesandtschaft Christoph Leopold Schaffgotschs zur polnischen Königswahl des Jahres 1674] (in: DERS., Z dziejów wojny i polityki w dobie Jana Sobieskiego. Warszawa 1960, 100-124); DERS.: Realcaja ambasadora K. L. Schaffgotscha o elekcji polskiej 1669 r. [Der Bericht des Botschafters Chr. L. Schaffgotsch über die polnische Königswahl des Jahres 1669] (in: Teki archiwalne 5 [1957], 130-172); MIECZYSŁAWA CHMIELEWSKA: Misja Krzysztofa Leopolda Schaffgotscha na sejm elekcyjny w Rzeczypospolitej 1669 roku [Die Mission Christoph Leopold Schaffgotschs zum Wahlsejm in Polen 1669] (in: Rocznik Jeleniogórski 34 [2002], 87-94); LESZEK ZIĄTKOWSKI, Poselstwo Krzysztofa Leopolda Schaffgotscha do Polski w latach 1667-1674 (Przyczynek do organizacji i funkcjonowania poselstw austriackich w II połowie XVII w.) [Die Gesandtschaft Christoph Leopold Schaffgotschs nach Polen in den Jahren 1667-1674 (Ein Beitrag zur Organisation und Funktionsweise österreichischer Gesandtschaften in der zweiten Hälfte des 17. Jahrhunderts)] (in: Śląski Kwartalnik Historyczny Sobótka 43 [1988], 31-48).

22 NORBERT CONRADS, Johann Anton Graf von Schaffgotsch (1675-1742) (in: ARNO HERZIG [Hg.]: Schlesier des 14. bis 20. Jahrhunderts [Schlesische Lebensbilder 8], Neustadt a.d.Aisch 2004, 121-128).

avancierte der Breslauer Domherr Philipp Gotthard (1715-1795)[23], 1744 vom König für seine Person gefürstet, zum Bischof von Breslau (1748-1795). Damit waren die Schaffgotsch auch in das höchste geistliche Amt Schlesiens gelangt, ihr Ansehen schien ungebrochen. Dennoch, als Bischof von Breslau stand Philipp Gotthard im Spannungsfeld zwischen römisch-zentralistischen und landesherrlich-partikularistischen Interessen, zwischen den Habsburgern und den Hohenzollern in den Wechselfällen des Zweiten und Dritten Schlesischen Kriegs mit der letztlich falschen Entscheidung für Habsburg.

So weit die Familiengeschichte der Schaffgotsch mit ihrer Konversion. Was ist über ihr Verhältnis zu den Konfessionen und zur Konfessionalisierung bekannt? Als Beispiel sei hier auf Hans II. Schaffgotsch (1496-1584; aus der Ulrich-Linie) verwiesen, über den einiges in dieser Hinsicht aus einer bruchstückhaft überlieferten Leichenpredigt bekannt ist. Jörg Deventer schreibt hierzu: „Mit dem 1496 geborenen Hans von Schaffgotsch, der nach Schulbesuch im protestantischen Görlitz und Goldberg in den Pagendienst des bei der alten Kirche gebliebenen Herzogs Karl I. von Münsterberg-Oels gelangt war, begegnen wir einem den reformatorischen Neuerungen gegenüber aufgeschlossenen Adligen. Nach der Übernahme der umfangreichen [Familien-]Besitzungen [..] 1544 berief er in einzelne Orte lutherische Prediger. Einige Jahre später, als er Ämter in der zentralen und regionalen Landesverwaltung Schlesiens innehatte, sympathisierte der theologisch interessierte Adelige dann offen mit dem spiritualistisch geprägten Schwenckfeldertum – und zwar als Folge des Einflusses von „ansehnlichen Leuten“ [, wie es in der Leichenpredigt heißt], will sagen: von adeligen Standesgenossen. Schließlich erfahren wir, daß er sich nach religiösen Debatten mit einem von ihm eingestellten lutherischen Pfarrer [Jeremias Gottwald aus Friedeberg] umorientierte. Nicht nur sich persönlich, sondern auch sein „Haus“ – also Ehefrau, Kinder und Hausangestellte – legte er auf eine bestimmte theologische Richtung fest und machte sein Bekenntnis zum Luthertum durch regelmäßigen Gottesdienstbesuch und Teilnahme am Abendmahl öffentlich und demonstrativ bekannt.

Handelt es sich bei der 1573 erfolgten Hinwendung des Hans von Schaffgotsch zum Luthertum – wie es der Verfasser der Leichenpredigt den Leser glauben machen will – tatsächlich um eine geistige und innerlich motivierte Glaubensentscheidung? Oder sah der Adelige in den frühen siebziger Jahren des 16. Jahrhun-

23 Josef Müting, Philipp Gotthard Schaffgotsch, Bischof von Breslau, als Kirchenpolitiker, Phil. Diss., Breslau 1916; Rainer Bendel, Philipp Gotthard Fürst Schaffgotsch (1716-1795) (in: Josef Joachim Menzel [Hg.]: Schlesier des 15. bis 20. Jahrhunderts [Schlesische Lebensbilder 7], Stuttgart 2001, 96-104).

derts – angesichts landesfürstlicher Religionsmandate gegen die Schwenckfelder und einer immer deutlicher werdenden Absetzbewegung höher- und gleichrangiger Standesgenossen von der Lehre Schwenckfelds – die Gefahr einer bekenntnismäßigen Isolation auf sich zukommen, mit kaum abschätzbaren Folgen? [...] Präsentierte sich der Adelige mit einer gehörigen Portion taktischen Kalküls nach außen als geläuterter Lutheraner, um sich so den nötigen Freiraum für das von Schwenckfeld gelehrte individuelle Sich-leiten-lassen durch den heiligen Geist und das Gewissen zu verschaffen?"[24]

Festgehalten sei, daß Hans Schaffgotsch an theologischen Fragen persönlich interessiert war, er als Patronatsherr lutherische Prediger einsetzte, zunächst dem Schwenckfeldertum zuneigte, sich dann aber – als die Politik begann, die Schwenckfelder als Herätiker zu bekämpfen – für sich und sein Haus offiziell zum Luthertum bekannte. Völlige Klarheit über die Hintergründe und die Erwägungen, die zu seinem konfessionellen Verhalten führten, wird man freilich nicht gewinnen können, geistliche und weltliche Motive gehen wohl untrennbar ineinander über.

Die getroffene Konfessionsentscheidung wurde öffentlich demonstriert durch regelmäßigen Gottesdienstbesuch und Teilnahme am Abendmahl, wie dies jeder Gläubige tut. Für einen adligen Grundherrn kamen jedoch weitere Möglichkeiten hinzu. Dazu zählen beispielsweise die Errichtung neuer Gotteshäuser, der Umbau bestehender Kirchen für den lutherischen Gottesdienst, die Stiftung von Schulen und Hospitälern sowie die Anstellung eigener Pfarrer und Lehrer – Möglichkeiten, die die Schaffgotsch nutzten, wie sich aus verschiedenen Testamenten und Fideikommißstiftungen ergibt[25]. Die Patronatskirchen boten auch Möglichkeiten konfessioneller Selbstdarstellung, indem man in ihnen Familiengrablegen und Patronatslogen errichtete sowie Epitaphien anbrachte und damit nicht nur für die Nachwelt ein sichtbares konfessionelles Bekenntnis ablegte, sondern auch das Ansehen, die Ehre und den Ruhm des eigenen Adelsgeschlechts beförderte. Dies alles haben die evangelischen Schaffgotsch mit ihren Kunststiftungen auch getan; noch heute stellen die Pfarrkirchen in Reußendorf, Greiffenberg und Altkemnitz mit ihrer Ausstattung, ihren Grablegen und -denkmälern beeindruckende Zeugnisse dieses bedeutenden Adelsgeschlechts dar[26].

---

24 JÖRG DEVENTER, Adel und Konfession. Beobachtungen am Beispiel der Schaffgotsch (in: BAHLCKE/SCHMILEWSKI/WÜNSCH [s. Anm. 6], 177-186, hier 180f.)

25 Ebd., 182, besonders Anm. 20.

26 Vgl. JAN HARASIMOWICZ, Reußendorf – Greiffenberg – Altkemnitz. Drei evangelische Pfarrkirchen der Familie Schaffgotsch im schlesischen Gebirgsland (in: BAHLCKE/SCHMILEWSKI/WÜNSCH [s. Anm. 6], 267-290).

Die zweite, erzwungene Konfessionsentscheidung ließ die Schaffgotsch katholisch werden. Wie verhielten sie sich nun in religiösen Dingen? Die kaiserlichen Schaffgotsch hatten ihren alten Grundbesitz bis auf die Standesherrschaft Trachenberg wiedererhalten, ein großes Gebiet zwischen Hirschberg und dem Queis als Grenze zur Oberlausitz. Der Kynast war der Stammsitz der Schaffgotsch, und ihnen gehörte auch die schlesische Seite der Schneekoppe. Haben sie als Grundherren in ihrem Bereich die Gegenreformation durchgesetzt? Eine Antwort hierauf geben die Protokolle der 1668, 1677 und 1687 seitens des Liegnitzer Archidiakonats durchgeführten Visitationen. Diese ergaben folgendes Bild: „eine fast durchgängig in den herrschaftlichen Städten und Dörfern der Schaffgotsch anzutreffende protestantische Bevölkerungsmehrheit; einen weitgehenden Verzicht des Grundherrn auf Zwangs- und Gewaltmittel zur Herbeiführung der landesfürstlich geforderten und geförderten Bekenntnisharmonisierung; ein Tolerieren des „Auslaufens" der Untertanen in die seit 1635 zu Sachsen gehörende Oberlausitz zu Gottesdiensten, Taufen und Heiraten; ein weitgehendes Festhalten der katholischen Schaffgotsch an protestantischen Herrschaftsbeamten und nicht zuletzt ökonomisch motivierte Querelen und Konflikte der Schaffgotsch mit den Jesuiten und den Äbten von Grüssau."[27] Im letzten Fall ging es auch um die Versuche einer Zwangsrekatholisierung der protestantischen Untertanen der Propstei Warmbrunn durch den Grüssauer Abt Bernhard Rosa[28], denen der katholische Schaffgotsch widersprach, dessen Familie der Stifter der Propstei war[29]. Ähnlich verhielt sich auch Johann Anton Graf Schaffgotsch, seit 1719 Direktor des schlesischen Oberamts und damit Vertreter des Kaisers in Schlesien. Zu seinen Amtspflichten gehörte die Beförderung, letztlich Durchsetzung der Gegenreformation, doch war er auch Protestanten gegenüber tolerant und menschlich. Gleichwohl traten die Schaffgotsch öffentlich als fromme Katholiken in Erscheinung und „verschafften [...] in ihrer Rolle als landesfürstliche Amtsträger der kaiserlichen Rekatholisierungspolitik sehr wohl Geltung. [...] Wie paßt das zusammen?"[30] Was ihre protestantischen Untertanen anbelangte, so verhielten sie sich ihnen gegenüber ganz offensichtlich pragmatisch, nahmen sie – um keine Arbeitskräfte zu verlieren – deren Bikonfessionalität in Kauf. Den Schaffgotsch war die Fähigkeit eigen, Religion und Politik unfanatisch verbinden und über das Kon-

27 DEVENTER (s. Anm. 24), 184f.

28 Vgl. NIKOLAUS VON LUTTEROTTI, Bernhard Rosa (in: ANDREAE [wie Anm. 9], 89-95); AMBROSIUS ROSE (Hg.), Abt Bernardus Rosa von Grüssau (Die Dominsel 4), Stuttgart 1960.

29 ARNO HERZIG, Die Propstei Warmbrunn als Fundation der Familie Schafftgotsch (in: BAHLCKE/SCHMILEWSKI/WÜNSCH [s. Anm. 6], 211-222).

30 DEVENTER (s. Anm. 24), 186.

fessionelle, wenn es sein mußte, hinwegsehen zu können, ihnen war – wie schon Johannes Sinapius Anfang des 18. Jahrhunderts schrieb – die „Schaffgotschische Sanfftmuth" in konfessionellen Dingen eigen[31].

Die Oppersdorff gehören ebenfalls zum schlesischen Uradel[32]. Sie leiten sich ab vom meißnischen Geschlecht der Herren von Rolle und erscheinen 1321 bzw. 1325 erstmals urkundlich mit Henko Rullonis, der Edelknecht bei Herzog Albert von Strehlitz war. Die ununterbrochene Stammreihe beginnt mit Hans Rolle von Opprechtsdorf, der von 1388 bis 1445 lebte. Oppersdorf, der Stammsitz, war ein kleines Dorf bei Neisse im Breslauer Bistumsland; heute gehört es als Stadtteil zu Neisse[33]. Bereits seine Enkel Friedrich (1471-1544) und Wenzel (1487-1546) werden als Hauptleute von Brieg und Ohlau genannt. Wenzel wurde als erster Oppersdorff – wohl nur für seine Person – evangelisch.

Mit den drei Brüdern der vierten Generation, nämlich Hans (1514-1584), Georg I. (1516-1577) und Wilhelm I. (1519-1588), begann der Aufstieg des Geschlechts, und zwar im Dienste der seit 1526 in Schlesien herrschenden Habsburger. Die Familie erwarb zahlreiche Besitzungen nicht nur in Schlesien, sondern auch in Böhmen und Niederösterreich. 1554 wurden alle drei Brüder als Freiherren von Aich und Friedstein, benannt nach ihren Besitzungen in Böhmen, in den niederösterreichischen Herrenstand aufgenommen, also eine frühe Standeserhebung in den Adel eines habsburgischen Erblandes. Hans von Oppersdorff war Rat der Kaiser Ferdinand I., Maximilian II. und Rudolf II., 1556 bis 1586 Landeshauptmann

31 CONRADS (s. Anm. 22), 121.

32 Die Literaturlage zur Geschichte des Geschlechts Oppersdorff ist eher unbefriedigend, da es vor allem an neueren zusammenfassenden und die Familiengeschichte in den historischen Gesamtzusammenhang stellenden Arbeiten fehlt; es dominieren ältere Darstellungen, ältere Lexikonartikel und genealogische Werke. Vgl. etwa LEOPOLD FRHR. VON ZEDLITZ-NEUKIRCH, Neues preußisches Adels-Lexicon, Bd. 3: I-O, Leipzig 1837, 483f.; LEOPOLD FRHR. VON LEDEBUR, Adelslexicon der preußischen Monarchie, Bd. 2: L-S, Berlin [ca. 1856], 168; ERNST HEINRICH KNESCHKE (Hg.), Neues allgemeines Deutsches Adels-Lexikon, Bd. 6: Loewenthal-Osorowski, Leipzig 1865, 608-610; WILHELM HANS GRAF VON OPPERSDORFF, Chronik, Status, Wappen und Devise der Grafen von Oppersdorff, [Birnstein] 1963; DERS., Stammtafeln der Grafen von Oppersdorf, [Birnstein] 1968; DERS., Ahnentafeln der Gräfinnen von Oppersdorff, [Gravenbruch] 1971 [mit einem Quellen- und Literaturverzeichnis 65-71]; https://de.wikipedia.org/wiki/Oppersdorff_%28Adelsgeschlecht%29 (zuletzt besucht am 21.9.2015). - Nicht zugänglich war mir WILHELM HANS GRAF VON OPPERSDORFF, Die Familie von Oppersdorff, [Neu-Isenburg] 1980. - Das Folgende zur Familiengeschichte vorrangig nach OPPERSDORFF, Stammtafeln.

33 https://de.wikipedia.org/wiki/Oppersdorff_%28Adelsgeschlecht%29 (zuletzt besucht am 21.9.2015).

von Oppeln und Ratibor, 1562 und 1574 Oberlandeshauptmann von Schlesien und zudem kaiserlicher Feldmarschall in den Türkenkriegen (1566). Sein Bruder Georg I. bekleidete ebenfalls schlesische Ämter und diente den Habsburgern als Feldhauptmann in den Kriegszügen gegen die Türken (1550). In Böhmen machte der evangelische Bruder Wilhelm I. Karriere, der kaiserlicher Rat wurde, Kammer-Rat der böhmischen Krone und für elf Jahre, von 1577 bis 1587, Obermünzmeister von Böhmen. In ihren Ämtern und insbesondere in den Türkenkriegen müssen die Oppersdorff zu Reichtum gekommen sein[34].

Der genannte Wilhelm I. war es auch, der die evangelische Linie des Hauses Oppersdorff begründete. Sein Sohn Wilhelm II. (1554-1598) kämpfte ebenfalls gegen die Türken, und zwar unter Don Juan d'Austria. An ihn verpfändete der Kaiser 1584 die Herrschaft Cosel, die jedoch nicht ausgelöst wurde, vielmehr 1595 in den erblichen Besitz der Oppersdorff überging. Bestens in den böhmischen Adel integriert, wurde der folgenden Generation der evangelischen Linie der böhmische Aufstand zum Verhängnis. Die älteste Tochter Anna Maximiliane (1587-1650) war in zweiter Ehe mit Ladislaus Velen Freiherr von Zierotin (1579-1638) verheiratet, der Kämmerer des Winterkönigs war, nach der Schlacht am Weißen Berg geächtet wurde und im Exil in Polen starb. Ihre Schwester Ursula Sophie (1589-1649) hatte in zweiter Ehe Joachim Andreas Reichsgraf Schlick geehelicht, der einer der ersten Anhänger des Winterkönigs war und am 21. Juni 1621 in Prag mit den anderen Aufrührern enthauptet wurde. Auch ihre Brüder Bernhard Wilhelm (1594-1666) und Johann Friedrich (1595-1622/23) waren maßgeblich am böhmischen Aufstand beteiligt: Der erste wurde 1621 – wohl in Abwesenheit – zum Tode verurteilt, denn er lebte noch 44 Jahre bis zu seinem Tode im Exil, dem zweiten wurde 1622 als böhmischem Rebell der Adel aberkannt. Die Besitzungen der evangelischen Oppersdorff wurden vom Kaiser eingezogen, Cosel hatten sie bereits 1617 verkauft. Die verurteilten Brüder waren nach Brandenburg und Sachsen geflohen, wo sich ihre Spuren in der nächsten und übernächsten Generation verloren[35].

Kehren wir zu Georg I. zurück, dessen Söhnen Friedrich (1547-1615) und Georg II. Maximilian (1550-1606) 1601 die Anerkennung des böhmischen Herrenstandes zuteil wurde. Mit ihnen teilte sich das Geschlecht in eine böhmische und eine schlesische Linie[36]. Der Gründer der schlesischen Linie[37], Georg II. Ma-

34 OPPERSDORFF, Stammtafeln (s. Anm. 32), Tafel I: Bis zur Teilung in Linien (zu Oppersdorf Kr. Neiße und zu Heidau Kr. Ohlau).

35 Ebd., Tafel VIII: Die evangelische Linie (1584-1617 zu Kosel, erloschen 1678).

36 Wie Anm. 34.

37 Ebd., Tafel V: Die schlesische (Stifter-)Linie (1584-1714 zu Oberglogau).

ximilian, war kaiserlicher Rat, kaiserlicher Truchseß sowie von 1591 bis 1606 Landeshauptmann der Herzogtümer Oppeln und Ratibor. Er erwarb 1584 die Herrschaft Oberglogau[38] zunächst als Pfandbesitz, dann 1595 als erblichen Besitz. In der Erbherrschaft folgten Rudolph (1597-1620) von Oppersdorff, Georg III. (1588-1651), der die Erbherrschaft erweiterte und in ein Majorat – ein Stammgut, das immer allein an den nächsten männlichen Verwandten vererbt wurde – umwandelte, Franz Eusebius I. (1623-1691), Hans Georg IV. (1649-1693), Franz Eusebius II. (1650-1714) und Georg V. Friedrich (1653-1743)[39], in dessen Zeit die Eroberung Schlesiens durch Preußen und damit das Ende der Gegenreformation fiel. Zwei Tatsachen sind noch bemerkenswert: Georg III. wurde 1626 der Titel eines Reichsgrafen mit verbessertem Wappen verliehen; Titel und Wappen vererben sich auf den Nachfolger im Majorat[40]. Und – bis 1945 blieben die Oppersdorff in Oberglogau ansässig[41].

Die Oppersdorff waren treue und ergebene Gefolgsleute der Habsburger, in deren Diensten sie Karriere machten und zu Reichtum gelangten. Ob aus Überzeugung oder Gefolgschaftstreue, sie blieben bis auf die politisch gescheiterte evangelische Linie bei ihrem katholischen Bekenntnis, das sie auch auf ihren Besitzungen durchzusetzen suchten. Als besonders eindrückliches Beispiel hierfür sei ihr Vorgehen in der Stadt Oberglogau dargestellt.

Die Reformation hatte Mitte des 16. Jahrhunderts in Oberglogau Eingang gefunden[42]. Als die Oppersdorff 1562 die Pfandherrschaft über die Stadt erwarben, war die Bevölkerung überwiegend evangelisch. Bei der Übernahme der Herrschaft durch Georg II. 1584, mußte er feststellen, daß der örtliche katholische Priester seine Amtspflichten gröblichst vernachlässigte. So bat Georg am 14. September 1585 in einem Schreiben an den Breslauer Bischof um dessen Entfernung, die ganze Stadt habe ihn „Bei dieser ärgerlichen Administration [..] gebten, ich solle ihnen einen evangelischen Prädikanten auf ihre eigenen Kosten bewilligen [..], was ich

---

38 Wilhelm Hans Graf von Oppersdorff, Die Bedeutung der Herrschaft Oberglogau (in: Schlesische Geschichtsblätter 1937, 65-69).

39 Oppersdorff: Stammtafeln (wie Anm. 32), Tafel VII: Die Mährische Linie (1714-1781 zu Oberglogau).

40 S. Anm. 37.

41 Josef Joachim Menzel, Oberglogau (in: Weczerka [s. Anm. 2], 365f., hier 366).

42 Das Folgende überwiegend nach Heinrich Schnurpfeil, Geschichte und Beschreibung der Stadt Ober-Glogau in Oberschlesien, Ober-Glogau 1860, 38-120, Menzel (s. Anm. 41) und Johannes Preisner, Günter Hauptstock, Geschichte der Stadt Oberglogau. Bd. 2: Vom Wiederaufbau nach dem Brand von 1582 bis zum Tod Franz Eusebius I. im Jahre 1691, Menden 2007, 11-229.

aber nicht zulassen kann."[43] Die Bitte wurde also trotz des Angebots der Kostenübernahme abgelehnt, wegen des Priestermangels konnte auch kein geeigneter Geistlicher vom Bischof geschickt werden, und für sein eigenes Seelenheil stellte Georg 1591 einen eigenen Schloßkapplan ein. Der Rat der Stadt wurde jährlich vom Grundherrn bestellt. 1595, Georg war nun Erbherr, besetzte er den gesamten Stadtrat und die Posten des Bürgermeisters und des Gerichtsvogts mit Katholiken, womit die Mehrheit der Bevölkerung von der städtischen Selbstverwaltung ausgeschlossen war[44]. 1605 gelang es ihm, zwei Jesuiten an die Pfarrkirche zu Oberglogau zu berufen, so daß wieder ein ordentlicher Gottesdienst und eine geregelte Seelsorge möglich waren. Nun verbat er seinen Untertanen, auswärtige Kirchen zu besuchen, dort Predigten zu hören und zu kommunizieren. Zugleich befahl er dem Stadtrat, jedem, der nicht katholisch beichte oder kommuniziere, die Aufnahme zum Bürgerrecht und die Bewilligung zur Ehe zu verweigern. Ein Erfolg war beiden Anordnungen jedoch nicht beschieden, vielmehr übergaben ihm die Protestanten eine Petition mit der Bitte um Verbleib bei der Augsburgischen Konfession und der Aufhebung der gegen sie erlassenen Verordnungen[45]. Georg wies die Petition am 2. Juni 1606 ab: „Ich habe vier Exemplare der Augsburger Konfession in der Hand gehabt, aber jedes lautete anders als die übrigen; darum leide ich diese Konfession in meiner Stadt nicht."[46] Im selben Jahr gestattete jedoch der Kaiser aus außenpolitischen Rücksichten den Bau eines hölzernen evangelischen Bethauses und einer Schule aus Schrotholz, in der in deutscher Sprache unterrichtet wurde und die daher gut besucht war[47]. Dies mußte Georg noch kurz vor seinem Tod am 15. Dezember 1606 dulden. Doch hat sich Georg auch um seine Stadt, vor allem nach Erwerb der Erbherrschaft im Jahre 1595, verdient gemacht. So ließ er eine Wasserkunst[48] (Wasserleitungen) errichten, baute das Schloß um und aus, versah es insbesondere mit Türmen[49]. Er nahm sich auch des Kollegiatstifts in der Stadt an und hielt das Gebäude in gutem Zustand. 1606 errichtete er zur Beisetzung seiner Familienangehörigen in der Stadtpfarrkirche eine Kapelle und dotierte sie mit 1.000 Talern[50].

43 JOSEPH VÁVRÁ, Das Kollegiatstift St. Bartholomaei in Oberglogau (in: Oberschlesische Heimat 9 [1913], 89-96, 133-146, Zitat 141f.), vgl. PREISNER/HAUPTSTOCK (s. Anm. 42), 14f.

44 PREISNER/HAUPTSTOCK (s. Anm. 42), 41.

45 Ebd., 45f.

46 VÁVRÁ (s. Anm. 43), 145f., vgl. PREISNER/HAUPTSTOCK (s. Anm. 42), 51.

47 PREISNER/HAUPTSTOCK (s. Anm. 42), 45.

48 Ebd., 68-77, hier 68-71.

49 Ebd., 54-56.

50 Ebd., 35.

Unter dem nachfolgenden Erbherrn Rudolph gewann der Protestantismus in Oberglogau nochmals das Übergewicht. Die evangelische Gemeinde wollte ein größeres Bethaus und eine größere Schule bauen und bat Rudolph um die Gewährung eines Bauplatzes, den dieser auch anwies[51].

Die Verwaltung des Erbbesitzes übernahm 1613 Georg III., der gleich wieder alle Ratsstellen mit Katholiken besetzte und bestimmte, daß Akatholiken nicht mehr zum Bürger- und Meisterrecht sowie zum Brauurbar zugelassen werden durften. Hierauf reichten die Evangelischen eine Beschwerde bei den Ständen und Fürsten Schlesiens ein, die sich auch für sie verwandten[52]. 1616 holten die Protestanten einen Prediger nach Oberglogau und begannen nach Tumulten nun mit dem Bau der Holzkirche[53]. Im September des folgenden Jahres kaufte Georg die Herrschaft von seinem Bruder Rudolph und forderte die Huldigung seiner Untertanen ein, doch bestanden die Evangelischen darauf, daß er zuvor ihre Religionsfreiheit garantierte. „Dieses Verlangen erbitterte Georg so sehr, daß er sämmtliche Evangelische auf das Rathaus bringen, sie von da in die Gefängnisse werfen ließ und dem Büttel (Boten) befahl, auf dem Markte sie als Schelme auszurufen. Und weil letzterer dies zu thun sich weigerte, ward er seines Amtes enthoben und erklärte Georg die Evangelischen nunmehr für Rebellen, treu-, ehr- und ruchlose Leute, für Schelme, nahm ihnen das Bürgerrecht, untersagte den jüngsten Meistern die Ausübung der Handwerke [..].“[54] Nun eskalierte der Streit, die Evangelischen wandten sich wieder an die Fürsten und Stände Schlesien, die den Fall an den Kaiser weiterleiteten[55]. Dieser lehnte jedoch nach Rücksprache mit Oppersdorff die Beschwerde ab, die Untertanen hätten sich den Befehlen ihrer Obrigkeit zu beugen, zumal es nicht um Religionssachen ginge[56]. Hier wird eine Systematik deutlich: Den Untertanen wird ein Verbot in Religionssachen auferlegt – etwa auswärtige Gottesdienste zu besuchen –, wenn sie es nicht einhalten, werden sie kriminalisiert und wegen Verbotsüberschreitung bestraft.

Während des Dreißigjährigen Krieges verschärfte sich die Situation der Evangelischen. 1625 entschied eine Kaiserliche Kommission, daß die Holzkirche abzureißen sei, zugleich habe der Pastor die Herrschaft zu verlassen, was Georg III. so-

---

51 Schnurpfeil (s. Anm. 42), 60, Preisner/Hauptstock (s. Anm. 42), 81.

52 Preisner/Hauptstock (s. Anm. 42), 84.

53 Ebd., 86f.

54 Zit. nach Schnurpfeil (s. Anm. 42), 62, vgl. Preisner/Hauptstock (s. Anm. 42), 90f.

55 Schnurpfeil (s. Anm. 42), 62-78, Preisner/Hauptstock (s. Anm. 42), 92-97.

56 Schnurpfeil (s. Anm. 42), 78-80, Preisner/Hauptstock (s. Anm. 42), 97f.

fort durchsetzte. Zudem wurde die Bürgerordnung im Sinne des Erbherrn erneuert[57]. Die verbliebenen Evangelischen zogen nun trotz Verbots zum Gottesdienst in das Nachbardorf Repsch. Dessen evangelischer Grundherr war jedoch hoch verschuldet, so daß Georg ihn 1628 einfach auskaufte. Damit war der letzte Zufluchtsort für die Obergolgauer mit der Möglichkeit eines evangelischen Gottesdienstes verloren[58]. Während des Dreißigjährigen Krieges wirkte an der Oberglogauer Pfarrkirche ein vorbildlicher Geistlicher, was das katholische Glaubensleben aufblühen ließ und zu verschiedenen Glaubenswechseln zum Katholizismus führte[59]. Der prokatholisch-parteiische Oberglogauer Bürgermeister Heinrich Schnurpfeil berichtet in der von ihm verfaßten Stadtgeschichte von 1860, daß die kleine verblieben Schar der Evangelischen sich zur Abwanderung entschloß, bei ihrem Abmarsch auf eine katholische Prozession traf, dies als ein Zeichen Gottes nahm und konvertierte[60]. Hier macht die katholische Ortsgeschichtsschreibung aus dem Abmarsch ein Wunder des rechten Glaubens, in Wirklichkeit dürfte der herrschaftliche und wirtschaftliche Druck zu groß geworden sein, so daß die letzten Evangelischen die Stadt verließen. 1628 jedenfalls war Oberglogau wieder ganz katholisch, es gäbe „keinen Unkatholischen" mehr, wie Georg III. stolz am 31. Dezember 1628 an den Kaiser schrieb[61]. Eine örtliche evangelische Gemeinde wurde erst 1855 wieder gegründet[62].

Doch damit nicht genug. Georg setzte sich auch für den Katholizimus vor Ort ein. So errichtete er eine Stiftung für sechs Chorsingknaben[63], förderte das Glaubensleben mit dem Bau der Lehmbergkapelle in Stadtnähe und stiftete 1628 eine jährliche Prozession zu dieser; für die Lehmbergprozession erwarb er sogar vom Kaiser eigene Statuten[64]. Georg kaufte 1620 das in weltlicher Hand befindliche Ge-

---

57 Schnurpfeil (s. Anm. 42), 82, 93, Preisner/Hauptstock (s. Anm. 42), 111-114.

58 Preisner/Hauptstock (s. Anm. 42), 115.

59 Ebd., 107.

60 Schnurpfeil (s. Anm. 42), 82f., Preisner/Hauptstock (s. Anm. 42), 117f.

61 Preisner/Hauptstock (s. Anm. 42), 118.

62 Horst-Oskar Swientek, Oberglogau (in: Waldemar Grosch [Bearb.], Schlesisches Städtebuch, Stuttgart, Berlin, Köln 1995, 306-308, hier 308). Ein evangelischer Geistlicher wurde dann im Folgejahr eingesetzt, vgl. Dietmar Ness, Schlesisches Pfarrerbuch, Bd. 5: Oberschlesien, Ostoberschlesien, Ostschlesien, Leipzig 2015, 215-218, hier 216.

63 Preisner/Hauptstock (s. Anm. 42), 85.

64 Schnurpfeil (s. Anm. 42), 83-91, Preisner/Hauptstock (s. Anm. 42), 120-130; vgl. auch Theofil Konietzny, Das Lehmberg-Kirchel bei Oberglogau (in: Oberschlesische Heimat 15 [1919], 74-78; wieder abgedruckt bei Hans-Ludwig Abmeier [Hg.], Theophil Konietzny.

bäude des Minoritenklosters, besetzte es wieder mit Angehörigen dieses Ordens und dotierte es mit 10.000 Talern. Zudem ergänzte er die Kirche um eine Loretokapelle, eine Nachbildung der Casa Sancta im italienischen Loreto, in der einer Legende nach Maria die Geburt des Heilands vom Erzengel Gabriel verkündet worden war; Georg hatte sie während zweier Pilegrreisen besucht. Das Kloster wurde im Dreißigjährigen Krieg zweimal zerstört, Georg ließ es immer wieder aufbauen[65]. 1634 errichte der glaubenseifrige Erbherr eine Heilig-Grab-Kapelle in Oberglogau, also eine Nachbildung des heiligen Grabes in Jerusalem[66]. Georg wollte damit aus Oberglogau ein „zweites Jerusalem" machen. Dem schloß sich sein Nachfolger Franz Eusebius I. an, der den Kapellenflügel des Schlosses baute und auf dem Ring in Oberglogau 1669 die erste Mariensäule in Schlesien errichten ließ[67]. Die Oppersdorff visualisierten somit in ihrer Stadt deren katholisches Bekenntnis, machten aus ihr eine Sakrallandschaft, die sie mit den modernen Formen katholischer Volksfrömmigkeit wie Prozessionen und Wallfahrten ergänzten.

Dazu gehörte auch, daß Georg zur Ausstattung der örtlichen Kirchen 27 Reliquien erwarb[68]. Als Grablege für seine Familie baute er in der Kollegiatkirche die sog. Oppersdorffkapelle an, die er von dem aus Lugano stammenden[69] Bildhauer Sebastiano Sala ausstatten ließ mit einem prachtvollen Epitaph für sich[70]. In einem weiteren dort angebrachten Bild ließ er sich und seine Familie in „spanischer" Klei-

---

Bausteine zur oberschlesischen Landeskunde [Schriften der Stiftung Haus Oberschlesien. Landeskundliche Reihe 9], Berlin 1997, 129-133), HANS ENDEN, Das Lehmbergkirchel bei Oberglogau – eine unbekannte Mariahilf-Kapelle in Oberschlesien (in: Schlesien 30 [1985], 193-200).

65 SCHNURPFEIL (s. Anm. 42), 162-164, THEOFIL KONIETZNY, Die Loretokapelle in der Klosterkirche zu Ober-Glogau (in: Oberschlesische Heimat 16 [1920], 1-4; wieder abgedruckt bei ABMEIER [s. Anm. 62], 126-128), PETER MRAS, Das Oberglogauer Loretohaus (in: Oberschlesisches Jahrbuch 6 [1990], 41-63, PREISNER/HAUPTSTOCK (s. Anm. 42), S. 131-141.

66 THEOFIL KONIETZNY, Das Heilige Grab in Oberglogau (in: Oberschlesische Heimat 14 [1918], 93-95; wieder abgedruckt bei ABMEIER [s. Anm. 64], 112-115), PREISNER/HAUPTSTOCK (s. Anm. 42), 165-168.

67 LYDIA BARUCHSEN, Die schlesische Mariensäule. Ursprung, Wesen und Beziehung zu verwandten Denkmalgruppen (Einzelschriften zur schlesischen Geschichte 5), Breslau 1931, 81f., PREISNER/HAUPTSTOCK (s. Anm. 42), 254f.

68 PREISNER/HAUPTSTOCK (s. Anm. 42), 190-192.

69 Zur Herkunft MAREK ANDRZEJEWSKI, Schweizer Baumeister im Polen des 16.-18. Jahrhunderts (in: Kunst + Architektur in der Schweiz 55 [2004], Heft 3: Tessiner Baumeister in Polen und Russland, 35-41, hier 37).

70 VÁVRÁ (s. Anm. 43), THEOFIL KONIETZNY, Die Totenkapelle an der Kollegiatkirche zu Oberglogau (in: Der Oberschlesier 8 [1926], 567-576; wieder abgedruckt bei ABMEIER [s. Anm. 64], 116-123), PREISNER/HAUPTSTOCK (s. Anm. 42), 169-171.

dung darstellen, hinter jedem Oppersdorff ein eigener, persönlicher Schutzengel[71]. Beerdigen ließ sich Georg III. allerdings ganz schlicht, nur in eine Bettlertracht gehüllt, aber im festen Glauben, „daß ich am Jüngsten Tage auferstehen und Gott den Erlöser sehen werde", so die Inschrift auf einer Trauerfahne[72]. Und er war es auch, der sich als Devise der Oppersdorff erkor „Si Deus pro nobis, quis contra nos"[73].

Zweifellos war Georg ein gläubiger Katholik, der es wie die Schaffgotsch verstand, Konfession und Politik in seinem Sinn in Einklang zu bringen. Die vorgestellten beiden Beispiele zeigen, wie unterschiedlich sich der schlesische Adel an der Gegenreformation beteiligt hat, je nach eigenen Möglichkeiten und Vorstellungen zwischen „laissez faire" und Radikalität.

Wäre als letztes noch zu klären, warum Gegenreformation, warum keine staatliche geduldete Bikonfessionalität? Der Landesherr legte aus Verantwortung gegenüber seinen Untertanen deren konfessionelles Bekenntnis fest. Exponent der katholischen Konfession war das Haus Habsburg, das den „Protestantismus mit Abfall und Zerstörung der friedlich Herrschaft gleichsetzte", wie Arno Herzig formulierte[74]. Und weiter: „Ein Abweichen von der wahren Religion führe immer zur politischen Rebellion." Bereits „bei der Rekatholisierung der Steiermark hatte 1595 ein Berater des jungen Erzherzogs Ferdinand in einem Strategiepapier geschrieben, dass es das vornehmste Amt des Fürsten sei, Aufruhr und Rebellion in seinen Ländern zu verhüten; dass dies aber nicht geschehen könne, so lange unterschiedliche Religionen toleriert würden, denn – so seine Schlussfolgerung: „So lange die widerwärtige Religion toleriert wird, so lange kann der Fürst bei seinen Untertanen den vollkommenen Gehorsam nicht haben; denn so oft er ihnen etwas befehlen wird, das ihnen nicht schmeckt oder gefällt, so fliehen sie zu ihrem großen Gewissen und missbrauchen die Schrift[stelle] ‚Man muß Gott mehr gehorchen als den Menschen'."[75] Absolutismus gegen Glaubensfreiheit!

---

71 Abbildung in Markus Bauer u.a (Hg.): Szlachta na Śląsku. Średniowiecze i czasy nowożytne. Adel in Schlesien. Mittelalter und Frühe Neuzeit, Dresden 2004, 235.

72 Preisner/Hauptstock (s. Anm. 42), 225-229, Zitat 226.

73 Oppersdorff, Chronik (s. Anm. 32), 45.

74 Arno Herzig, Konfession und Heilsgewissheit. Schlesien und die Grafschaft Glatz in der Frühen Neuzeit (Religion in der Geschichte. Kirche, Kultur und Gesellschaft 9), Bielefeld 2002, 25.

75 Ebd., 25f.

Rzymsko-katolicka szlachta Śląska i kontrreformacja na przykładzie rodów von Schaffgotsch i von Oppersdorff

W procesie kontrreformacji uczestniczyła również katolicka szlachta Śląska, jednakże działo się to różnymi drogami, co przedstawione zostało na przykładzie dwóch różnych rodów szlacheckich.

Rozległa majętność ziemska von Schaffgotschów skoncentrowała się w ręku protestanta Hansa Ulricha von Schaffgotscha (1595-1635), który jako cesarski generał służył pod rozkazami Wallensteina, jednakże po jego upadku skonfiskowano jego majątki, a sam został ścięty. Aby odzyskać rodzinną własność, niepełnoletnim dzieciom nie pozostało inne wyjście, niż przejść na katolicyzm. Krok ten został wynagrodzony przez cesarza licznymi dowodami łaski, podniesieniami godności, dopuszczeniem do najbliższego otoczenia cesarskiego, nadaniami urzędów i godności. Johann Anton Gotthard von Schaffgotsch (1675-1742) został dyrektorem Śląskiego Urzędu Zwierzchniego, a tym samym przedstawicielem cesarza na Śląsku. Do jego urzędowych zadań należało przeprowadzanie kontrreformacji. Jednakże von Schaffgotschowie zachowywali się względem swych poddanych w tolerancyjny sposób. Występując publicznie jako pobożni katolicy, łączyli w pozbawiony fanatyzmu sposób religię i politykę, i w pragmatyczny sposób spoglądali na rzeczy ponad religijnymi podziałami.

Zupełnie inaczej zachowywali się von Oppersdorffowie. Protestancka linia tego rodu brała udział w powstaniu czeskim, udała się następnie na wygnanie i zniknęła z historii. Georg II Maximilian von Oppersdorff (1550-1606) zakupił w latach 1584-95 majątek w Głogówku na Górnym Śląsku. Tu zarówno on sam, jak i jego następcy, prowadząc zażartą i zmienną walkę z ewangelicką gminą miejską, doprowadził do zaprowadzenia do 1628 r. całkowitej kontrreformacji, przy czym ewangelicy częstokroć uznawani zostali za przestępców. Von Oppersdorffowie wspierali katolicyzm w ich mieście i za sprawą wznoszenia budowli sakralnych oraz wprowadzania nowoczesnych form katolickiej ludowej pobożności, przyczynili się do uczynienia z niego sakralnego krajobrazu, „drugiego Jeruzalem."

Kunststiftungen des schlesischen Adels als Ausdruck konfessionellen Bekenntnisses (1526–1740)

von Aleksandra Lipińska

Matthias Weber hat seine Einleitung zu dem 2010 erschienenen Band „Adel in Schlesien. Herrschaft – Kultur – Selbstdarstellung", mit den Worten eröffnet: „Adel hat Konjunktur". Damit meinte er eine neue Welle in der Erforschung der Geschichte und Kultur einer gesellschaftlichen Gruppe, die im letzten Jahrzehnt eine Vielfalt an neuen Erkenntnissen mit sich gebracht hat.[1] Diese allgemeine Feststellung lässt sich auch auf die Forschungen zur Tätigkeit des schlesischen Adels als Kunststifter übertragen. Im Rahmen zweier bedeutender deutsch-polnischer wissenschaftlicher Initiativen, eines Forschungsprojektes und einer mehrteiligen Ausstellung, die beide den Titel „Adel in Schlesien" trugen, wurde unter anderem die kunststiftende Aktivität des schlesischen Adels im breiten historischen und kulturellen Kontext präsentiert.[2] Auch

1 Matthias Weber, „Adel in Schlesien" – Ein Europäisches Thema. Zur Konzeption des vorliegenden Bandes (in: Jan Harasimowicz, Matthias Weber, (Hgg.), Adel in Schlesien 1: Herrschaft – Kultur – Selbstdarstellung = Schriften des Bundesinstituts für Kultur und Geschichte der Deutschen im östlichen Europa 36, München 2010), 11–32.

2 Mehr über das bilaterale deutsch-polnische Forschungsprojekt „Adel in Schlesien", das am Bundesinstitut für Kultur und Geschichte der Deutschen im östlichen Europa in Oldenburg angesiedelt war, siehe: http://www.bkge.de/Projekte/Adel-in-Schlesien/ [11.10.20115]. Als Projektergebnis sind vier Bände der Reihe „Adel in Schlesien" erschienen. Bd. 1: Harasimowicz, Weber (s. Anm. 1); Bd. 2: Joachim Bahlcke, Wojciech Mrozowicz, (Hgg.), *Repertorium. Forschungsperspektiven – Quellenkunde – Bibliographie.* München 2010 = Schriften des Bundesinstituts für Kultur und Geschichte der Deutschen im östlichen Europa 37, München 2010); Bd. 3: Walter Schmitz, Jens Stüben, Matthias Weber, (Hgg.): Adel in Schlesien und Mitteleuropa. Literatur und Kultur von der Frühen Neuzeit bis zur Gegenwart. München 2013 (= Schriften des Bundesinstituts für Kultur und Geschichte der Deutschen im östlichen Europa Band 48); in Vorbereitung befindet sich Bd. 4: Simon Donig (Hg.), *Adel ohne Land – Land ohne Adel? Eine Zeitgeschichte des schlesischen Adels nach 1945,* München 2015.

Die Ausstellung „Adel in Schlesien" wurde im Jahr 2014 in Zusammenarbeit des Kupfermuseums (Muzeum Miedzi) in Liegnitz (Legnica) mit dem Schlesischen Museum in Görlitz und dem Universitätsmuseum (Muzeum Uniwersytetu Wrocławskiego) in Breslau (Wrocław) veranstaltet und hatte ihre thematischen Stationen an drei Orten: Ritter der Freiheit, Hüter des Rechts (Liegnitz); Beharren im Wandel. Der Adel Schlesiens und der Oberlausitz seit dem 18. Jahrhundert (Görlitz); Mutter des Hirschberger Tals. Friederike Gräfin von Reden und ihr Wirken (Breslau). Vgl. die betreffenden Kataloge: Markus Bauer, u.a. (Hgg.), Adel in Schlesien. Mittelalter und frühe Neuzeit, Dresden 2014; dies. (Hgg.)Adel in Schlesien und in der Oberlausitz. Mittelalter, Neuzeit, Gegenwart, Dresden 2014.

der Auswirkung der Reformation und der Gegenreformation auf den Status der Gruppe sowie ihrer Widerspiegelung in der Kunst wurde in den Publikationen, die beide Projekte begleitet haben, viel Aufmerksamkeit geschenkt.[3] Darüber hinaus erweitern viele weitere Veröffentlichungen, die sich beispielsweise einzelnen Adelsfamilien widmen, unsere Kenntnisse über dieses Forschungsfeld.[4] Deshalb wird im vorliegendem Aufsatz oft auf die Ergebnisse anderer Forscher – mit Jan Harasimowicz an erster Stelle – hingewiesen, um ihren Beitrag zur Erschließung dieses Forschungsfeldes zu honorieren und dem Leser einen Einblick in den aktuellen Forschungsstand zu gewähren.

Die vorliegenden Ausführungen konzentrieren sich auf Bereiche der Adelstätigkeit als Kunstauftraggeber, in denen ihre konfessionelle Identität besonders zum Ausdruck kam: die Kirchenbauten und ihre Ausstattung mit besonderer Berücksichtigung der Grabmalkunst sowie den Residenzbau. Dabei erhebt der Überblick keinen Anspruch auf Vollständigkeit. Vielmehr sollen die ausgewählten Beispiele zeigen, auf welche Weise die Kunst mit ihren spezifischen Mitteln die konfessionelle Identität der adeligen Auftraggeber zur Schau stellt. Der zu betrachtende Zeitraum spannt sich zwischen 1526 und 1740, d.h. – bekanntlich – die Periode, in der Schlesien als Erbland der Böhmischen Krone zum Habsburgerreich gehörte.[5] Der schlesische Adel wurde im Laufe dieser beiden Jahrhunderte mit verschiedenen Herausforderungen konfrontiert. Die erste bestand in allgemeinen, d.h. nicht nur in Schlesien vorkommenden Prozessen, wie etwa Veränderungen in der Struktur

3 Vgl. dazu die Beiträge in: HARASIMOWICZ, WEBER (s. Anm. 1); von JAN HARASIMOWICZ, Die Repräsentation des Adels in der schlesischen Kunst des Spätmittelalters und der Frühen Neuzeit, 36–52; JERZY GORZELIK Zwischen *demonstratio catholica* und Selbstdarstellung. Künstlerische Stiftungen des katholischen Adels in Oberschlesien im Zeitalter der Konfessionalisierung, 101–114 und MACIEJ KULISZ, Zu Grabdenkmälern und Grabinschriften des protestantischen Adels im Niederschlesien des 17. und 18. Jahrhunderts am Beispiel des Fürstentums Liegnitz, 115–134. Vgl. auch den Beitrag von JAN HARASIMOWICZ, Der schlesische Adel im Sterben, Tod, Bestattung und Verewigung (BAUER, U.A. (s. Anm. 2) 56–67) sowie den Katalogteil: Zeugnis des Glaubens, Lob der Familie, Ruhm des Namens, in: BAUER, U.A. (s. Anm. 2), 202–243.

4 Als Beispiele kann man hier die Studien über schlesische Adelsfamilien von Oppersdorf und von Schaffgotsch nennen: PIOTR OSZCZANOWSKI (Hg.), W blasku Luksemburgów, Habsburgów i Wazów. Studia nad mecenatem artystycznym panów na Głogówku w XIV–XVIII wieku, Głogówek-Wrocław 2008; JOACHIM BAHLCKE, ULRICH SCHMILEWSKI, THOMAS WÜNSCH, (Hgg.), Das Haus Schaffgotsch. Konfession, Politik und Gedächtnis eines schlesischen Adelsgeschlechts vom Mittelalter bis zur Moderne, Würzburg/Freiburg i. Br. 2010.

5 Dazu vgl. NORBERT CONRADS, Schlesien (Deutsche Geschichte im Osten Europas), Berlin 1994, 258–345; LUDWIG PETRY (Hg.), Geschichte Schlesiens 2: Die Habsburger Zeit, 1526–1740, Stuttgart 2000.

des Landbesitzes und im Kriegswesen oder dem Aufstieg des Bürgertums, die im 15. und 16. Jahrhundert erfolgten und zu einer Neudefinierung der gesellschaftlichen Rolle des Adels führten.[6] Auf dem Weg vom Rittertum zum Landadel oder angesichts der Orientierung am neuen Ideal eines akademisch ausgebildeten aristokratischen Weltbürgers mussten neue Verhaltensmodelle und Selbstbehauptungsstrategien erfunden werden, für welche die Kunst einen der wichtigsten Präsentationsräume darstellte. Auch in den Auseinandersetzungen innerhalb der eigenen sich dynamisch verändernden Standesgruppe, wie sie sich z.B. durch die Förderung loyaler Zuwanderer aus anderen Gebieten des Heiligen Römischen Reiches seitens der Landesherren ergaben, oder in der Konfrontation mit anderen Ständen, vor allem mit dem Patriziat, der die dem Adel vorbehaltenen Repräsentationsformen zu vereinnahmen suchte, erwies sich die Kunst als wirksames Instrument der Integration des Standes oder der Abgrenzung von Außenstehenden. Im Folgenden werden deswegen auch neue Mitglieder des Standes berücksichtigt, denn gerade ihre Strategien lassen interessante Schlüsse bezüglich der Auffassung des adeligen Status zu. Dagegen wird das Mäzenatentum der schlesischen Herzöge aus der Piasten-Dynastie, die eine besondere Position innehatten und sich selbst nicht dem Hochadel zurechneten, nicht berücksichtigt, es sei denn als Bezugspunkt bei der Betrachtung der Stiftungen ihrer adeligen Untertanen.

Die zweite Herausforderung ergab sich aus der Inkorporierung Schlesiens in das Habsburgerreich. Denn diese forderte vom Adel als politisch aktiver Gesellschaftsschicht eine klare Stellungnahme gegenüber dem neuen Machthaber. Dabei haben sowohl die Vertreter des Standes, die Widerstand gegen die Zentralisierungsversuche der Habsburger leisteten, als auch die, die ihm gegenüber Loyalität demonstrieren wollten, die Kunst als Ausdrucksmittel ihrer Haltung verwendet. Einen zentralen Aspekt bildet hier die Einstellung des schlesischen Adels gegenüber der Landesobrigkeit im Zusammenhang mit seiner Glaubensidentität im Zeitalter der zunächst erfolgreichen Reformation und der dann erzwungenen Gegenreformation. Aus diesem Grund wird im Folgenden gezeigt, wie die konfessionelle Identität des Adels, sowohl lutherischer oder reformierter als auch römisch-katholischer Prägung, in seinen Stiftungen auf dem Gebiet des Kirchenbaus und der Kirchenausstattung, aber auch in weltlichen, scheinbar konfessionell neutralen Bereichen zum Vorschein kam. Dabei gilt es nachzufragen, ob die zu besprechenden Kunststiftungen überwiegend Ausdruck eines konfessionellen Standpunktes waren oder ob das Streben nach Selbstdarstellung und die Visualisierung der ›Apotheose‹

6 Vgl. JOACHIM BALCKE, „Der Glanz des schlesischen Adels". Die adeligen Eliten Schlesiens vom Mittelalter bis zum Ende der habsburgischen Herrschaft (in: BAUER, U.A. (s. Anm. 2), 18–29.

eines Geschlechts im Vordergrund standen. Oder flossen beide Stränge vielleicht ineinander? In diesem Zusammenhang soll am Beispiel der bildenden Künste die Gültigkeit einer These von Matthias Weber überprüft werden, die wie folgt lautet: „Der Erfolg des Protestantismus bewirkte im Geistesleben und Bildungswesen eine Orientierung des schlesischen Adels an den protestantischen nordwestlichen Gebieten des Heiligen Römischen Reiches, am oberdeutschen Luthertum und auch am niederländischen Calvinismus".[7]

Die Auflösung der bisherigen kirchlichen Strukturen infolge der Reformation trug zur größeren Bedeutung des adeligen Kirchenpatronats bei, was sich auch in den Kirchengebäuden und ihrer Ausstattung zeigte. Während in der ersten Reformationsphase bekanntlich selten neue Kirchen gebaut wurden, wurde die Eröffnung des neuen Kapitels in der Geschichte der christlichen Gemeinde oft durch die Erneuerung des Kirchengebäudes und durch die Stiftung einer neuen Ausstattung betont. So wurden viele Kirchen in Schlesien beispielsweise in der modischen Sgraffito-Technik verputzt, wie die in Gohlau (Gałów), im Gut der Familie von Seydlitz.[8] Eine solche Dekoration konnte – wie in Gohlau – einen rein dekorativen Charakter haben, oder sie konnte ein komplexes und konfessionell aussagekräftiges ikonographisches Programm vorweisen, wie es in der St. Hedwigkirche in Greiffenberg (Gryfów) der Fall ist. Ein seltenes Beispiel der Verwendung von Sgraffito-Technik im Innenraum als Tongewölbedekor entstand im Jahr 1551 auf Initiative von Hans von Schaffgotsch von Kynast und Greiffenstein unter Beteiligung des Greiffenberger Bürgermeisters und des Kirchenrates (Abb. 1). In dem Dickicht von floralen Ranken und modischen Renaissance-Ornamenten entfaltet sich ein komplexes Wort-Bild-Programm, das biblische Szenen (Jüngstes Gericht, Kreuzigung, Apostel, musizierende Engel) (Abb. 2) mit Inschriften kombiniert, die zusammen eine theologisch-moralische Abhandlung formen, welche, wie Harasimowicz gezeigt hat, von der Lehre Philipp Melanchthons inspiriert wurde.[9] Durch seine Farbigkeit stark hervorgehoben, prunkt im Mittelfeld des Gewölbes das Wappen des Auftraggebers. Obwohl an dem repräsentativen Zweck dieser heraldischen Demonstration kein Zweifel besteht, ist nach Harasimowicz auch ihre konkrete historische und konfessionelle Dimension zu betonen. Mit dem Gewölbe präsentie-

---

7 WEBER (s. Anm. 1), 22.

8 ELŻBIETA KOŁACZKIEWICZ, (Hg.), Katalog zabytków sztuki w Polsce. Seria nowa, T. IV, z. 5: Województwo Wrocławskie (Dolnośląskie, Powiat Środa Śląska), Warszawa 2014, 67.

9 JAN HARASIMOWICZ, Reußendorf – Greiffenberg – Altkemnitz. Drei evangelische Pfarrkirchen der Familie Schaffgotsch im schlesischen Gebirgsland (in: BAHLCKE, SCHMILEWSKI, WÜNSCH, (s. Anm. 4), 267–290, (dort frühere Literatur), hier 275–276.

ren sich die Schaffgotsch als Anhänger des „reinen Evangeliums“, als neue Apostel, die ihren Untertanen den Weg zur Erlösung zeigen.

Die Änderungen in der Liturgie infolge der Reformation haben im Fall kleiner Dorfkirchen selten zur umfassenden Umgestaltung des Kirchenraumes geführt, wie es in großen städtischen Pfarrkirchen zu beobachten war. Deutlich zeichnete sich aber eine Tendenz zur Aneignung jenes Teils des Kirchenraumes ab, der früher weitgehend der Geistlichkeit und dem liturgischen Geschehen vorbehalten war, nämlich des Chores. Schon im Mittelalter wurden dort die Adeligen beigesetzt und manchmal mit Grabdenkmälern verewigt, jedoch wurde seit der Reformation dies Privileg durch die adeligen Kirchenpatrone öfter in Anspruch genommen, was zur Umwandlung vieler Presbyterien in so etwas wie Familienmausoleen führte.[10] Als Beispiel kann man die Peter-und-Paul Kirche in Ober Gläserdorf (Szklary Górne) bei Lüben (Lubin) nennen, wo 16 Grabplatten dreier Generationen der Familien von Schindel und von Stössel den Raum bis heute prägen (Abb. 3).[11] Lebensgroße vollplastische Figuren adeliger Frauen, Männer und Kinder, durch einen architektonischen Rahmen „vereint“ ewig in dem Kircheninneren präsent, verkörpern für die folgenden Generationen die christlichen Tugenden, die im oberen Teil des Grabmals als personifiziert dargestellt werden. Das christologische Programm in der Bekrönung – das Gebet Jesu am Ölberg, die Kreuzigung, die Auferstehung und die Himmelfahrt – stellt die eindeutige konfessionelle Erklärung der Christen *de cruce* dar. Zugleich zeigt das Mausoleum in Ober Gläserdorf die weitreichenden kulturellen Horizonte des schlesischen Adels, denn das Konzept soll die Grabdenkmäler der württembergischen Grafen in der Stiftskirche zu Stuttgart als Vorbild haben.[12]

Überdies wurden im Chorbereich – oft im Obergeschoss der Sakristei – oder gegenüber der Kanzel als dem neuen liturgischen Zentrum der lutherischen Kirchen Herrschaftslogen angelegt, die trotz der geistlichen Gleichstellung aller Gläubigen die weiterbestehende gesellschaftliche Hierarchie zum Ausdruck brachten, wofür die Hochbergloge (1698) in der Friedenskirche als Beispiel genannt werden kann.[13] Ein späteres Beispiel ist die Patronatsloge der Familie von Heugel in der Pfarrkirche Döberle (Dobra) bei Oels, die 1722 durch den herzoglich Württembergisch-Oelsnischen Rat

---

10 Vgl. JAN HARASIMOWICZ, Mors janua vitae. Śląskie epitafia i nagrobki wieku reformacji, Wrocław 1992, 35.

11 HARASIMOWICZ, Der schlesische Adel im Sterben (s. Anm. 3), 63, Abb. 8.

12 HARASIMOWICZ (s. Anm. 10), 64–65.

13 AGNIESZKA SEIDEL, Słowno-obrazowa dekoracja empor i lóż w kościele Pokoju w Świdnicy. Magisterarbeit, Universität von Wrocław, Wrocław 1995.

und Landesältesten Gustav Adolf von Heugel[14] gestiftet wurde. Hier wurde die ehrwürdige Herkunft der Familie durch reiche heraldische Ausschmückung inszeniert.

In den lutherisch gewordenen Kirchen Schlesiens blieben mittelalterliche Altäre wie auch die weiter verwendeten Kirchengeräte und Paramente am Ort. Das ergab sich aus der anfangs neutralen Einstellung des Luthertums zu den Bildern als Adiaphora, die dann – infolge der Konfrontation mit der calvinistischen Bildfeindlichkeit – sogar eine deutliche Aufwertung erfuhren.[15] Darüber hinaus wurden vorreformatorische Ausstattungsstücke nach dem Konfessionswechsel aus Verbundenheit der Stifter mit den Werken bewahrt, die durch ihre Vorfahren gestiftet worden waren. Ein Beispiel liefert das Triptychon in der Pfarrkirche Gross Bresa (Brzezina), das im Mittelfeld die Madonna mit dem Kind, die Hl. Katharina und einen unbekannten heiligen Bischof darstellt (Abb. 4). Gestiftet um 1480 durch die damaligen Kirchenpatrone Familie von Domping – wovon ihr zentral angebrachter Wappenschild zeugt –, wurde es durch ihre Nachfolger – die lutherische Familie von Haunold – im Jahr 1596 als Zeichen der Kontinuität bewahrt und restauriert.[16] Die Sorge um die alte Kirchenausstattung bekam eine zusätzlich starke Aussage im Licht des Programms der in 1620 durch die von Haunolds gestifteten Empore. Ihr reiches durch Pastor Heinrich Scansorius formuliertes Bildprogramm und die Fundationsinschrift (SVB OMNIPOTENTISS[IMI]. IEHOVAEH TVTELA / NOBILISSIMORVM AB HAVNOLD COLLATVRA / HENRICI SCANSORI MÜLBERGA MISNICI / HIC ANIMARVM PASTORIS CVRA / ARTIFICI JOANNIS BENDELI OPERA IN DEI GLORIAM / HAEC TEMPLI FACIES PICTA / CONTRA CALVINIANORVM / IDOLOMACHIAM APPARERE COEPIT / ANNO SALVTIS MDCXX / HENRI[CVS] SCANSORIVS ECCLE / SIASTES F[IERI] C[VRAVIT]) stellen die eindeutige Verurteilung der calvinistischen Bildfeindlichkeit dar.[17]

14 JOHANNES SINAPIUS, Des schlesischen Adels anderer Theil oder Fortsetzung schlesischer Curiositäten [...] 2, Leipzig und Breslau 1728, 687.

15 Vgl. WERNER HOFMANN, Luther und die Folgen für die Kunst. Ausstellungskatalog: Hamburger Kunsthalle, 11. November 198 –8. Januar 1984, München 1983.

16 ELŻBIETA KOŁACZKIEWICZ, (Hg.), Katalog zabytków sztuki w Polsce. Seria nowa, T. IV, z. 5: Województwo Wrocławskie (Dolnośląskie, Powiat Środa Śląska), Warszawa 2014, 16, Abb. 739. Vgl. den analogen Fall des St. Anna-Polyptychons aus der Pfarrkirche in Reussendorf (Raszów), von der Familie Schaffgotsch aus der Linie auf Schloss Kreppelhof bei Landshut um 1520 gestiftet. Das Retabel blieb auch nach der Reformation in der Kirche stehen als Zeichen der für das adelige Ethos grundlegenden Kontinuität der Repräsentation in der Kirche, die ebenso ein Familienmausoleum beherbergt, siehe: BAUER U.A. (s. Anm. 2), Kat.-Nr. C 59.

17 JAN HARASIMOWICZ, Treści i funkcje ideowe sztuki śląskiej reformacji (1520-1620), Wrocław 1986, 142–142 (Hervorhebung von mir, A.L.)

Die Stiftung von neuen Ausstattungsstücken, am häufigsten Kanzeln und Taufbecken und erst an dritter Stelle von Altarretabeln, gab den adeligen Kirchenpatronen die Gelegenheit zur konfessionellen Demonstration, wobei das standesgemäße Element der Repräsentation selbstverständlich weiterhin von Bedeutung blieb. Während die Kuppa des Taufbeckens aus der Pfarrkirche in Mühlraditz (Miłoradzice), (1696), ein typisch lutherisches Bildprogramm aufweist – Arche Noah, Zug der Israeliten durch das Rote Meer, Beschneidung und Taufe Christi –, werden seine Stifter Ferdinand von Kanitz und Margaretha geb. von Abschatz in einer auf dem Deckel angebrachten Inschrift verewigt.[18] Die erbauliche Funktion der Darstellungen in den Kirchenausstattungen konnte aber in einigen Fällen zugunsten der anderen Funktionen in den Hintergrund treten. Das Taufbecken der Friedenskirche in Schweidnitz (Świdnica) trägt auf seiner Kuppa ausschließlich die Wappen der an der Stiftung beteiligten Adelsfamilien, der von Nostitz, Berger, Czettritz, Sommerfeid, Rotkirch und Ratschin (Abb. 5).[19] Damit wird nicht nur Stifterstolz und –verdienst, sondern auch die Verbundenheit der adeligen Förderer der Dissidentenkirche manifestiert.

Relativ selten kommen innerhalb des adeligen Mäzenatentums Kunststiftungen vor, in welchen das Glaubensbekenntnis gegenüber der ständischen Repräsentation so deutlich in den Vordergrund tritt, wie es bei zwei Gemälden, die im Rahmen der Ausstellung „Adel in Schlesien" Liegnitz präsentiert wurden, der Fall ist. Das erste ist ein 1550 entstandenes Bildnis von Wolf von Busewoy (1509-1563), in der Pfarrkirche in Bärsdorf-Trach (Niedźwiedzice), eines Sprösslings einer uradeligen schlesischen Familie, der Mitarbeiter des Herzogs Friedrich II. von Liegnitz war.[20] Halbfigürlich, nach dem Schema eines Renaissance-Gelehrtenporträts dargestellt, weist er mit seiner rechten Hand auf den in der oberen linken Ecke des Bildes dargestellten auferstandenen Christus als Sieger über den Tod, während seine linke Hand auf einem vor ihm liegenden Schädel ruht (Abb. 6). Diese Gesten, ebenso wie die die Bildaussage ergänzenden Inschriften („Ich byn ein mensch von gott geschaffen von der / erden undt soll wyder zu erden werden und werde / wyder auffersthen von der erden in Jhesu Christo / und werde yn meinem fleysche gott meinen / herrenn sehenn undt werde durch ynn haben / das ewige leben das glaube ich Wolff von Buswoy"; „Allee dings ein weile / aber gotts gnadt ist ewig / Wolff von Buswoy"), sind

---

18 BAUER U.A. (s. Anm. 2), Kat.-Nr. C 61.

19 PIOTR OSZCZANOWSKI, (Hg.), Wiara jak serce ze spiżu. Skarby kościoła Pokoju w Świdnicy, Świdnica 2012, 14.

20 SIEGISMUND JUSTUS EHRHARDT, Presbyterologie des Evangelischen Schlesiens 4: Evangelische Kirchen- und Predigergeschichte der Stadt und des Fürstenthums Liegnitz, Liegnitz 1789, 585.

als entschlossene Erklärung der Heilsgewissheit zu interpretieren.[21] Durch die Porträtdarstellung, die Inschrift und das Wappen, die Wolf von Busewoy eindeutig identifizieren, erfüllte das Bild jedoch auch eine memoriale Funktion.

Das zweite Beispiel ist das Gemälde „Allegorie der Reformatorischen Kirche" aus der Pfarrkirche in Neukirch bei Schönau (Nowy Kościół koło Świeżawy), wo es ursprünglich die Rolle eines Altarbildes erfüllte (Abb. 7).[22] Nachdem die Kirche 1654 der lutherischen Gemeinde weggenommen worden war, wurde es aber entfernt. Im Vordergrund sehen wir eine Szene des predigenden Martin Luther. Unter den Zuhörern befindet sich der Bildstifter Georg von Zedlitz, Wegbereiter der Reformation unter den schlesischen Adeligen, im Beisein seiner Standgenossen und anderer Gläubigen. Von Zedlitz wird im Bild noch ein weiteres Mal dargestellt, und zwar als er auf die Beichte bei Philipp Melanchthon wartet. Im Hintergrund, im oberen Teil des Bildes, sind in einer offenen Landschaft einige Elemente der klassischen Gesetz-und-Gnaden-Tafel abgebildet: eine allegorische Kreuzigung und die Auferstehung Christi. Die bildliche Darstellung wird von zahlreichen lateinischen Schriftversen begleitet, was im Licht der für die Reformation wesentlichen Bedeutung der Muttersprachen als Medium der Verbreitung des Evangeliums unter allen Gläubigen als ein gewisses Zeichen von Elitarismus interpretiert werden darf. Insgesamt stellt das Gemälde aus Neukirch ein Beispiel eines selbstständigen Umgangs mit den innerhalb der lutherischen Kunst populären Darstellungstypen dar, was von dem weiten intellektuellen und geistigen Horizont des Georg von Zedlitz zeugt.

Als Gegenbeispiel lassen sich hier die Memorialbilder der katholischen Familie von Oppersdorf nennen. Ursprünglich sieben, wovon heute noch drei vorhanden sind, befanden sie sich in den Innenräumen des Schlosses in Oberglogau (Głogówek), um dann im 19. Jahrhundert in die Oppersdorf-Kapelle in der Pfarrkirche St. Bartholomäus übertragen zu werden.[23] Zwei dieser monumentalen Gemälde stellen Georg III. von Oppersdorf mit seinen Frauen und Kindern dar, eines mit Polyxena geb. Promnitz (1632), das andere mit Esther Barbara geb. von Meggau. Das dritte Bild (um 1691) zeigt seinen Sohn Franz Eusebius mit seiner Gemahlin Anna Susanna von Beess samt ihren Nachkommen (Abb. 8). Als Gemeinschaft der

---

21 Pfarrkirche St. Anton von Padua in Bärdorf-Trach bei Heynau (Niedźwiedzice koło Chojnowa), siehe: BAUER U.A. (s. Anm. 2), Kat.-Nr. A 81 (dort frühere Literatur).

22 BAUER U.A. (s. Anm. 2), Kat.- Nr. A 79 (dort frühere Literatur).

23 Aus diesem Grund verwende ich hier den Begriff „Memorialbild" und nicht „Epitaph", wie man es bisher getan hat, vgl. ALEKSANDRA KIJACZKO-DEREŃ, Malowane epitafia Georga III i Franza Eusebiusa I von Opperdorf w kościele parafialnym pw. Św. Bartłomieja w Głogówku (in: OSZCZANOWSKI (s. Anm. 4)), 63–97; BAUER U.A. (s. Anm. 2), Kat.- Nr. D 44 (dort vollständige Literatur).

Lebenden und Toten knien die Oppersdorfs, begleitet durch ihre heiligen Patrone, in den Kirchenräumen, die – nach Aleksandra Kijaczko-Dereń – keinen direkten Bezug zur Oberglogauer Kirche haben. Vielmehr stellen sie ideale sakrale Räume dar und knüpfen an die besonders in den Niederlanden verbreitete Gattung der Kircheninnenraummalerei an, die durch das Medium der Grafik, vor allem mittels Serien von Hans Vredeman de Vries, verbreitet wurde. Als mutmaßliches Vorbild für die figurale Komposition nennt Kijaczko-Dereń jedoch das Votivbild des erzherzoglichen Paares Karl II. und Maria Anna von Bayern im Grazer Dom, ein Werk von Jacob de Monte (nach 1593).[24]

Auf der Grundlage der zwei letztbesprochenen Beispiele könnte man folgern, dass die Auswahl der künstlerischen Vorbilder und ikonographischen Formeln konfessionell bedingt gewesen sei: Während das Bekenntnisbild von Georg von Zedlitz sich an die in Sachsen, vor allem in der Werkstatt Lucas Cranach entwickelten Bildtypen – Martin Luther als Prediger auf der Predella des Altars Lucas Cranach d. Ä. in der Stadtkirche St. Marien in Wittenberg, 1547-1548 – anlehnt,[25] knüpfen die Oberglogauer Bilder an ein Vorbild aus dem Umkreis des kaiserlichen Hofes an. Es wäre aber eine grobe Vereinfachung, das Schema für allgemeingeltend zu halten, was das folgende Beispiel deutlich macht.

Die Trinitätskirche in Rothsürben (Żórawina) bei Breslau (Wrocław) wurde auf Anregung des Lutheraners Adam von Hanniwald, kaiserlich-schlesischen Kammerrats, zwischen 1600 und 1607 durch Gerhard Hendrik aus Amsterdam umgebaut und mit den Werken des in Breslau ansässigen Niederländers sowie mit Importen aus Prag neu ausgestattet.[26] Giebel, Portale und Patronatsloge erhielten bildhauerische, Adelsloge und Emporen eine gemalte Dekoration. Ferner bekam die Kirche einen neuen Trinitätsaltar und ein Taufbecken (Abb. 9). Einen künstlerischen Höhepunkt des Kircheninterieurs stellten die Epitaphien der Familie von Hanniwald dar: das Epitaph von Simon und Eva von Hanniwald, Eltern von Adam, schmückte das Gemälde *Die Taufe Christi im Jordan* von Bartholomäus Spranger, und das Epitaph von Adam und seiner Frau Catharina geb. Schweidinger zierte eine Bronzefigur *Christus an der Geißelsäule* von Adriaen de Vries. Das Programm der Trinitätskirche ist eindeutig lutherisch, ästhetisch orientierte sich

24 Kijaczko-Dereń (s. Anm. 23), 84, Abb. 27.

25 Aurelia Zduńczyk, Der Reformationsaltar, Altaraufsatz mit Flügeln und Predella (in: Jan Harasimowicz, Regina Seyderhelm (Hgg.), Cranachs Kirche: Begleitbuch zur Landesausstellung Sachsen-Anhalt: Cranach der Jüngere 2015, Beucha-Markkleeberg 2015, 75–99.

26 Piotr Oszczanowski, Casus Żórawiny. Kościół Trójcy Świętej w Żórawinie około 1600 roku. Wrocław 2007.

Adam von Hanniwald jedoch am Prager Hof. Auf diese Weise konnte er nicht nur Kunstsinn beweisen, sondern auch seine hohe Position am kaiserlichen Hof demonstrieren.

Während sich also einige lutherische adelige Stifter im Bereich der ikonographischen Programme auf die in den theologischen Zentren des Protestantismus wie Sachsen oder den Niederlanden entstandenen Vorbilder beriefen, war ihre ästhetische Orientierung in vielen Fällen von der Glaubensidentität unabhängig. Die Kunst Italiens galt nach wie vor als Ideal, das erstrebt wurde, weil ihre Kenntnis oder Verwendung von Formen und Techniken italienischer bzw. antiker Provenienz von der Zugehörigkeit zu einer internationalen Elite zeugte. Als Beweis kann hier die aus Italien stammende und durch norditalienische oder schweizer Fachleute verbreitete Sgraffito-Technik dienen. Ihre Popularität im 16. Jahrhundert in Österreich, den böhmischen Ländern und Schlesien vor allem im Residenzbau, und das unabhängig von der konfessionellen Zugehörigkeit der Stifter, trug zu einer gewissen visuellen Vereinheitlichung der vor kurzem politisch vereinigten Länder bei.[27]

Denn ein Kunstwerk entsteht immer im Spannungsfeld verschiedener Faktoren, unter welchen die konfessionelle Identität des Stifters oder des Künstlers stärker oder schwächer zur Sprache kommen kann. Die Qualität der künstlerischen Arbeit oder die formale und motivische Aktualität konnte dabei wirksam mit dem Faktor des Glaubens wetteifern. Welche der oben genannten Faktoren die Oberhand gewann, war von der aktuellen Lage abhängig. Die Ausstattung der Kirche in Rothsürben entstand in einer relativ entspannten Phase der Beziehungen zwischen dem evangelischen Adel Schlesiens und dem katholischen Herrscher, deren Manifestation der Majestätsbrief Rudolfs II. (1609) war. Ganz anders verhielt es sich nach der Niederschlagung der antihabsburgischen Rebellion in Böhmen und der darauf folgenden Intensivierung gegenreformatorischer Maßnahmen. Damals wurde der Rückgriff auf die in Rom, Wien oder Prag ausgearbeitete Formensprache, Inhalte und Kunstwerktypen zum eindeutigen Ausdruck der Loyalität gegenüber dem Herrscherhaus und der aktiven Teilnahme an der Rekatholisierung Schlesiens.

Als Beispiele dafür können weitere Stiftungen der Familie von Oppersdorf dienen: das 1630 in der Franziskanerkirche von Oberglogauer durch Georg II. von Oppersdorf errichtete „Heilige Haus" von Loreto oder die Mariensäule, die durch

27 MARINA DMITRIEVA-EINHORN, Rhetorik der Fassaden: Fassadendekoration in Böhmen (in: ANDREA LANGER (Hg.), Metropolen und Kulturtransfer im 15./16. Jahrhundert. Prag – Krakau – Danzig – Wien, Stuttgart 2001, 51–170, 241–253.

seinen Sohn Franz Eusebius 1677 auf dem Markt aufgestellt wurde.[28] Die Aufgabe dieser beiden Typen der Kleinarchitektur bestand einerseits darin, die durch die Tridentinische Reform geförderte Frömmigkeitsform zu verbreiten, und andererseits die wiedergewonnenen Gebiete visuell eindeutig als katholisch zu markieren. Als Gegenbeispiel auf der protestantischen Seite der konfessionellen Barrikade kann die exakte Nachahmung des Vorbilds der Katharinenkirche in Stockholm in der Gnadenkirche in Hirschberg (1709) genannt werden.[29]

Nicht nur im Bereich von Kirchenbau und -ausstattung, sondern auch auf dem Gebiet der säkularen Architektur und ihres Dekors konnte dem Glaubensbekenntnis Ausdruck verliehen werden. In Schlesien gab es schon ganz früh ein Beispiel auf der obersten gesellschaftlichen Stufe, nämlich die Bildnismedaillons des Herzogspaares Friedrich II. von Liegnitz und Sophie von Brandenburg am 1533 errichteten Portal des Liegnitzer Schlosses. Hergestellt neun Jahre nach der Einführung der Reformation in Liegnitz, zeigen sie einen beliebten Spruch des Herzogs: „Jesu vere Fili Dei, Miserere et memento mei" (Jesaja 40,8 und 1. Petrus 1,25) sowie das bekanntlich von den Lutheranern als Zeichen ihrer konfessionellen Zugehörigkeit oft demonstrativ vorgetragene Motto: „Verbum domini manet in aeternum" (Abb. 10).[30]

Das Potential der Fassade als Ort der öffentlichen Verkündigung von Glaubensüberzeugungen wurde auch am Herrenhaus Groß Pohlwitz (Pawłowice Wielkie) genutzt. Es wies nach der Beschreibung Hans Lutschs (1891) auf seinen Giebeln eine sehr interessante Sgraffito-Dekoration aus dem Jahr 1584 auf.[31] Neben den üblichen ornamentalen Motiven waren dort figurale Darstellungen

---

28 JERZY GORZELIK, Katolicka axis mundi w dobie trydenckiej konfesjonalizacji: kolumny maryjne na Górnym Śląsku do roku 1740 (in: Portret – rocznik głogówecki, 3, 2009, 117–136; JIŘÍ SLOUKA, Mariánské a morové sloupy Čech a Moravy, Prag 2010.

29 ANDREA LANGER, Die Hirschberger Gnadenkirche „Zum Kreuze Christi" im künstlerischen Spannungsfeld von nordeuropäisch geprägtem Protoklassizismus und römisch geprägtem Barock (in: JAN HARASIMOWICZ, PIOTR OSZCZANOWSKI, MARCIN WISŁOCKI (Hgg.), Po obu stronach Bałtyku. Wzajemne relacje między Skandynawią a Europą Środkowa / On the opposite sides of the Baltic Sea. Relations between Scandinavian and Central European countries, 1, Wrocław 2006, 203–215.

30 BOGUSŁAW CZECHOWICZ, Między blaskiem Chrystusa i rodowych tradycji a cieniem klątwy i politycznych porażek. Stratygrafia mecenatu artystycznego księcia Fryderyka II (in: JAN HARASIMOWICZ, ALEKSANDRA LIPIŃSKA (Hgg.), Dziedzictwo reformacji w księstwie legnicko-brzeskim / Erbe der Reformation im Herzogtum Liegnitz-Brieg, Legnica 2007, 291–304, hier 297, Abb. 34.

31 HANS LUTSCH, Verzeichnis der Kunstdenkmäler der Provinz Schlesien 3. Die Kunstdenkmaler des Reg. Bezirks Liegnitz, Breslau 1891, 273.

zu sehen: Personifikationen der vier Tugenden, Samson als Löwenbändiger, der Kampf des Hl. Georg mit dem Drachen sowie eine Szene mit einem Landsknecht, einem Ritter und einem weiteren Reiter, dessen Kopf dem jugendlichen Luther ähnlich sein soll. Unabhängig davon, ob die letzterwähnte Figur wirklich mit Luther zu identifizieren ist – was sich auf Grund einer Restaurierung aus dem Jahr 1937 und späterer Zerstörungen nicht verifizieren lässt –, besteht kein Zweifel, dass das Gesamtprogramm als Ausdruck lutherischer Frömmigkeit zu deuten ist. Denn aus dem Repertoire der Tugenddarstellungen wurden durch den damaligen Besitzer von Groß Pohlwitz, einen dem schlesischen Uradel entstammenden Georg von Eicke,[32] gerade die theologischen Tugenden Glaube, Hoffnung, Liebe gewählt. Begleitet wurden sie durch die Gerechtigkeit und nicht etwa die Tapferkeit, die zu den typischen Ritterlichen Tugenden gehört; was im Kontext des durch von Eicke bekleideten Amtes eines Hofrichters in Liegnitz naheliegt, darf auch im breiteren Sinne als Verweis auf die Attribute Gottes verstanden werden. In diesem Zusammenhang kann man Lutsch Recht geben, dass die Darstellungen von Samson und dem Hl. Georg sich hier auf den Heiland als Überwinder der Hölle und des Todes beziehen. Im Blick auf analoge Darstellungen (Luther als Hercules Germanicus auf dem Holzschnitt von Hans Holbein d. J.) könnte man hier auch eventuell eine Parallele zwischen dem Hl. Georg und dem „Helden" der Reformation –Luther als Bezwinger des Papsttums – ziehen.[33]

Für eine derartige öffentliche Präsentation von Glaubensüberzeugungen auf der Fassade eines Adelssitzes lassen sich auch auf katholischer Seite, wenngleich später, Beispiele nennen, und zwar wieder in der Stiftertätigkeit der Oppersdorf. Das Torportal des Vorschlosses von Oberglogau (Abb. 11) bekam in den 40er Jahren des 17. Jahrhunderts eine einzigartige bildhauerische Dekoration. Neben den üblichen heraldischen Motiven – den Wappen des Grafen Georg III. und seiner beiden Ehefrauen – wurden dort Figuren der Stadtpatronin St. Kandida – deren durch Georg III. in Rom erworbene Reliquie sich in der Schlosskapelle befand – sowie des Hl. Karl Borromäus, Johannes' des Täufers und Johannes' des Evangelisten, der Patrone von drei Schlosskapellen, aufgestellt. Bekrönt wurde das Portal durch das Bild der höchsten Patronin des Imperiums – die Madonna mit dem Kind als Immaculata. Sowohl das Programm des Portals als auch die Anzahl der sich ursprünglich im Schloss befindenden Kapellen dürfen als Ausdruck des Stre-

---

32 SINAPIUS (s. Anm. 14), Bd. 2, 608.

33 Ikonographie Luthers. in: VOLKER LEPPIN, GURY SCHNEIDER-LUDORFF, (Hgg.), Das Luther-Lexikon, Regensburg 2014, 309–313, hier 310.

bens nach Sakralisierung des weltlichen Bauwerks gedeutet werden, wie es Jerzy Gorzelik bezeichnet hat.[34]

Die Stiftertätigkeit der Adeligen auf dem Gebiet der sepulkralen Kunst wird seit einigen Jahrzehnten durch Jan Harasimowicz systematisch erforscht.[35] Damit ist der Teilaspekt der adeligen Gedächtniskultur mit seinen vielen vorhandenen Zeugnissen und Erscheinungsformen verhältnismäßig gut erforscht und dokumentiert. Aufgrund dessen lässt sich feststellen, dass „die erste Generation der adligen Anhänger der Reformation ihren figürlichen Grabdenkmälern noch keine deutlichen Religionsmerkmale verlieh."[36] Offensichtlich wird das besonders durch den Vergleich des oben besprochenen Glaubensbekenntnisbildes von Wolf von Busewoy mit seinem Grabdenkmal in der Pfarrkirche St. Peter und Paul in Haynau (Chojnów) (Abb. 12).[37] Ausschließlich an der Standesrepräsentation orientiert, nimmt es die traditionelle, im Spätmittelalter wurzelnde Gedenkform einer Grabplatte mit stehender – bei Männern jeweils in einer Rüstung dargestellter – Figur auf, die bis in die erste Hälfte des 17. Jh. in Schlesien durch den Adel verwendet wurde (vgl. Abb. 3). Aktualisiert wurde der Typus lediglich durch die modischen Renaissanceformen der architektonischen und ornamentalen Umrahmung.

Während der schlesische Uradel meistens auf traditionellen Formen der Verewigung beharrte, zeigten die neuen Mitglieder des Standes eine größere Offenheit für Innovationen auf diesem Gebiet. Der geadelte Breslauer Patrizier Heinrich von Rybisch errichtete sich in der St. Elisabethkirche ein prächtiges Wandgrabmal mit halbliegender Figur (Abb. 13), das direkt an das Monument des Breslauer Bischofs Jan Thurzo anknüpfte, welches seinerseits das Vorbild des bischöflichen und nicht weniger des königlichen Grabmals von Sigismund I. in Krakau aufnahm.[38] Eine solche Usurpation wurde selbstverständlich stark kritisiert; trotz seiner einflussreichen politischen Position und weiterer aufwändiger Kunststiftungen wurde Rybisch nie als gleichberechtigtes Mitglied des Adelstandes akzeptiert. Der Fall

---

34 JERZY GORZELIK, Zwischen *demonstratio catholica* und Selbstdarstellung. Künstlerische Stiftungen des katholischen Adels in Oberschlesien im Zeitalter der Konfessionalisierung (in: HARASIMOWICZ, WEBER (s. Anm. 1)), 101–114.

35 HARASIMOWICZ (s. Anm. 10); JAN HARASIMOWICZ, Kunst als Glaubensbekenntnis. Beiträge zur Kunst- und Kulturgeschichte der Reformationszeit. Baden-Baden 1996, 97–126; JAN HARASIMOWICZ, Schwärmergeist und Freiheitsdenken (in: MATTHISA NOLLER, MAGDALENA PORADZISZ-CINCIO (Hgg.) Beiträge zur Kunst- und Kulturgeschichte Schlesiens in der Frühen Neuzeit, Köln-Weimar-Wien 2010), 159–231.

36 HARASIMOWICZ, Der schlesische Adel im Sterben (s. Anm. 3), 62.

37 Ebd., 62–63.

38 Vgl. HARASIMOWICZ, Schwärmergeist (s. Anm. 35), 187.

Rybisch zeigt jedoch, vor welche Herausforderungen der Adel in der Konfrontation sowohl mit den Aufsteigern ala auch mit anderen Ständen gestellt wurde.

Als Auswirkung der bürgerlichen Kultur lässt sich die Aneignung der Form des Bildepitaphs durch den Adel im späteren 16. Jahrhundert interpretieren. Um biblische Szenen – am häufigsten *Kreuzigung* und *Auferstehung* – erweitert und oft die Verewigten als Kniende darstellend – z.B. das Epitaph von Balthasar von Stoch und seiner Familie in der Pfarrkirche in Groß Tschirnau (Czernina) (Abb. 14) –,[39] drückten diese Epitaphien das Glaubensbekenntnis stärker aus als die traditionellen Grabplatten mit stehender Figur, die nicht selten daneben aufgestellt wurden.

Nach dem Dreißigjährigen Krieg verloren Bildepitaphien an Popularität zugunsten von Monumenten mit Inschriften und Porträts der Verstorbenen, die manchmal um emblematische Darstellungen erweitert waren.[40] Der traditionelle Typus der in der Rüstung wiedergegebenen Stehfigur blieb jedoch – leicht aktualisiert – in den Offiziersgrabmälern fortbestehen.[41] Zugleich entwickelte sich eine neue Gattung des Grabmals des Militäradels, das als bildlicher Ausdruck des Selbstbewusstseins eines neuen Offizierstandes zu betrachten ist (Abb. 16). Wie die Forschungen von Antje Kempe gezeigt haben, knüpften die schlesischen heroischen Epitaphien – unabhängig vom Dienstverhältnis zum Kaiser und ungeachtet der Konfession der Auftraggeber – auf der ikonographischen und stilistischen Ebene an die Mustermonumente der Admiralität der calvinistischen Republik der Niederlande an.[42] Damit wird erneut nachgewiesen, dass die konfessionelle Identität nicht immer, und im Fall der Grabdenkmäler noch seltener, der entscheidende Faktor bei der Wahl der künstlerischen Form der Selbstdarstellung war. Dabei versteht sich von selbst, dass die hier kurz besprochenen Grabdenkmäler des schlesischen Adels als Teil der gesamten Trauerkultur verstanden werden müssen, die erst im Kontext anderer Übermittlungsformen wie des Bestattungszeremoniells oder der Flugblät-

39 ALEKSANDRA BEK, Rzeźba kamienna lat 1560–1650 w środowisku artystycznym Legnicy. Diss. Universität Wrocław 2004, 320; HARASIMOWICZ, Schwärmergeist (s. Anm. 35), 273.

40 MACIEJ KULISZ, Zu Grabdenkmälern und Grabinschriften des protestantischen Adels im Niederschlesien des 17. und 18. Jahrhunderts am Beispiel des Fürstentums Liegnitz (in: HARASIMOWICZ ,WEBER (s. Anm. 1), 115–131; HARASIMOWICZ, Der schlesische Adel im Sterben (s. Anm. 3), 65.

41 ANTJE KEMPE, Von heldenmütiger Tapferkeit. Die Repräsentation des adeligen Offiziersstandes in der schlesischen Sepulkralkunst des Barocks (1648-1742) (in: HARASIMOWICZ ,WEBER (s. Anm. 1), 77–99.

42 Vgl. FRITS SCHOLTEN, Sumptuous memories. Studies in seventeenth-century Dutch tomb sculpture. Zwolle 2003.

ter vollständig auszudeuten sind. Eine ausführliche Vorstellung dieses Aspekts würde jedoch den Rahmen des Beitrags sprengen.[43]

Der schlesische Adel befand sich in der frühen Neuzeit im Spannungsfeld zwischen der Loyalität gegenüber dem Landesherrn und der Bewahrung der schlesischen Autonomie, zwischen eigenen konfessionellen Überzeugungen und den politischen und gesellschaftlichen Verpflichtungen, zwischen Anforderungen des eigenen Standes und den Ansprüchen anderer gesellschaftlicher Schichten. In diesem Spannungsfeld entstanden unzählige Zeugnisse reicher geistlicher und materialer Kultur, die damals der Selbstbehauptung des Standes dienten, die aber bis heute eine wichtige Komponente des gemeinsamen deutsch-tschechisch-polnischen Kulturerbes ausmachen und entsprechend in internationalen Forschungsteams untersucht werden. Trotz vieler wertvoller Projekte lassen sich nach wie vor Forschungslücken feststellen, die nur ein grenzübergreifendes Engagement für die Erhaltung der bedrohten Kunstdenkmäler schliessen kann. Deswegen kann ich nur die Hoffnung ausdrücken, dass der schlesische Adel und sein kulturelles Erbe weiterhin Konjunktur haben wird.

43 Harasimowicz, Schwärmergeist (s. Anm. 35), 159–213; Harasimowicz, Der schlesische Adel im Sterben (s. Anm. 3), 58–61.204–221.

1. Sgraffito-Dekoration in Hl. Hedwig Kirche in Greiffenberg (Gryfów), 1551. Foto: Aleksandra Lipińska

2. Sgraffito-Dekoration in Hl. Hedwig Kirche in Greiffenberg (Gryfów), 1551. Foto: Aleksandra Lipińska

3. Grabplatten der Familien von Schindel und von Stössel, Peter-und-Paul Kirche in Ober Gläserdorf (Szklary Górne). Foto: Aleksandra Bek-Koreń.

4. Triptychon in der Pfarrkirche Gross Bresa (Brzezina). Foto nach Kołaczkiewicz, Elżbieta (Hg.): Katalog zabytków sztuki w Polsce (wie Anm. 16).

5. Das Taufbecken der Friedenskirche in Schweidnitz (Świdnica). Foto: Aleksandra Lipińska.

6. Porträt und Glaubensbekenntnis von Wolff von Bussewoy, 1550, Pfarrkirche in Bärsdorf-Trach (Niedźwiedzice). Foto: Dariusz Berdys nach Bauer / Harasimowicz / Niedzielenko / Richthofen (Hg.): Adel (wie Anm. 2).

7. „Allegorie der Reformatorischen Kirche", Pfarrkirche in Neukirch bei Schönau (Nowy Kościół koło Świeżawy). Foto: Dariusz Berdys nach Bauer / Harasimowicz / Niedzielenko / Richthofen (Hg.): Adel (wie Anm. 2).

8. Memorialbild von Georg III. von Oppersdorf und seiner Familie,1632, Oberglogau (Głogówek). Foto: Dariusz Berdys nach Bauer / Harasimowicz / Niedzielenko / Richthofen (Hg.): Adel (wie Anm. 2).

9. Trinitätskirche in Rothsürben (Żórawina), 1606-1607. Foto nach: Wiesenhütter, Alfred: Der evangelische Kirchenbau Schlesiens von der Reformation bis zum Gegenwart. Breslau1926.

10. Bildnismedaillons des Herzogspaares Friedrich II. von Liegnitz und Sophie von Brandenburg, Portal des Liegnitzer Schlosses, 1533. Foto Dariusz Berdys.

11. Torportal des Vorschlosses in Oberglogau (Głogówek). Foto: Aleksander Desvoges-Cuber.

12. Grabdenkmal von Wolf von Busewoy, 1551, Pfarrkirche St. Peter und Paul in Haynau (Chojnów). Foto: Dariusz Berdys nach Bauer / Harasimowicz / Niedzielenko / Richthofen (Hg.): Adel (wie Anm. 2).

13. Grabmal von Hans Rybisch, 1537-39, Elisabethkirche in Breslau (Wrocław). Foto: Robert Niedźwiedzki.

14. Epitaph von Balthasar von Stoch und seiner Familie in der Pfarrkirche in Groß Tschirnau (Czernina). Foto: Aleksandra Bek-Koreń.

Fundacje artystyczne śląskiej szlachty jako wyraz wyznania wiary (1526–1740)

Aleksandra Lipińska

Matthias Weber rozpoczął wstęp do wydanego w 2010 roku tomu „Szlachta na Śląsku. Władza - kultura – wizerunek własny" następującymi słowami: „Szlachta ma koniunkturę". Miał on na myśli falę badań nad historią i kulturą tej grupy społecznej, która w ostatniej dekadzie przyniosła wiele nowych ustaleń.[1] To ogólne stwierdzenie można odnieść również do badań nad działalnością szlachty śląskiej jako fundatorów dzieł sztuki. W ramach dwóch ważnych polsko-niemieckich inicjatyw naukowych: projektu badawczego i wieloczęściowej wystawy, obu zatytułowanych „Szlachta na Śląsku", działalność fundatorska śląskiej szlachty została przedstawiona w szerokim kontekście historycznym i kulturowym.[2] Wiele uwagi poświęcono w publikacjach towarzyszących obu tym projektom także

1 Weber, Matthias: „Adel in Schlesien" – Ein Europäisches Thema. Zur Konzeption des vorliegenden Bandes. W: Harasimowicz, Jan / Weber, Matthias (Hg.): Adel in Schlesien. Bd. 1: Herrschaft – Kultur – Selbstdarstellung. München 2010 = Schriften des Bundesinstituts für Kultur und Geschichte der Deutschen im östlichen Europa, Bd. 36, s.11–32.

2 Wiecej na temat polsko-niemieckiego projektu badawczego „Szlachta na Śląku" przy Bundesinstitut für Kultur und Geschichte der Deutschen im östlichen Europa w Oldenburgu, zob.: http://www.bkge.de/Projekte/Adel-in-Schlesien/ [11.10.20115]. Plonem projektu są cztery tomy w serii „Adel in Schlesien": Bd. 1: Herrschaft – Kultur – Selbstdarstellung (jak przyp. 1); Bahlcke, Joachim / Mrozowicz, Wojciech (Hg.): Bd. 2: *Repertorium. Forschungsperspektiven – Quellenkunde – Bibliographie.* München 2010 = Schriften des Bundesinstituts für Kultur und Geschichte der Deutschen im östlichen Europa, Band 37; Schmitz, Walter / Stüben, Jens / Weber, Matthias (Hg.): Bd. 3: Adel in Schlesien und Mitteleuropa. Literatur und Kultur von der Frühen Neuzeit bis zur Gegenwart. München 2013 = Schriften des Bundesinstituts für Kultur und Geschichte der Deutschen im östlichen Europa Band 48); w przygotowaniu znajduje się tom 4: Simon Donig: *Adel ohne Land – Land ohne Adel? Eine Zeitgeschichte des schlesischen Adels nach 1945.* München 2015.
Wystawa „Szlachta na Śląsku" zorganizowana w roku 2014 we współpracy Muzeum Miedzi w Legnicy z Muzeum Śląskim w Görlitz i Muzeum Uniwersytetu Wrocławskiego we Wrocławiu miała cztery tematyczne części rozlokowane w trzech miejscach: Rycerze wolności - Strażnicy praw (Legnica); Trwanie pośród przemian. Szlachta Śląska i Górnych Łużyc od XVIII wieku (Görlitz); Opiekunka Kotliny Jeleniogórskiej. Działalność hrabiny Friederike von (Wrocław). Por. odpowiednio katalogi: Bauer, Markus / Harasimowicz, Jan / Niedzielenko, Andrzej / Richthofen, Jasper v. (Hg.): Szlachta na Śląsku. Średniowiecze i czasy nowożytne. Dresden 2014; Szlachta na Śląsku i Górnych Łużycach. Średniowiecze, Nowożytność, Współczesność. Dresden 2014.

wpływowi reformacji i kontrreformacji na status szlachty oraz odzwierciedleniu tegoż statusu w sztuce.[3] Ponadto naszą wiedzę z tego zakresu wzbogacają inne prace poświęcone np. poszczególnym rodzinom szlacheckim.[4] Dlatego będę się w niniejszym artykule wielokrotnie powoływać na wyniki badań innych badaczy – w pierwszym rzędzie Jana Harasimowicza – aby uhonorować ich wkład w rozpoznanie tego problemu badawczego oraz zapewnić czytelnikowi wgląd w aktualne badania.

Niniejsze rozważania koncentrują się na tych obszarach działalności fundatorskiej szlachty, w których jej tożsamość wyznaniowa szczególnie dochodziła do głosu: budownictwie kościelnym i wyposażeniu kościołów, ze szczególnym uwzględnieniem sztuki sepulkralnej, oraz architekturze rezydencjonalnej. Przegląd ten nie rości sobie pretensji do kompletności. Wybrane przykłady mają raczej pokazać, w jaki sposób sztuka jej specyficznymi środkami unaoczniała tożsamość wyznaniową szlachty. Okres będący przedmiotem zainteresowania to lata od 1526 do 1740, czyli – jak wiadomo – epoka habsburskiego panowania nad Śląskiem.[5] Szlachta była wówczas przez te ponad dwa stulecia konfrontowana z różnymi wyzwaniami. Po pierwsze podlegała powszechnym procesom, manifestującym się nie tylko na Śląsku, jak na przykład zmiany w strukturze własności ziemskiej i prowadzeniu wojen, czy też wzrost znaczenia mieszczaństwa, które - zachodząc w XV i XVI wieku - doprowadziły do konieczności przedefiniowania społecznej roli

3 Zob. artykuły Jana Harasimowicza (Die Repräsentation des Adels in der schlesischen Kunst des Spätmittelalters und der Frühen Neuzeit), Jerzego Gorzelika (Zwischen *demonstratio catholica* und Selbstdarstellung. Künstlerische Stiftungen des katholischen Adels in Oberschlesien im Zeitalter der Konfessionalisierung) i Macieja Kulisza (Zu Grabdenkmälern und Grabinschriften des protestantischen Adels im Niederschlesien des 17. und 18. Jahrhunderts am Beispiel des Fürstentums Liegnitz) w: Adel in Schlesien. Bd. 1: Herrschaft – Kultur – Selbstdarstellung (jak przyp. 1), s. 36–52, 101–114, 115–134; Zob. również artykuł Jana Harasimowicza (Szlachta śląska w obliczu śmierci. Zgon, pochówek, upamiętnienie) jak również rozdział katalogu (Świadectwo wiary, chwała rodu, sława imienia), w: Szlachta na Śląsku. Średniowiecze i czasy nowożytne (jak przyp. 2), s. 56–67, 202–243.

4 Zob. na przykład studia poświęcone rodzinie von Oppersdorfów i von Schaffgotschów: Oszczanowski, Piotr (red.): W blasku Luksemburgów, Habsburgów i Wazów. Studia nad mecenatem artystycznym panów na Głogówku w XIV–XVIII wieku. Głogówek-Wrocław 2008; Bahlcke, Joachim / Schmilewski, Ulrich / Wünsch, Thomas (Hg.): Das Haus Schaffgotsch. Konfession, Politik und Gedächtnis eines schlesischen Adelsgeschlechts vom Mittelalter bis zur Moderne. Würzburg/Freiburg i. Br. 2010.

5 Por. Conrads, Norbert: Schlesien (Deutsche Geschichte im Osten Europas). Berlin 1994, s. 258–345; Petry, Ludwig (Hg.): Geschichte Schlesiens. Bd. 2: Die Habsburger Zeit, 1526–1740. Stuttgart 2000.

szlachty.[6] W wyniku transformacji rycerstwa w ziemiaństwo oraz w konfrontacji z nowym ideałem szlachcica jako wykształconego obywatela świata musiały powstać nowe modele zachowań i ról społecznych, dla których sztuka stanowiła ważną przestrzeń prezentacji. Okazywała się ona ponadto skutecznym narzędziem integracji tej grupy społecznej lub odgradzania się od „obcych". Stara szachta konfrontowana była np. z nowymi członkami stanu, lojalnymi poddanymi Habsburgów przybyłymi z innych obszarów Rzeszy lub z patrycjatem, który sięgał po formy reprezentacji zarezerwowane dotąd dla szlachty. Dlatego w rozważaniach tych zostaną uwzględnieni także nowi członkowie stanu, gdyż właśnie ich strategie pozwalają na interesujące wnioski odnośnie do pojmowania statusu szlachty. Mecenat śląskich książąt z dynastii Piastów nie zostanie natomiast uwzględniony (chyba, że jako punkt odniesienia dla ich szlacheckich poddanych). Ich szczególna pozycja sprawiała bowiem, że nie uważali się za szlachtę.

Drugie wyzwanie pojawiło się po włączeniu Śląska do państwa Habsburgów. Wymagało ono bowiem od szlachty jako grupy aktywnej politycznie jasnego określenia swych pozycji wobec władcy. Sztuki jako narzędzia zamanifestowania swoich poglądów używali przy tym zarówno ci przedstawiciele stanu, którzy opierali się habsburskim dążeniom do centralizacji władzy, jak i ci, którzy okazywali lojalność. W okresie zwycięskiej reformacji, a potem narzuconej kontrreformacji kwestię zasadniczą stanowił stosunek szlachty śląskiej do władzy zwierzchniej w kontekście jej tożsamości religijnej. Dlatego też zostanie tu pokazane jak tożsamość konfesyjna szlachty, zarówno luterańskiego, kalwińskiego, jak katolickiego wyznania, manifestowała się w jej fundacjach z obszaru sztuki kościelnej, ale także świeckiej, a więc z pozoru neutralnej. Należy ponadto postawić pytanie, czy fundacje, które zostaną tu opisane, wyrażały w przeważającym stopniu tożsamość wyznaniową, czy też odzwierciedlały raczej dążenia do samoprezentacji stanowej i obrazowania „apoteozy" rodu. A może te dwa aspekty przenikały się nawzajem? W związku z tym na przykładzie sztuk plastycznych zostanie sprawdzona teza Matthiasa Webera: „Sukces protestantyzmu spowodował w życiu duchowym i edukacji śląskiej szlachty orientację na północno-zachodnie, protestanckie obszary Świętego Cesarstwa Rzymskiego, górnoniemiecki luteranizm oraz niderlandzki kalwinizm ".[7]

Rozpad dotychczasowych struktur kościelnych w wyniku reformacji przyczynił się do wzrostu znaczenia szlacheckiego patronatu, co odzwierciedliło się również

---

6 Por. Balcke, Joachim: „Der Glanz des schlesischen Adels". Die adeligen Eliten Schlesiens vom Mittelalter bis zum Ende der habsburgischen Herrschaft, w: Szlachta na Śląsku. Średniowiecze i czasy nowożytne (jak przyp.), s. 18–29.

7 Weber, Adel 2010 (jak przyp. 1), s. 22.

w budowlach kościołów i ich wyposażeniu. Podczas gdy w pierwszej fazie reformacji, jak wiadomo, rzadko wznoszono nowe świątynie, otwarcie nowego rozdziału historii gminy chrześcijańskiej podkreślano często odnowieniem kościoła lub ufundowaniem nowego wyposażenia. I tak wiele kościołów na Śląsku otrzymało w tym czasie przykładowo modną dekorację sgraffitową, jak kościół w Gałowie (Gohlau) w dobrach rodziny von Seydlitz.[8] Dekoracja tego typu mogła, jak w Gałowie, mieć charakter czysto ornamentalny lub mogła przedstawiać złożony wyznaniowy program ikonograficzny, jak w kościele św. Jadwigi w Gryfowie (Greiffenberg). Ten rzadki przykład zastosowania techniki sgraffita we wnętrzu jako dekoracji sklepienia kolebkowego powstał w roku 1551 z inicjatywy Hansa von Schaffgotscha na Chojniku (Kynast) i Gryfie (Greiffenstein), burmistrza Gryfowa i rady parafialnej (il. 1). W gąszczu wici roślinnej i modnego ornamentu renesansowego prezentuje się oczom wiernych złożony program słowno-obrazowy łączący sceny biblijne (Sąd Ostateczny, Ukrzyżowanie, Apostołowie, muzykujące anioły) (il. 2) z inskrypcjami. Jak ustalił Harasimowicz, tworzą one teologiczno-moralną rozprawę inspirowaną naukami Philippa Melanchtona.[9] W polu środkowym sklepienia znajduje się herb fundatora, wyróżniający się wielobarwnością na tle czarno-białego sgraffita. Choć ta heraldyczna demonstracja miała niewątpliwie cel reprezentacyjny, należy również podkreślić za Harasimowiczem jej konkretny historyczno-wyznaniowy wymiar. Dekoracja sklepienia w Gryfowie prezentuje bowiem Schaffgotscha jako zwolennika „czystej ewangelii", nowego apostoła, który wskazuje swym poddanym drogę do zbawienia.

W przypadku małych kościołów wiejskich zmiany w liturgii w wyniku reformacji rzadko prowadziły do daleko idących zmian we wnętrzu, jak to można było zaobserwować w dużych miejskich kościołach parafialnych. Wyraźnie zarysowała się jednak tendencja do anektowania przez patronów tej części wnętrza, która była wcześniej zarezerwowana dla duchowieństwa i czynności liturgicznych, a mianowicie prezbiterium. Już w średniowieczu znajdowały się tam pochówki i nagrobki szlachty, jednak od reformacji przywilej ten był przez szlacheckich patronów częściej egzekwowany, co doprowadziło do przekształcenia wielu prezbiteriów w mauzolea rodzinne.[10] Jako przykład takich zmian można podać kościół ŚŚ. Piotra i Pawła w

8 Kołaczkiewicz, Elżbieta (Hg.): Katalog zabytków sztuki w Polsce. Seria nowa, T. IV, z. 5: Województwo Wrocławskie (Dolnośląskie, Powiat Środa Śląska. Warszawa 2014, s. 67.

9 Harasimowicz, Jan: Reußendorf – Greiffenberg – Altkemnitz. Drei evangelische Pfarrkirchen der Familie Schaffgotsch im schlesischen Gebirgsland. W: Bahlcke / Schmilewski /Wunsch: Das Haus Schaffgotsch (jak przyp. 4), s. 267–290 (tam wcześniejsza literatura), tu s. 275–276.

10 Por. Harasimowicz, Jan: Mors janua vitae. Śląskie epitafia i nagrobki wieku reformacji. Wrocław 1992, s. 35.

Szklarach Górnych (Ober Gläserdorf) koło Lubina (Lüben), gdzie szesnaście płyt nagrobnych trzech generacji spokrewnionych rodzin von Schindel i von Stössel do dziś dominuje we wnętrzu (il. 3).[11] Naturalnej wielkości pełnoplastyczne figury szlachcianek, szlachciców i ich dzieci, „zjednoczone" ramą architektoniczną, swą obecnością we wnętrzu kościoła, są dla następnych pokoleń ucieleśnieniem cnót chrześcijańskich, które w górnej części nagrobka przedstawione zostały jako personifikacje. Chrystologiczny program w zwieńczeniu – Modlitwa Chrystusa na Górze Oliwnej, Ukrzyżowanie, Zmartwychwstanie i Wniebowstąpienie – stanowi jednoznaczną deklarację chrześcijan *de cruce*. Jednocześnie mauzoleum w Szklarach Górnych pokazuje, jak daleko sięgał horyzont kulturalny śląskiej szlachty. Koncepcja tych nagrobków ma być bowiem wzorowana na nagrobkach hrabiów wirtemberskich w kolegiacie w Stuttgarcie.[12]

Ponadto w prezbiterium, często nad zakrystią albo naprzeciw ambony jako nowego liturgicznego centrum kościołów luterańskich, zakładano loże kolatorskie, które mimo duchowego równouprawnienia wszystkich wierzących odzwierciedlały nadal istniejącą hierarchię społeczną, czego przykładem może być Loża Hochbergów (1698) w kościele pokoju w Świdnicy (Schweidnitz).[13] Późniejszym przykładem jest loża kolatorska rodziny von Heugel w kościele parafialnym w Dobrej (Döberle) pod Oleśnicą (Oels), która ufundowana została w 1722 r. przez Gustava Adolfa von Heugel, książęcego radcę wirtembersko-oleśnickiego.[14] Tutaj szacowne pochodzenie rodziny zostało zaprezentowane za pomocą bogatego programu heraldycznego.

W przejętych przez luteranów kościołach śląskich średniowieczne ołtarze i naczynia liturgiczne pozostawały zazwyczaj na danym miejscu. Wynikało to początkowo z neutralnego stosunku luteranizmu do obrazów jako „rzeczy obojętnych"(Adiaphora), które następnie – w wyniku konfrontacji z kalwińską wrogością wobec obrazów – otrzymały nawet pozytywną konotację.[15] Ponadto przedreformacyjne elementy wyposażenia były po zmianie wyznania często zatrzymywane z powodu przywiązania do dzieł ufundowanych przez przodków. Przykładu dostar-

11 Harasimowicz, Jan: Szlachta śląska w obliczu śmierci. W: Bauer / Harasimowicz / Niedzielenko / Richthofen (Hg.): Adel (jak przyp. 2), s. 56-67, tu s. 63, il. 8.

12 Harasimowicz: Mors janua vitae (jak przyp. 10), s. 64-65.

13 Seidel, Agnieszka: Słowno-obrazowa dekoracja empor i lóż w kościele Pokoju w Świdnicy. Praca Magisterska, Uniwersytet Wrocławski, Wrocław 1995.

14 Sinapius, Johannes: Des schlesischen Adels anderer Theil oder Fortsetzung schlesischer Curiositäten [...], Leipzig und Breslau 1728. Bd. 2, s. 687.

15 Por. Hofmann, Werner: Luther und die Folgen für die Kunst. Ausstellungskatalog: Hamburger Kunsthalle, 11. November 1983 - 8. Januar 1984. München 1983.

cza tryptyk w kościele parafialnym w Brzezinie (Gross Bresa), w którego polu środkowym ukazana została Madonna z dzieciątkiem, św. Katarzyna i nieznany święty biskup (il. 4). Został on ufundowany w roku 1480 przez ówczesnych patronów kościoła, rodzinę von Domping, o czym świadczy umieszczony centralnie herb. Następcy von Dompingów, luterańska rodzina von Haunold, pozostawili go w kościele i w 1596 roku poddany został restauracji, gdyż był świadectwem ciągłości.[16] Dbałość o dawne wyposażenie kościoła zyskała dodatkowo silną wymowę w świetle programu empory ufundowanej przez von Haunoldów w 1620 roku. Jej bogaty program obrazowy i inskrypcja fundacyjna (SVB OMNIPOTENTISS[IMI]. IEHOVAEH TVTELA / NOBILISSIMORVM AB HAVNOLD COLLATVRA / HENRICI SCANSORI MÜLBERGA MISNICI / HIC ANIMARVM PASTORIS CVRA / ARTIFICI JOANNIS BENDELI OPERA IN DEI GLORIAM / HAEC TEMPLI FACIES PICTA / CONTRA CALVINIANORVM / IDOLOMACHIAM APPARERE COEPIT / ANNO SALVTIS MDCXX / HENRI[CVS] SCANSORIVS ECCLE / SIASTES F[IERI] C[VRAVIT]) zostały sformułowane przez pastora Heinricha Scansoriusa i są świadectwem zdystansowania się od kalwińskiej wrogości wobec obrazów.[17]

Fundowanie wyposażenia kościelnego, najczęściej ambon i chrzcielnic, a dopiero w następnej kolejności retabulów ołtarzowych, stwarzało szlacheckim patronom możliwość zamanifestowania swego wyznania, przy czym element reprezentacji właściwej stanowi miał nadal istotne znaczenie. Podczas gdy na czaszy chrzcielnicy w kościele parafialnym w Miłoradzicach (Mühlraditz) (1696) przedstawiono typowy luterański program obrazowy (Arka Noego, Przejście Żydów przez Morze Czerwone, Obrzezanie i chrzest Chrystusa), jej fundatorzy Ferdinand von Kanitz i Margaretha z domu von Abschatz zostali upamiętnieni inskrypcją na pokrywie.[18] Budująca funkcja przedstawień we wnętrzu kościelnym mogła w niektórych przypadkach zejść na drugi plan. Czaszę chrzcielnicy w Kościele Pokoju w Świdnicy (il. 5) pokrywają jedynie herby fundatorów, rodzin szla-

16 Kołaczkiewicz, Elżbieta (Hg.): Katalog zabytków sztuki w Polsce. Seria nowa, T. IV, z. 5: Województwo Wrocławskie (Dolnośląskie, Powiat Środa Śląska. Warszawa 2014, s. 16, il. 739). Por. analogiczny przypadek poliptyku Św. Anny w kościele parafialnym w Raszowie (Reussendorf), ufundowanego ok. 1520 przez rodzinę Schaffgotsch z linii na zamku Grodztwo pod Kamienną Górą. Retabulum pozostało po reformaci w kościele jako symbol szlacheckiego etosu trwałości reprezentacji, który wyraża się również, zob.: Bauer / Harasimowicz / Niedzielenko / Richthofen (Hg.): Adel (jak przyp. 2), Kat.- Nr. C 59.

17 Harasimowicz, Jan: Treści i funkcje ideowe sztuki śląskiej reformacji (1520-1620). Wrocław 1986, s.142-142

18 Bauer / Harasimowicz / Niedzielenko / Richthofen (Hg.): Adel (jak przyp. 2), Kat.- Nr. C 61.

checkich von Nostitz, Berger, Czettritz, Sommerfeid, Rotkirch i Ratschin.[19] W ten sposób zamanifestowana została nie tylko ich duma z fundacji, ale i ich związek z dysydencką świątynią.

Stosunkowo rzadko pojawiają się w obrębie mecenatu szlacheckiego fundacje, w których wyznanie wiary zdecydowanie wysuwa się na plan pierwszy w stosunku do potrzeby reprezentacji, tak jak ma to miejsce na dwóch obrazach zaprezentowanych w ramach wystawy „Szlachta na Śląsku" w Legnicy. Pierwszy z nich to powstały w 1550 roku portret Wolfa von Busewoya (1509-1563), potomka starej szlacheckiej rodziny i współpracownika księcia Fryderyka II. Legnickiego.[20] Ukazany on został w popiersiu, według schematu renesansowego portretu uczonego. Jego lewa ręka spoczywa na czaszce, podczas gdy prawą wskazuje na zmartwychwstałego Chrystusa, przedstawionego w lewym górnym rogu jako zwycięzca nad śmiercią (il. 6). Gesty te, podobnie jak wymowa inskrypcji („Ich byn ein mensch von gott geschaffen von der / erden undt soll wyder zu erden werden und werde / wyder auffersthen von der erden in Jhesu Christo / und werde yn meinem fleysche gott meinen / herrenn sehenn undt werde durch ynn haben / das ewige leben das glaube ich Wolff von Buswoy"; „Allee dings ein weile / aber gotts gnadt ist ewig / Wolff von Buswoy") można interpretować jako wyraz pewności zbawienia.[21] Dzięki przedstawieniu portretowemu, inskrypcji i herbowi, które jednoznacznie identyfikują Wolfa von Busewoya, obraz ten pełni jednocześnie funkcję upamiętniającą.

Drugi przykład to „Alegoria zreformowanego kościoła" z kościoła parafialnego z Nowego Kościoła koło Świerzawy (Neukirch bei Schönau), który pierwotnie służył jako obraz ołtarzowy (il. 7).[22] Po tym jak kościół w 1654 roku został odebrany gminie luterańskiej, został on jednak z ołtarza usunięty. Na pierwszym planie widzimy tam scenę kazania Marcina Lutra. Wśród słuchaczy znajduje się fundator obrazu Georg von Zedlitz, pionier reformacji wśród śląskiej szlachty, ukazany w towarzystwie współwyznawców różnych stanów. Von Zedlitz przedstawiony został

19 Oszczanowski, Piotr (red.): Wiara jak serce ze spiżu. Skarby kościoła Pokoju w Świdnicy. Świdnica 2012, s. 14.

20 Ehrhardt, Siegismund Justus: Presbyterologie des Evangelischen Schlesiens. Band 4: Evangelische Kirchen- und Predigergeschichte der Stadt und des Fürstenthums Liegnitz. Liegnitz 1789, s. 585.

21 Pfarrkirche St. Anton von Padua in Bärdorf-Trach bei Heynau (Niedźwiedzice koło Chojnowa), siehe: Bauer / Harasimowicz / Niedzielenko / Richthofen (Hg.): Adel (jak przyp. 2), Kat.- Nr. A 81 (tam wcześniejsza literatura).

22 Bauer / Harasimowicz / Niedzielenko / Richthofen (Hg.): Adel (jak przyp. 2), Kat.- Nr. A 79 (tam wcześniejsza literatura).

w obrazie ponownie podczas spowiedzi, którą przyjmuje od niego Philipp Melanchton. Na drugim planie w górnej części obrazu otwiera się krajobraz, w którym ukazane zostały wybrane elementy przedstawienia Tablicy Prawa i Łaski: alegoryczne Ukrzyżowanie i Zmartwychwstanie Chrystusa. Przedstawienie obrazowe zostało skomentowane wieloma łacińskimi inskrypcjami, co wobec podstawowego znaczenia, jakie dla reformacji miał język ojczysty jako środek rozpowszechnienia ewangelii, może być interpretowane jako pewnego rodzaju elitaryzm. Generalnie obraz z Nowego Kościoła stanowi przykład samodzielnego posługiwania się popularnymi typami przedstawień, co świadczy o szerokich intelektualnych i duchowych horyzontach Georga von Zedlitz.

Jako przykład ilustrujący sytuację w przeciwnym obozie katolickim przywołać można obrazy memorialne rodziny von Oppersdorf.[23] Pierwotnie było ich siedem, z czego do dziś zachowały się trzy. Początkowo znajdowały się one we wnętrzach zamku w Głogówku (Oberglogau) i dopiero w XIX wieku zostały przeniesione do kaplicy Oppersdorfów w kościele parafialnym Św. Bartłomieja. Dwa spośród tych monumentalnych malowideł przedstawiają Georga III. von Oppersdorfa z jego dziećmi i żonami: Polyxeną z domu Promnitz (1632) i Esther Barbarą z domu von Meggau. Trzeci obraz (ok. 1691) ukazuje jego syna Franza Eusebiusa z małżonką Anną Susanną von Beess i ich potomstwem (il. 8). Oppersdorfowie klęczą jako wspólnota żyjących i zmarłych w towarzystwie ich świętych patronów we wnętrzach kościelnych, które – według Aleksandry Kijaczko-Dereń – nie przedstawiają kościoła głogóweckiego. Są to raczej idealne wnętrza sakralne, które nawiązują szczególnie do popularnego w Niderlandach gatunku wnętrz kościelnych, który rozpowszechnił się dzięki medium grafiki, przede wszystkim serii Hansa Vredemana de Vriesa. Jako przypuszczalny wzór dla kompozycji figuralnej Kijaczko-Dereń wskazała obraz wotywny arcyksiążęcej pary Karola II. I Marii Anny Bawarskiej w katedrze w Grazu, dzieło Jacoba de Monte (po 1593).[24]

Z dwóch ostatnich przykładów można by wywnioskować, że wybór wzorów artystycznych i formuł ikonograficznych był zdeterminowany wyznaniowo. Obrazowe wyznanie wiary Georga von Zedlitz nawiązuje do typów ikonograficznych powstałych w Saksonii, przede wszystkim w warsztacie Lucasa Cranacha starszego (np. Marcin Luther jako kaznodzieja w predelli ołtarza w miejskim kościele Ma-

23 Z tego powodu używam tu określenia „obraz memoryjny" a nie „epitafium", jak określano re obrazy wcześniej, por. Kijaczko-Dereń, Aleksandra: Malowane epitafia Georga III i Franza Eusebiusa I von Opperdorf w kościele parafialnym pw. Św. Bartłomieja w Głogówku. W: Oszczanowski: W blasku Luksemburgów (jak przyp. 4), s. 63–97; Bauer / Harasimowicz / Niedzielenko / Richthofen (Hg.): Adel (jak przyp. 2), Kat.- Nr. D 44 (tam pełna literatura).

24 Kijaczko-Dereń: Malowane epitafia (jak przyp. 23), s. 84, il. 27.

riackim w Wittenberdze (1547-1548).[25] Obrazy z Głogówka natomiast odwołują się do wzorca z kręgu dworu cesarskiego. Byłoby jednak sporym uproszczeniem uznać tę sytuację za regułę, o czym świadczy kolejny przykład.

Kościół św. Trójcy w Żórawinie (Rothsürben) pod Wrocławiem (Breslau) został przebudowany między 1600 a 1607 przez Gerharda Hendrika z Amsterdamu, z inicjatywy luteranina Adama von Hanniwalda, cesarskiego radcy Kamery Śląskiej. Kościół ten został również wyposażony dziełami owego Holendra osiedlonego we Wrocławiu oraz sprowadzonymi z Pragi.[26] Szczyty, portale i loża kolatorska otrzymały wystrój rzeźbiarski, empora szlachecka i sklepienia dekorację malarską. Ponadto w kościele wystawiono nowy ołtarz św. Trójcy i chrzcielnicę (il. 9). Artystyczny punkt kulminacyjny tego wnętrza stanowiły pomniki rodziny von Hanniwald: epitafium Simona i Ewy von Hanniwald, rodziców Adama, ozdobione obrazem *Chrzest Chrystusa w Jordanie* Bartholomäusa Sprangera oraz epitafium Adama i jego żony Cathariny z domu Schweidinger z brązową figurą *Chrystusa przy kolumnie* Adriaena de Vriesa. Program kościoła Św. Trójcy jest jednoznacznie luterański, Adam von Hanniwald był jednak estetycznie zorientowany na dwór praski. W ten sposób mógł on nie tylko dać świadectwo swemu wyrafinowanemu gustowi artystycznemu, ale także wysokiej pozycji na dworze cesarskim.

Podczas gdy luterańscy fundatorzy powoływali się często w programach ikonograficznych na wzorce powstałe w teologicznych centrach protestantyzmu jak Saksonia czy Niderlandy, ich estetyczna orientacja bywała często niezależna od przekonań religijnych. Sztuka Włoch uznawana była nadal za ideał, do którego próbowano się zbliżyć, gdyż jego znajomość oraz stosowanie form i technik włoskiej lub antycznej proweniencji było oznaką przynależności do międzynarodowej elity. Jako dowód może tu posłużyć wspomniana technika sgraffita, rozpowszechniona przez rzemieślników pochodzących z północnych Włoch lub pogranicza szwajcarsko-włoskiego. Jej popularność w XVI wieku w Austrii, Czechach i na Śląsku, przede wszystkim w dekoracji budowli rezydencjonalnych, niezależnie od wyznania zleceniodawców, przyczyniła się do swego rodzaju wizualnego ujednolicenia niewiele wcześniej politycznie zjednoczonych krajów.[27]

---

25 Aurelia Zduńczyk, Der Reformationsaltar, Altaraufsatz mit Flügeln und Predella. W: Harasimowicz Jan / Seyderhelm, Regina (Hg.): Cranachs Kirche: Begleitbuch zur Landesausstellung Sachsen-Anhalt: Cranach der Jüngere 2015. Beucha-Markkleeberg 2015, s. 75-99.

26 Oszczanowski, Piotr: Casus Żórawiny. Kościół Trójcy Świętej w Żórawinie około 1600 roku. Wrocław 2007.

27 Dmitrieva-Einhorn, Marina: Rhetorik der Fassaden: Fassadendekoration in Böhmen. W: Langer, Andrea (Hg.): Metropolen und Kulturtransfer m 15./16. Jahrhundert. Prag-Krakau-Danzig-Wien. Stuttgart 2001, s. 51-170, 241-253.

Dzieło sztuki powstaje bowiem zawsze w polu działania wielu czynników, pośród których tożsamość wyznaniowa zleceniodawcy lub artysty dochodzą do głosu silniej lub słabiej. Jakość artystyczna lub aktualność form i motywów mogły „konkurować“ z czynnikiem religijnym. To, który element przeważał, było uzależnione od konkretnej sytuacji. Przykładowo: wyposażenie kościoła w Żórawinie powstało w fazie stabilizacji stosunków między ewangelicką szlachtą Śląska a katolickim władcą, czego wyrazem był List Majestatyczny Rudolfa II (1609). Sytuacja wyglądała diametralnie inaczej po stłumieniu powstania antyhabsburskiego w Czechach i intensyfikacji działań antyreformacyjnych, która po nim nastąpiła. Wówczas sięgnięcie po język formalny, treści i typy dzieł powstałe w Rzymie, Wiedniu i Pradze było jasnym sygnałem lojalności wobec domu panującego i aktywnego udziału w rekatolizacji Śląska.

Doskonałym przykładem mogą tu być fundacje wspomnianej rodziny Oppersdorfów: domek loretański wzniesiony przez Georga II. w 1630 roku w kościele franciszkanów w Głogówku lub kolumna maryjna, którą jego syn Franz Eusebius wystawił w 1677 roku na rynku tegoż miasta.[28] Zadaniem obu typów tej małej architektury było z jednej strony popularyzowanie form pobożności wspieranych przez reformę trydencką, z drugiej zaś jednoznaczne wizualne „naznaczanie" odzyskanych obszarów elementami katolickimi. Przykładem takiego postępowania po stronie protestanckiej może być dokładne naśladowanie kościoła Św. Katarzyny w Sztokholmie przez Kościół Łaski w Jeleniej Górze (Hirschberg) (1709).[29]

Nie tylko na obszarze budownictwa kościelnego i wyposażenia, ale także architektury świeckiej i jej wystroju, wyznanie zleceniodawców mogło zostać zamanifestowane. Na Śląsku mógł stosunkowo wcześnie oddziaływać przykład „z góry": umieszczone na portalu zamku legnickiego z 1533 roku medaliony portretowe Fryderyka II. Legnickiego i Zofii Brandenburskiej. Powstałe dziewięć lat po wprowadzeniu reformacji w Legnicy, prezentują one ulubioną sentencję księcia: „Jesu vere Fili Dei, Miserere et memento mei“ (Izajasz 40,8 i 1. List św. Piotra, 25) oraz motto

---

28 Gorzelik, Jerzy: Katolicka axis mundi w dobie trydenckiej konfesjonalizacji: kolumny maryjne na Górnym Śląsku do roku 1740. W: Portret - rocznik głogówecki, 3.2009, s. 117–136; Slouka, Jiří: Mariánské a morové sloupy Čech a Moravy. Prag 2010.

29 Langer, Andrea: Die Hirschberger Gnadenkirche „Zum Kreuze Christi“ im künstlerischen Spannungsfeld von nordeuropäisch geprägtem Protoklassizismus und römisch geprägtem Barock. W: Harasimowicz, Jan / Oszczanowski, Piotr / Wisłocki, Marcin: Po obu stronach Bałtyku. Wzajemne relacje między Skandynawią a Europą Środkowa / On the opposite sides of the Baltic Sea. Relations between Scandinavian and Central European countries, 2 Bd., tu Bd. 1, s. 203–215.

popularne wśród luteranów jako znak ich wyznaniowej przynależności: „Verbum domini manet in aeternum" (il. 10).[30]

Potencjał fasady jako miejsca publicznego głoszenia przekonań religijnych został wykorzystany również w dworze Pawłowice Wielkie (Groß Pohlwitz). Według opisu Hansa Lutscha (1891) na jego szczytach znajdowały się bardzo interesujące sgraffita z 1584 roku.[31] Poza typowymi motywami ornamentalnymi ukazywały one przedstawienia figuralne: cztery cnoty, Samsona jako pogromcę lwów, walkę św. Jerzego ze smokiem oraz landsknechta, rycerza i jeźdźca, którego rysy przypominały przedstawienia młodego Lutra. Niezależnie od tego czy ostatnia wymieniona postać rzeczywiście ukazywała Lutra – czego z powodu konserwacji z 1937 roku i późniejszych zniszczeń nie da się dziś zweryfikować – nie ma wątpliwości, że cały program fasady tego dworu można zinterpretować jako wyraz pobożności luterańskiej. Z repertuaru przedstawień cnót, ówczesny właściciel Pawłowic Wielkich, Georg von Eicke, przedstawiciel starej szlachty śląskiej,[32] wybrał bowiem cnoty teologiczne: Wiarę, Nadzieję i Miłość. Towarzyszyła im Sprawiedliwość, a nie typowa cnota rycerska – Męstwo, co okazuje się zrozumiałe w kontekście pełnionego przez von Eicke urzędu sędziego dworskiego z Legnicy. Ponadto w szerszym sensie przedstawienie Sprawiedliwości można zinterpretować jako atrybut boski. W związku z tym należy się zgodzić z Lutschem, że przedstawienia Samsona św. Jerzego mogły się na zasadzie typologii odnosić do Chrystusa jako zwycięzcy piekła i śmierci. Przez wzgląd na analogiczne przedstawienia (Luter jako Hercules Germanicus na drzeworycie Hansa Holbeina d. J.) można również wskazać na ewentualną analogię między Św. Jerzym a „bohaterem" reformacji –Lutrem jako pogromcą papiestwa.[33]

Również po stronie katolickiej zachowały się przykłady wykorzystania fasady jako płaszczyzny prezentacji przekonań religijnych. Portal bramny zamku przedniego w Głogówku (il. 11) otrzymał w latach czterdziestych XVII wieku wyjątkową dekorację rzeźbiarską. Poza typowymi motywami heraldycznymi – herbem hrabiego Georga III. Von Oppersdorfa i jego obu żon – przedstawiono tam figury patronki miasta

30 Czechowicz, Bogusław: Między blaskiem Chrystusa i rodowych tradycji a cieniem klątwy i politycznych porażek. Stratygrafia mecenatu artystycznego księcia Fryderyka II. W: Harasimowicz, Jan / Lipińska, Aleksandra (red.): Dziedzictwo reformacji w księstwie legnicko-brzeskim / Erbe der Reformation im Herzogtum Liegnitz-Brieg. Legnica 2007, s. 291–304, tu s. 297, il. 34.

31 Lutsch, Hans: Verzeichnis der Kunstdenkmäler der Provinz Schlesien. Bd. 3. Die Kunstdenkmaler des Reg. Bezirks Liegnitz. Breslau 1891, s. 273.

32 Sinapius: Der Schlesische Adel (jak przyp. 14), Bd. 2, s. 608.

33 Ikonographie Luthers. W: Leppin, Volker / Schneider-Ludorff, Gury (Hg.): Das Luther-Lexikon. Regensburg 2014, s. 309–313, tu s. 310.

św. Kandydy, której relikwie zakupione przez Georga III. w Rzymie znajdowały się w kaplicy zamkowej. Ponadto w portalu ustawione zostały figury śś. Karola Boromeusza, Jana Chrzciciela i Jana Ewangelisty, patronów trzech kaplic zamkowych. W zwieńczeniu portalu znajduje się natomiast popiersie najważniejszej patronki cesarstwa – Madonny z dzieciątkiem ukazanej jako Immaculata. Zarówno dekorację portalu, jak i liczbę kaplic pierwotnie znajdujących się w zamku, można zinterpretować jako dążenie do sakralizacji budowli świeckiej, jak to ujął Jerzy Gorzelik.[34]

Działalność fundatorska szlachty śląskiej na polu rzeźby sepulkralnej jest badana systematycznie od dziesięcioleci przez Jana Harasimowicza i jego współpracowników.[35] Dzięki temu jeden z aspektów szlacheckiej kultury pamięci, z jej wieloma zachowanymi świadectwami i formami jest stosunkowo dobrze przebadany i udokumentowany. Na tej podstawie można stwierdzić, że „Pierwsze pokolenie szlacheckich zwolenników reformacji nie dawało jeszcze swym figuralnym pomnikom wyraźnych znamion wyznaniowych."[36] Wyda się to oczywiste, gdy porównamy wcześniej omówione obrazowe wyznanie wiary Wolfa von Busewoy z jego nagrobkiem w kościele parafialnym śś. Piotra i Pawła w Chojnowie (Haynau) (il. 12).[37] Tu najważniejsza jest reprezentacja stanowa. Dlatego nagrobek ten przyjmuje tradycyjną, zakorzenioną w późnym średniowieczu formę płyty nagrobnej z postacią stojącą w zbroi, która do połowy XVII wieku dominowała na Śląsku (por. il. 3). Typ ten został zaktualizowany jedynie przez modne renesansowe formy obramienia architektonicznego i ornamentalnego.

Podczas gdy śląska stara szlachta trwała przy tradycyjnych formach upamiętnienia, nowi członkowie stanu wykazywali większe otwarcie na innowacje na tym polu. Uszlachcony wrocławski patrycjusz Heinrich von Rybisch wystawił sobie w kościele św. Elżbiety okazały nagrobek ścienny z leżącą postacią, który nawiązuje bezpośrednio do nagrobka biskupa wrocławskiego Jana Thurzo, a pośrednio do pomników biskupich i nagrobka króla Zygmunta I w katedrze krakowskiej (il. 13).[38]

34 Gorzelik, Jerzy: Zwischen *demonstratio catholica* und Selbstdarstellung. Künstlerische Stiftungen des katholischen Adels in Oberschlesien im Zeitalter der Konfessionalisierung. W: Harasimowicz / Weber: Adel in Schlesien (jak przyp. 1), s. 101–114.

35 Harasimowicz: Mors janua vitae (jak przyp. 10); Harasimowicz, Jan: Kunst als Glaubensbekenntnis. Beiträge zur Kunst- und Kulturgeschichte der Reformationszeit. Baden-Baden 1996, s. 97-126; Harasimowicz, Jan: Schwärmergeist und Freiheitsdenken. Beiträge zur Kunst- und Kulturgeschichte Schlesiens in der Frühen Neuzeit. Hg. v. Noller, Matthisa u. Poradzisz-Cincio, Magdalena. Köln-Weimar-Wien 2010, s.159–231.

36 Harasimowicz: Der schlesische Adel im Sterben (jak przyp. 3), s. 62.

37 Harasimowicz: Der schlesische Adel im Sterben (jak przyp. 3), s. 62–63.

38 Por. Harasimowicz: Schwärmergeist (jak przyp. 35), s. 187.

Uzurpacja tego typu była oczywiście gorąco krytykowana; mimo wpływowej pozycji politycznej i innych fundacji artystycznych Rybisch nie został zaakceptowany jako równouprawniony członek stanu szlacheckiego. Jego przypadek pokazuje, na jakie wyzwania wystawiona była szlachta w konfrontacji zarówno z nowymi członkami swego stanu, jak z reprezentantami innych grup społecznych.

Za przykład wpływu kultury mieszczańskiej uznać można przejęcie przez szlachtę formy epitafium obrazowego w późnym XVI wieku. Przez sceny biblijne (najczęściej Ukrzyżowanie i Zmartwychwstanie) i przedstawienie osób upamiętnionych w pozycji klęczącej (np. epitafium Balthasara von Stoch i jego rodziny kościele parafialnym w Czerninie (Groß Tschirnau, il. 14), epitafia te wyrażały silniej wyznanie wiary niż tradycyjne płyty z figurami stojącymi, które nierzadko wystawiano tuż obok.[39]

Po wojnie trzydziestoletniej epitafia obrazowe straciły na znaczeniu na rzecz pomników inskrypcyjnych i portretowych, których program był czasem poszerzany o przedstawienia emblematyczne.[40] Tradycyjny typ stojącej figury w zbroi – lekko zaktualizowany – trwał nadal w nagrobkach oficerów.[41] Jednocześnie rozwinął się nowy gatunek nagrobka wojskowych, który należy uznać za wyraz samoświadomości stanu oficerskiego. Jak wykazały badania Antje Kempe, epitafia śląskich oficerów nawiązują stylistyką i ikonografią do pomników admiralicji kalwińskiej Republiki Zjednoczonych Niderlandów i to niezależnie od tego, w czyjej służbie byli oni czynni i jakiego byli wyznania.[42] To ponownie dowodzi, że tożsamość wyznaniowa nie zawsze, a w przypadku nagrobków wręcz rzadko, była czynnikiem decydującym o wyborze formy artystycznej i formy przedstawienia. Jest przy tym oczywiste, że owe, tutaj skrótowo przedstawione, nagrobki szlachty śląskiej należy uznać za część kultury funeralnej, którą właściwie zinterpretować można dopiero w kontekście innych form przekazu, jak ceremoniał pogrzebowy

39 Bek, Aleksandra: Rzeźba kamienna lat 1560–1650 w środowisku artystycznym Legnicy. Praca doktorska Wrocław 2004, s. 320; Harasimowicz: Schwärmergeist (jak przyp. 35), s. 273.

40 Kulisz, Maciej: Zu Grabdenkmälern und Grabinschriften des protestantischen Adels im Niederschlesien des 17. und 18. Jahrhunderts am Beispiel des Fürstentums Liegnitz. W: Harasimowicz / Weber: Adel in Schlesien (jak przyp. 1), s. 115–131. Harasimowicz: Der schlesische Adel im Sterben (jak przyp. 3), s. 65.

41 Kempe, Antje: Von heldenmütigen Tapferkeit. Die Repräsentation des adeligen Offiziersstandes in der schlesischen Sepulkralkunst des Barocks (1648-1742). W: Harasimowicz / Weber: Adel in Schlesien (jak przyp. 1), s. 77-99.

42 Por. Scholten, Frits: Sumptuous memories. Studies in seventeenth-century Dutch tomb sculpture. Zwolle 2003.

czy druki ulotne. Wyczerpujące przedstawienie tego problemu przekroczyłoby jednak ramy tego artykułu.[43]

Śląska szlachta znajdowała się w okresie nowożytnym w wewnętrznym konflikcie między lojalnością wobec władcy zwierzchniego a zachowaniem śląskiej autonomii, między własnymi przekonaniami religijnymi a politycznymi i społecznymi obowiązkami, między wymaganiami stanu a ambicjami innych warstw społecznych. W tej złożonej sytuacji powstały liczne artystyczne świadectwa bogatej kultury duchowej i materialnej, które wówczas służyły utwierdzeniu pozycji stanowej, a dziś stanowią ważny składnik niemiecko-czesko-polskiego dziedzictwa kulturowego i stosownie do tego badane są przez międzynarodowe zespoły badawcze. Mimo wielu cennych projektów nadal można wskazać na luki w badaniach, które mogą zostać usunięte tylko dzięki transgranicznemu zaangażowaniu, np. na rzecz zachowania zagrożonych zabytków. Dlatego należy wyrazić nadzieję, że badania na temat szlachty Śląsku i jej dziedzictwa kulturalnego będą nadal przeżywały koniunkturę.

43 Harasimowicz: Schwärmergeist (jak przyp. 35), s. 159-213; Harasimowicz: Der schlesische Adel im Sterben (jak przyp. 3), s. 58–61, 204–221.

Wie die Oberlausitz geteilt wurde. Der Wiener Kongress 1815 und die Grenzziehung zwischen Sachsen und Preußen

von Matthias Donath

Das Schicksalsjahr 1815 hat in der Oberlausitz merkliche Spuren hinterlassen.[1] In politischer Hinsicht hat die Grenzlinie, die 1815 mitten durch das Markgraftum gezogen wurden, keine Bedeutung mehr. Bei der kirchlichen Untergliederung wirkt sie aber weiter: Die evangelischen Christen in dem Teil, der 1815 zu Preußen gekommen war, gehören der Evangelischen Kirche in Berlin-Brandenburg-schlesische Oberlausitz an, während die sächsische Oberlausitz der Evangelisch-Lutherischen Landeskirche Sachsens zugeordnet ist. Damit ist die Grenze von 1815 noch heute „Konfessionsgrenze" zwischen einer lutherischen und einer unierten Landeskirche. Die katholischen Christen gehören einerseits zum Bistum Görlitz, andererseits zum Bistum Dresden-Meißen. Viele Schlesier betrachten den ehemals preußischen Teil der Oberlausitz als ein deutsches „Restschlesien", war doch dieses Gebiet nach dem Wiener Kongress dem Regierungsbezirk Liegnitz der Provinz Schlesien angegliedert worden.

Bisher ist kaum erforscht worden, wie denn die eigenwillige Grenzziehung zustandekam, die zwei Drittel des Markgraftums Oberlausitz unter preußische Hoheit stellte. Man glaubte, dahinter militärische Absichten Preußens erkennen zu können. So schrieb der sächsische Landeshistoriker Karlheinz Blaschke: „Bei der Annexion sächsischer Gebiete durch Preußen spielte im Jahre 1815 die Vergrößerung des Staates nach Fläche und Einwohnerzahl auch eine Rolle, aber in diesem Falle standen die militärischen Absichten im Vordergrund. Das zeigte sich in aller Deutlichkeit in der Art, wie die Grenze mitten durch ein in sich geschlossenes Land ohne Rücksicht auf gewachsene Lebenszusammenhänge gezogen wurde. [...] Sie verfolgte einzig und allein den Zweck, eine günstige strategische Aufmarschbasis für den nächsten Krieg gegen Österreich zu schaffen, gegen ein Land also, mit dem Preußen gerade einmal verbündet war, das für die preußische Politik aber dessen ungeachtet der grundsätzliche Gegner blieb."[2]

---

1 Vgl. ANDREAS BEDNAREK, 1815 (in: LARS-ARNE DANNENBERG, MATTHIAS DONATH, DIETRICH SCHOLZE (Hgg.), Oberlausitzer Mythen, Meißen 2012), 184–189.

2 KARLHEINZ BLASCHKE, Bewahrte Einheit. Die Oberlausitz in den 130 Jahren erzwungener Teilung 1815–1945 (in: Karlheinz Blaschke, Beiträge zur Geschichte der Oberlausitz. Gesammelte Aufsätze), Görlitz/Zittau 2000, 165.

Aus den Quellen ergibt sich indes, dass die Grenzlinie mitten durch die Oberlausitz keineswegs von Preußen gefordert worden war.[3] Vielmehr beruhte sie auf Vorschlägen Österreichs, weil diese Großmacht, die mit dem Königreich Böhmen unmittelbar an Sachsen grenzte, eigene militärische Ziele verfolgte. Der preußische König hatte ganz Sachsen ungeteilt in die preußische Monarchie eingliedern wollen. Nur durch diplomatisches Tauziehen und den österreichischen Vorschlag, Sachsen zu teilen, gelang es, einen Kernbestand des Königreichs Sachsen zu erhalten.[4] Das Markgraftum Oberlausitz, lange ein Nebenland der böhmischen Krone, war 1635 an den Kurfürsten von Sachsen übertragen worden. Obwohl man auf der eigenen Oberlausitzer Ständeverfassung beharrte, hatten sich feste und enge Bindungen an Sachsen herausgebildet. Kurfürst Friedrich August III. von Sachsen (1750–1827) war im Friedensvertrag von Posen vom 12. Dezember 1806 ein Bündnis mit Napoleon Bonaparte (1769–1821) eingegangen und hatte den Königstitel angenommen. Das Königreich Sachsen gehörte fortan dem Rheinbund an und beteiligte sich an den Napoleonischen Kriegen. Anders als die meisten Rheinbundmächte wechselte Sachsen nicht zur Allianz, die sich um Preußen und Russland gegen Napoleon gebildet hatte. Zwar hatte König Friedrich August I. einen Bündniswechsel überlegt, doch als sich im Frühjahr 1813 erneut militärische Erfolge Napoleons abzeichneten, blieb er an der Seite des Kaisers der Franzosen.

Nach der Niederlage Napoleons in der Völkerschlacht bei Leipzig und nach der Gefangennahme des sächsischen Königs wurde Sachsen als besiegtes Land behandelt und besetzt.

---

3 Johann Friedrich Klüber, Acten des Wiener Congresses, 1-8, Erlangen 1815–1819; Comte d'Angeberg [Leonard Borejko Chodźko], Le Congrès de Vienne et les traités de 1815, 1, Paris 1863/64; Klaus Müller (Hg.), Quellen zur Geschichte des Wiener Kongresses 1814/15, Darmstadt 1986.

4 Zu den Verhandlungen auf dem Wiener Kongress und zur „sächsischen Frage" vgl. Charles K. Webster, England and the Saxon-Polish Problem at the Congress of Vienna (in: Transactions of the Royal Historical Society, Third Series, 7, 1913), 49–101; ders., The Congress of Vienna 1814-15, Oxford 1919; Walter Kohlschmidt, Die Sächsische Frage auf dem Wiener Kongreß und die Sächsische Diplomatie dieser Zeit, Dresden 1930; Klothilde von Olshausen, Die Stellung der Großmächte zur sächsischen Frage auf den Wiener Kongreß und deren Rückwirkung auf die Gestaltung der preußischen Ostgrenze, Quakenbrück 1933; Hans-Dieter Dyroff (Hg.), Der Wiener Kongreß 1814/15. Die Neuordnung Europas. München 1966; Peter Burg, Der Wiener Kongreß. Der Deutsche Bund im europäischen Staatensystem, München 1984; Alfred Opitz, Sachsen und die sächsische Frage in den Jahren der napoleonischen Fremdherrschaft und des Wiener Kongresses (Blätter für deutsche Landesgeschichte 121, 1985), 229–260; Reiner Marcowitz, Finis Saxoniae? Frankreich und die sächsisch-polnische Frage auf dem Wiener Kongreß 1814/15, (Neues Archiv für sächsische Geschichte 69,1997), 157–184; Dorit Petschel, Sächsische Außenpolitik unter Friedrich August I. Zwischen Rétablissement, Rhein-

Das von den Siegermächten geschaffene und zunächst unter die Aufsicht des russischen Fürsten Nikolai Repnin-Wolkonski (1778–1845) gestellte „General-Gouvernement der Hohen Verbündeten Mächte" bediente sich überwiegend sächsischer Beamter, die jedoch dem russischen Zaren zur Treue verpflichtet waren. Wichtige Positionen waren mit Verwaltungsfachleuten besetzt, die als „Franzosenfeinde" galten und eine Angliederung Sachsens an Preußen befürworteten. Die Verwaltung zielte auf die Eingliederung Sachsens in die preußische Monarchie ab. Das entsprach ganz den Interessen Russlands und Preußens, die sich in der Konvention von Kalisch im Februar 1813 bereits auf eine ungefähre Aufteilung der von Napoleon befreiten Länder geeinigt hatten. Zar Alexander I. von Russland (1777–1825) hatte die Zusage erhalten, dass er den größten Teil des Großherzogtums Warschau erhalten werde. Er wollte ein formal eigenständiges Königreich Polen schaffen und dieses in Personalunion mit Russland verbinden. Da Preußen bei dieser Aufteilung Gebiete verlor, die es bei der zweiten und dritten Teilung Polens erhalten hatte, war es naheliegend, Preußen mit Sachsen zu entschädigen.

Als sich die verbündeten Mächte im September 1814 in Wien versammelten, um auf Einladung des Kaisers Franz I. von Österreich (1768–1835) und des österreichischen Außenministers Clemens Wenceslaus Lothar Fürst von Metternich (1779–1859) einen umfassenden Friedensvertrag auszuhandeln und eine Neuordnung der Ländergrenzen in Europa vorzunehmen, glaubte die preußische Seite, ihre Forderung nach der Einverleibung Sachsens rasch durchsetzen zu können. Der Vertreter Englands, Robert Viscount Castlereagh (1769–1822), stimmte am 11. Oktober 1814 in einer Note der Annexion Sachsens zu.[5] Auch von Österreich erhoffte

---

bund und Restauration, Köln/Weimar/Wien 2000; RUDOLF JENAK, Sachsen, der Rheinbund und die Exekution der Sachsen betreffenden Entscheidungen des Wiener Kongresses (1803-1816), Neustadt an der Aisch 2005; JONAS FLÖTER, Gleichgewicht und Legitimität. Sachsen und die sächsische Frage auf dem Wiener Kongreß, (in: Österreich und Sachsen in der Geschichte (= Dresdner Hefte 83), Dresden 2005), 51–58; RUDOLF JENAK, Die Teilung Sachsens. Zur Geschichte der Teilung des Königreichs Sachsen auf der Grundlage der Entscheidungen des Wiener Kongresses 1814-15, Dresden 2007; JOCHEN VÖTSCH, Die „sächsische Frage" auf dem Wiener Kongress 1814/15 (mit Edition) (in: GUNTRAM MARTIN, JOCHEN VÖTSCH, PETER WIEGAND (Hgg.), Geschichte Sachsens im Zeitalter Napoleons. Vom Kurfürstentum zum Königreich 1791-1815, Beucha 2008), 169–184; ISABELLA BLANK, Der bestrafte König? Die sächsische Frage 1813-1815, Diss. Heidelberg 2013; REINHARD STAUBER, Von der „prunklosen Conferenz" zur „diplomatischen Explosion". Polen, Sachsen und die Probleme der Verhandlungen auf dem Wiener Kongress (in: HEINZ-DIETER HEIMANN, KLAUS NEITMANN, THOMAS BRECHENMACHER (Hgg.), Die Nieder- und Oberlausitz. Konturen einer Integrationslandschaft, III. Frühes 19. Jahrhundert, Berlin 2014), 21–37.

5 MÜLLER (s. Anm. 3), 211–212.

man sich eine Zustimmung. Doch in einer Note an den Bevollmächtigten des preußischen Königs, den Fürsten Carl August von Hardenberg (1750–1822), vom 22. Oktober 1814 formulierte Metternich die Bedingungen für die Zustimmung zu einer Friedensordnung.[6] Wie es in einem Nebensatz heißt, gebe man zu Bedenken, ob nicht ein „Kern" des Königreiches Sachsen erhalten bleiben könne. Dabei bliebe den Mächten die Aufgabe erspart, den König von Sachsen andernorts zu entschädigen. Hardenberg überlas diesen Nebensatz; er erblickte in der Note die Zustimmung Österreichs zu einer Angliederung Sachsens.

In einem nicht datierten Memorandum vom Oktober 1814 trug der österreichische Diplomat Johann Freiherr von Wessenberg (1773–1858) die Argumente zusammen, die gegen eine Annexion Sachsens sprachen. In dieser machte er erstmals den Vorschlag für eine Landesteilung.[7] Dem König von Preußen sollten die Niederlausitz, der Wittenbergers Kreis (bis 1806 Kurkreis), die Ämter Barby, Gommern, Querfurt und Jüterbog, der sächsische Anteil der Grafschaft Mansfeld sowie sechs Ämter des Thüringer Kreises (Eckartsberga, Freyburg, Sangerhausen, Weißensee, Sachsenburg, Langensalza) mit insgesamt 432.400 Einwohnern zufallen. Eine direkte Grenze zwischen Österreich und Preußen sei zu verhindern, weil sie immer wieder zu Reibungen zwischen beiden Mächten führen würde.

Der Wiener Kongress, der aus einem „System von Einzelberatungen"[8] bestand, befasste sich zunächst mit anderen Fragen, unter anderem mit dem Schicksal Polens. Preußen, Österreich und England waren keineswegs bereit, Zar Alexander I. das Großherzogtum Warschau allein zu überlassen. Die „polnische Frage" war eng mit der „sächischen Frage" verbunden, weil der König von Preußen bei Zugeständnissen an den Zaren von diesem erwartete, er werde eine vollständige Angliederung Sachsens an Preußen befürworten. Dass die beiden Verbündeten sich untereinander geeinigt hatten, beweist die Tatsache, dass die Leitung des Generalgovernements des Königreichs Sachsen am 10. November 1814 dem preußischen Staatsminister Eberhard Freiherr von der Recke (1744–1816) sowie dem preußischen Generalmajor Friedrich Wilhelm Leopold Freiherr von Gaudi (1765–1832) übertragen wurde. Fürst Repnin erklärte den sächsischen Landesbehörden, er sei angewiesen, das Gouvernement den preußischen Bevollmächtigten zu übergeben, „um dadurch die Verbindung Sachsens mit Preußen, welche nächstens auf eine noch förmlichere Weise bekannt gemacht werden wird, einzuleiten, und beide Völker gleichsam zu

6 Ebd., 214–219.

7 Ebd., 226–230.

8 Stauber, Wiener Kongress (s. Anm. 4), 26.

verbinden".[9] König Friedrich Wilhelm III. (1770–1840) habe erklärt, Sachsen nicht als eine Provinz seiner Monarchie einverleiben, sondern es als eigenständiges Königreich unter Beibehaltung der Verfassung erhalten zu wollen. Dieser eilige Vorstoß Russlands und Preußens, der nicht mit den anderen Mächten abgesprochen war, schuf erst einmal Tatsachen. Doch er drängte Österreich dazu, eine vollständige Angliederung Sachsens an Preußen, die durchaus erwogen worden war, abzulehnen, weil die österreichische Seite ein zu starkes Vordringen Preußens und Russlands in den mitteleuropäischen Raum befürchtete. Das Einvernehmen zwischen Preußen und Österreich zerbrach.

Der Streit um die „sächsische Frage" verdichtete sich im Dezember 1814. Metternich lehnte in einer Note an Hardenberg vom 10. Dezember 1814 eine Abtretung ganz Sachsens an Preußen ab.[10] Um Preußen entgegenzukommen, schlug er eine Teilung des Landes vor. Der Note war ein Anhang beigefügt, in dem Preußen größere Gebietsgewinne zugesagt wurden. Der König von Preußen sollte Teile Polens, verschiedene Gebiete im Westfälischen Reichskreis sowie den nördlichen Teil Sachsens mit 432.400 Einwohnern erhalten. Zur Abtretung wurden jene Landesteile vorgeschlagen, die Wessenberg in seinem Papier vom Oktober 1814 aufgelistet hatte. Preußen wurde damit ein Fünftel des sächsischen Staatsgebiets angeboten. Metternich wollte die vollständige Einverleibung Sachsens verhindern, um nicht auch noch am Erzgebirgskamm eine gemeinsame Grenze zwischen Preußen und Österreich zu erhalten, nachdem das preußische Schlesien schon an Böhmen und den österreichischen Teil Schlesiens grenzte. Da man auch nach einem Friedensschluss eine militärische Bedrohung durch Preußen erwartete, sollte ein „Pufferstaat" nördlich des Erzgebirgskamms, möglichst unter Einschluss der Festung Torgau, die beiden Großmächte voneinander trennen. Metternich wollte sich ein militärisches Vorfeld erhalten, um allzu schnelle Angriffe Preußens auf Böhmen zu verhindern. Außerdem widersprach es seiner Vorstellung eines von Gott eingesetzten Königtums, einen legitimen König abzusetzen, zumal dieser König aus einer befreundeten und mit dem österreichischen Kaiserhaus verwandten Dynastie stammte.

Einen zu starken Machtzuwachs Preußens befürchteten auch England und Frankreich. Am 19. Dezember 1814 übergab der französische Außenminister Charles-Maurice Herzog von Talleyrand-Périgord (1754–1838), der als Vertreter des besiegten Frankreich zunächst nicht an den Verhandlungen über Gebietsfragen zugelassen war, einen Brief an Metternich. Darin betonte er, dass mit einer „Aggres-

9 KLÜBER, Acten (s. Anm. 3), Bd. 1, Heft 2, 1–4.

10 ANGEBERG Vienne (s. Anm. 3), 505–510; MÜLLER (s. Anm. 3), 254–258.

sionsmacht" (*„force d'aggression"*) an der Grenze zu Böhmen kein Gleichgewicht der Mächte erreicht werden könne. Großbritannien wiederum wollte ein zu starkes Vordringen Russlands nach Mitteleuropa sowie ein zu starkes Preußen verhindern. Daher lehnte Castlereagh nunmehr ebenfalls eine vollständige Angliederung Sachsens an Preußen ab. Er bot sich an, in der „sächsischen Frage" als Vermittler aufzutreten, wobei er offen für eine Teilung Sachsens warb. In Unterredungen am 19. und 20. Dezember 1814 mit Hardenberg und Fürst Adam Georg Czartoryski (1770–1861), der auf russischer Seite an den Verhandlungen teilnahm, versuchte er, Preußen und Russland von einer vollständigen Annexion Sachsens abzubringen.[11] Als realistischen Zugewinn für Preußen betrachtete er einen beträchtlichen Teil Nordsachsens mit den Festungen Wittenberg und Torgau sowie die Ober- und Niederlausitz. Allerdings beharrte Hardenberg auf dem preußischen Anspruch auf Sachsen und auf einer Entschädigung des Königs in Westfalen oder auf dem linken Rheinufer.[12] Preußen werde eher in den Krieg ziehen, als nur einen Teil Sachsens zu akzeptieren. Der Kongress drohte somit an der „sächsischen Frage" zu scheitern.

Um die verhärteten Fronten aufzubrechen, griff Castlereagh zu einem Verfahrenstrick: Da Preußen bei seiner Forderung immer davon sprach, eine ausreichende Entschädigung für die abzutretenden polnischen Gebiete zu erhalten, schlug er vor, eine technische Kommission einzusetzen, die für jene Gebiete, die zur Disposition standen, die Bevölkerungszahlen ermitten sollte.[13] Die Entschädigungen sollten dabei nicht nach der Fläche, sondern nach der Zahl der Einwohner bestimmt werden. Castlereagh hoffte, bei einer genauen Berechnung der Einwohnerzahlen einen präzisen Plan für einen Bevölkerungsausgleich vorlegen zu können, der es Preußen ermögliche, einen Teilverzicht auf Sachsen zu leisten. Da die anderen Mächte den Vorschlag unterstützten, wurde innerhalb von nur vier Tagen eine mit Vertretern Österreichs, Preußens, Russlands, Frankreichs und Großbritanniens besetzte „Statistische Grundlagenkommission der Verbündeten Mächte" (*„Commission chargée et poser des bases statistiques pour servir aux travaux des puissances réunies à Viennes"*) geschaffen. Zu Heiligabend 1814 kam sie zu ihrer ersten Arbeitssitzung zusammen.

Am 27. Dezember 1814 beantragte der russische Gesandte Andrej Kyrillowitsch Rasumowsky (1752–1836) die Einberufung einer Konferenz der vier Mächte Russ-

---

11 REINHARD STAUBER, Legitimität oder Länderschacher? Zur Arbeit der Statistischen Kommission auf dem Wiener Kongress 1814/15 (in: FRANK GÖSE U.A. (Hgg.,), Preußen und Sachsen. Szenen einer Nachbarschaft. Erste Brandenburgische Landesausstellung Schloss Doberlug 2014, Dresden 2014), 382–389, 382.

12 MÜLLER (s. Anm. 3), 259–264.

13 STAUBER (s. Anm. 11), 382–389.

land, Österreich, Preußen und Großbritannien zur endgültigen Lösung der sächsischen Frage. Die erste dieser Konferenzen fand bereits am 29. Dezember statt. Österreich forderte, die „sächsische Frage" unter Beteiligung und Zustimmung des Königs von Sachsen zu lösen, was Preußen und Russland aber kategorisch ablehnten. Auch die zweite Konferenz am 31. Dezember brachte keinen Fortschritt. Die Interessengegensätze waren so groß, dass der Ausbruch eines Krieges zwischen den Mächten möglich schien. Hardenberg drohte, würden Österreich und Großbritannien ihre Zustimmung zur Angliederung Sachsens verweigern, so betrachteten das Preußen und Russland als Kriegserklärung. Unter dem Eindruck dieser Drohungen schlossen Österreich, Großbritannien und Frankreich am 3. Januar 1815 ein gegen Russland und Preußen gerichtetes Bündnis, in dem sie sich bei einem Angriff gegenseitige militärische Hilfe zusicherten.[14] Die unverhohlene Drohgebärde führte schließlich zu einem Einlenken Preußens in der „sächsischen Frage". Zwar gab Hardenberg vor, nach wie vor auf der vollständigen Eingliederung Sachsens zu bestehen. Der König von Sachsen solle mit einem Gebiet am linken Rheinufer abgefunden werden. Doch unter dem Druck der anderen Mächte war er dann doch zu einer Kompromisslösung bereit.

Zur Sitzung am 12. Januar 1815, zu der erstmals Frankreich zugelassen war, legte Metternich einen Gegenvorschlag („*Contre-projet austrichien*") vor, in dem er auf dem Erhalt eines Kerns des Königreichs Sachsen beharrte, aber dem preußischen König größere Zugeständnisse machte.[15] Erstmals war nun eine Teilung der Oberlausitz vorgesehen. Die Grenzlinie sollte zunächst der Wittig und dann der Neiße folgen, so dass Görlitz auf sächsischer Seite geblieben wäre. Dann sollte eine Linie südlich von Rothenburg, das an Preußen gefallen wäre, über Königswartha und Wittichenau bis zur Schwarzen Elster und weiter entlang dieses Flusses bis zur Elbe gezogen werden. Zwischen Belgern und Torgau sollte die Elbe die Grenze bilden. Damit wäre die Festung Torgau noch auf sächsischer Seite geblieben. Nördlich von Leipzig sollte die Grenzen entlang der Linie Torgau – Eilenburg – Delitzsch – Landsberg verlaufen. Westlich von Leipzig war die Saale als Grenzlinie vorgesehen, und zwar so, dass Zeitz, Weißenfels und Naumburg sächsisch geblieben wären, während Merseburg auf preußischer Seite gelegen hätte. Dem König von Preußen wurde somit eine Hälfte der Oberlausitz, die Niederlausitz, der Wittenberger Kreis, Teile des Leipziger Kreises, der überwiegenden Teil des Thüringer Kreises, der gesamte Neustädter Kreis sowie die sächsischen Anteile der Grafschaften Henneberg und Mansfeld angeboten. Insgesamt wären 782.249 von 2.085.911 Einwohnern unter preußische Hoheit gelangt.

---

14 ANGEBERG (s. Anm. 3), 589–592.

15 Ebd., 604, 680–683.

Bei der Grenzziehung fällt auf, dass Metternich nicht Castlereaghs Vorschlag folgte, beide Lausitzen an Preußen abzutreten. Das hätte bedeutet, dass das Königreich Preußen im Bereich der Oberlausitz bis an die böhmische Grenze vorgerückt wäre. Um das zu verhindern, schlug Metternich eine Teilungslinie durch die Oberlausitz vor. Außerdem versuchte er, die Festung Torgau und die größeren Städte an der Saale für Sachsen zu sichern. Die Militärs am österreichischen Hof hatten darauf gedrängt, dass die Festungen Erfurt und Torgau keinesfalls in preußische Hände fallen dürften. Auch Bautzen und Zittau müssten in sächsischer Hand bleiben.

Am 19. Januar 1815 veröffentlichte die statistische Kommission ein genaues Verzeichnis der Einwohnerzahlen der Kreise und Ämter des Königreichs Sachsen.[16] Am 28. Januar berieten die Mächte nochmals Metternichs Teilungsplan. Dabei wurden die Einwohnerzahlen nach den Ergebnissen der Statistischen Kommission nachgerechnet. Dabei kam man zu dem Ergebnis, dass in dem für Preußen vorgesehenen Gebiet nur 723.311 und nicht 782.249 Einwohner lebten. Unter Berücksichtigung auch der anderen Territorien in Nord- und Westdeutschland, die Metternich in seinem *„Contre-projet"* Preußen zugestehen wollte, ergab die Nachrechnung ein Defizit von 264.311 Einwohner, die folglich durch zusätzliche Gebietsabtretungen an Preußen gelangen sollten.[17]

Nachdem Hardenberg schon am 13. Januar angedeutet hatte, dem Erhalt eines stark verkleinerten Königreichs Sachsen mit der Umgebung Dresdens und Teilen des Erzgebirges zustimmen zu können, wurden die Verhandlungen am 28. Januar 1815 fortgesetzt. Dabei erreichte Metternich die grundsätzliche Zustimmung der preußischen Seite zu einer Teilung Sachsens. Die erst unter dem 8. Februar in den Kongressakten veröffentlichten Aufzeichnungen Hardenbergs lassen erkennen, dass sich Preußen allerdings nicht mit der von Österreich vorgeschlagenen Teilungslinie zufrieden gab.[18] Hardenberg bemängelte, dass nach Metternichs Plan von den 28 größten Städten des Königreich Sachsens nur acht zu Preußen kommen sollten (Suhl, Lauban, Wittenberg, Eisleben, Merseburg, Guben und Neugersdorf[19]). Das sei nicht hinnehmbar. Außerdem forderte er Leipzig für Preußen. Ohne den Gewinn einer der beiden bedeutendsten Städte Sachsens, Dresden oder Leipzig, könne es keine Einigung geben.

---

16 Ebd., 648–651.

17 Ebd., 722.

18 Ebd., 707–712.

19 Mit „Gerbdorf (Fabrique)" ist Gersdorf bei Neusalza, seit 1834 Neu-Gersdorf, seit 2001 Ebersbach-Neugersdorf gemeint. Der Ort wurde fälschlich dem preußischen Anteil zugerechnet.

Unterdessen verhandelte Castlereagh weiter. Er versuchte, die preußische Seite zum Verzicht auf Leipzig zu bewegen, indem er andere territoriale Zugeständnisse anbot. Am 29. Januar notierte Castlereagh, dass Österreich bereit sei, die Festungen Torgau und Erfurt den Preußen zu überlassen, wenn diese auf Leipzig verzichteten.[20] In den folgenden Tagen wurde offenbar hartnäckig um Leipzig wie auch um größere Gebietsabtretungen in der Oberlausitz gerungen. Castlereagh hatte am 29. Januar ein Gespräch mit Hardenberg, in dem es um *„Leipsick and the re-entering angle into Bohemia by Bautzen und Zittau"* ging.[21] Aus der Formulierung scheint hervor, Hardenberg habe die südliche Oberlausitz und damit eine direkte Grenze zu Böhmen gefordert. Am 30. Januar sprach Castlereagh mit König Friedrich Wilhelm III. von Preußen, der jedoch einen Verzicht auf Leipzig ablehnte.[22] Einen Ausweg aus der verfahrenen Situation ebnete Zar Alexander I., der im Gespräch mit Castlereagh zusagte, den Preußen die Stadt Thorn an der Weichsel zu überlassen, die ursprünglich wie Krakau ein neutrales Gebiet werden sollte. Thorn war für die militärische Sicherheit Preußens ungleich wichtiger als Leipzig, so dass der preußische König dann doch Anfang Februar für Thorn auf das bevölkerungsstärkere Leipzig verzichtete.[23] Castlereagh berichtete am 6. Februar, dass nach der russischen Abtretung Thorns an Preußen die letzten Schwierigkeiten in der „sächsischen Frage" überwunden seien.[24]

Der Durchbruch in der „sächsischen Frage" gelang am 8. Februar 1815. Die fünf Großmächte einigten sich auf einen modifizierten Teilungsvorschlag.[25] Er sah gegenüber Metternichs Vorschlag zusätzliche Gebietsabtretungen mit insgesamt 131.469 Einwohnern vor. Preußen erhielt das Gebiet um Görlitz zugeprochen, nicht aber die südliche Oberlausitz, außerdem größere Anteile der Ämter Großenhain, Torgau, Delitzsch, Weißenfels, Merseburg und Zeitz sowie das gesamte Amt Mühlberg. Hatte Metternich noch einen Grenzverlauf entlang von Elster, Elbe und Saale vorgesehen, so wurde die Grenzlinie nun so weit in das sächsische Kernland hineinverlegt, dass die Städte Görlitz, Elsterwerda, Mühlberg, Torgau, Eilenburg, Delitzsch, Weißenfels, Naumburg, Merseburg und Zeitz unter preußische Hoheit kamen. Insgesamt lebten im Abtretungsgebiet 855.05 Einwohner.

20 MÜLLER (s. Anm. 3), 291–294.

21 Ebd., 295–297.

22 Ebd.

23 Thorn und Umland wurde in den Auflistungen der Statistischen Kommission mit 20 000 Einwohnern und Leipzig mit 30 796 Einwohnern bewertet.

24 MÜLLER (s. Anm. 3), 295–297.

25 ANGEBERG (s. Anm. 3), 722–724.

Die Teilung Sachsens wurde gegen den langen, energischen Widerstand der preußischen Seite beschlossen, die das ganze Königreich in Besitz nehmen wollten. Österreich und England konnten ein „Restsachsen" unter Herrschaft des sächsischen Königs nur retten, indem sie der Gegenseite eine Teilung vorschlugen. Die letztlich ausgehandelte Teilungslinie berücksichte das militärische Interesse Österreichs, auf sächsischem Gebiet keine gemeinsame Grenze mit Preußen zu erhalten, und das fiskalische Interesse Preußens, sich möglichst viele Einwohner und damit steuerpflichtige Untertanen zu sichern. Das Ringen um ein möglichst großes „Restsachsen" nördlich des Erzgebirges unter Einschluss der südlichen Oberlausitz, eine Forderung Österreichs, bei gleichzeitiger Abtretung ausreichend großer Einwohnerzahlen an Preußen führte dazu, dass die Grenzen auf dem Konferenztisch mitten durch geschlossene Herrschafts- und Amtsbezirke gezogen wurden. Dass man dabei Grundherrschaften, Kirchgemeinden und andere zusammenhängende Einheiten zerschnitt, wussten die Diplomaten nicht, als sie - einzig anhand von Landkarten und Einwohnerzahlen - die Grenze festlegten.

Letzlich handelte es sich bei der Grenzziehung des Wiener Kongresses um einen Kompromiss. Preußen musste auf das sächsische Kernland mit Dresden und Leipzig verzichten, das es eigentlich haben wollte. Österreich hätte eine Grenzziehung entlang der historischen Grenzen der Kreise und Ämter wahrscheinlich durchsetzen können, hätte aber dann den Preußen wohl grenznahe Gebiete im Süden Sachsens überlassen müssen. Daher gab man das Prinzip des ersten Teilungsvorschlags, entlang historischer Grenzen zu teilen, auf. Aber auch das Prinzip des zweiten Teilungsvorschlags, die Grenzen möglichst an den Flüssen verlaufen zu lassen, konnte nicht umgesetzt werden, weil so nicht ausreichend Untertanen an Preußen abgetreten werden konnte. Da Metternich aus militärischen Gründen Preußen unbedingt von der Nordgrenze Böhmens fernhalten wollte, stimmte er lieber einer Zerteilung der Oberlausitz, des Meißner Kreises und des Leipziger Kreises zu. Bautzen und Zittau wurden aus strategischen Erwägungen auf der sächsischen Seite belassen und gegen Görlitz, Naumburg und Weißenfels eingetauscht.

Nachdem sich die Großmächte auf den Erhalt eines „Restsachsen" verständigt hatten, durfte Friedrich August I. im Februar 1815 das Schloss Friedrichsfelde bei Berlin verlassen. Auf Einladung des österreichischen Kaisers reiste er nach Preßburg (heute Bratislava, Slowakei). Der König wollte erst nicht einer Abtretung bedeutender Landesteile an Preußen zustimmen. Dann machte er die Abtretung von Bedingungen abhängig. Doch die Großmächte, die sich mühevoll auf den Teilungsplan verständigt hatten, zeigten keinerkei Bereitschaft, auf die Forderungen einzugehen. Da man dem sächsischen König drohte, er werde alles verlieren, stimmte er der Landesteilung schließlich zu.

Am 3. Mai 1815 begannen Vertragsverhandlungen zwischen Sachsen, Österreich, Preußen und Russland. Darin stimmte der König von Sachsen der bereits ausgehandelten Teilungslinie zu, auf deren Verlauf er keinen Einfluss mehr hatte. Dass man den König von Sachsen nunmehr als Verhandlungspartner akzeptierte, lag an dem Legitimitätsprinzip des Wiener Kongresses. Es sollte der Anschein aufrechterhalten werde, der König entscheide als Souverän. Faktisch hatte er aber nur noch einem Diktat der Großmächte zuzustimmen.

Der Friedensvertrag Sachsens mit Preußen und Russland, der die Gebietsabtretungen regelte, wurde am 18. Mai 1815 in Preßburg ausgefertigt. Nach der Ratifizierung durch den sächsischen König trat er am 21. Mai in Kraft. Die wichtigsten Regelungen wurden auch in die Schlussakte des Wiener Kongresses übernommen, die die Signatarmächte zwischen dem 6. und dem 26. Juni 1815 unterzeichneten.

König Friedrich Wilhelm III. von Preußen nahm bereits am 22. Mai 1815 von dem „mit der Preußischen Monarchie vereinigten Antheil von Sachsen“ Besitz.[26] Mit dieser Erklärung nahm er die Titel eines Herzogs von Sachsen, Markgrafen der beiden Lausitzen, Landgrafen von Thüringen und gefürsteten Grafen von Henneberg an. Die Verwaltung des Generalgouvernements wurde von Dresden nach Merseburg verlegt. Dort errichtete man das „Generalgouvernement des Herzogthums Sachsen“, das noch 1815 in kleinere Verwaltungseinheiten zerlegt wurde. Die Landesteile um Merseburg und Naumburg sowie der südliche Teil des Wittenberger Kreises (Kurkreises) bildeten fortan den Regierungsbezirk Merseburg der neu geschaffenen Provinz Sachsen, die neben den preußisch gewordenen Teilen Thüringens und Sachsens mit der Altmark auch ein ehemals brandenburgisches Gebiet umfasste. Die nördlichen Landesteile Sachsens, die Niederlausitz und der nördliche Teil des Kurkreises, wurden in die Provinz Brandenburg eingegliedert. Den preußischen Anteil des Markgraftums Oberlausitz schloss man dem Regierungsbezirk Liegnitz der Provinz Schlesien an. Damit waren die „neupreußischen Gebiete“ nunmehr auf drei Provinzen aufgeteilt, was eine Besinnung auf die gemeinsame sächsische Vergangenheit verhinderte.

Am 3. August 1815 wurde König Friedrich Wilhelm III. von Preußen als neuer Landesvater in Görlitz willkommen geheißen. Als Markgraf der Oberlausitz beherrschte er nunmehr das Markgraftum Oberlausitz preußischen Anteils, das in staatsrechtlicher Hinsicht als eigene Herrschaftseinheit bestehen blieb, verwaltungstechnisch jedoch der Provinz Schlesien angegliedert war. Noch bis weit in

26 Patent wegen der Besitzergreifung des mit der Preußischen Monarchie vereinigten Antheils von Sachsen, 22. Mai 1815.

das 20. Jahrhundert hinein wurde innerhalb der Provinz Schlesien zwischen dem eigentlichen Schlesien, der Grafschaft Glatz und dem Markgraftum Oberlausitz unterschieden, das sich in die Kreise Görlitz, Lauban und Rothenburg teilte sowie Anteile der Kreise Sagan und Bunzlau umfasste. So waren die Kommunalstände der preußischen Oberlausitz, die in Görlitz tagten, nur für die 1815 angegliederten Gebiete zuständig. Anders sah es bei den kirchlichen Strukturen aus. Hier galt für die preußische Oberlausitz keine Sonderregelung. Die Kirchengemeinden der hinzugewonnenen Gebiete wurden rasch in die Evangelische Kirche Schlesiens integriert.

W jaki sposób podzielone zostały Górne Łużyce. Kongres Wiedeński 1815 r. i wytyczenie granicy między Saksonią i Prusami

Podczas Kongresu Wiedeńskiego 1814/15 r. zwycięskie mocarstwa w wojnach napoleońskich na nowo uporządkowały mapę Europy. Szczególnie poważne następstwa miało to „szachrowanie krajami" dla Królestwa Saksonii. Król Saksonii, Fryderyk August I, który po bitwie narodów w pobliżu Lipska dostał się do pruskiej niewoli, został zmuszony, do odstąpienia 58 procent swego kraju. 42 procent mieszkańców Saksonii, których nikt nie pytał o zdanie, trafiło pod pruskie panowanie. O „kwestię saską" ostro walczono w Wiedniu, gdyż Prusy planowały pierwotnie wcielenie całej Saksonii. Ostatecznie przy stole rokowań wypracowano linię graniczną, która przebiegać miała środkiem przez urzędy i obszary majątków. Również margrabstwo Górnych Łużyc zostało podzielone. Dwie trzecie z obszaru, który dostał się pod pruskie panowanie, zostało włączone do Rejencji Legnickiej Prowincji Śląskiej. Tym samym wydarzenia 1815 r. udzielają nam odpowiedzi na pytanie, dlaczego od 1815 r. obszary Górnych Łużyc należą do Kościoła Ewangelickiego na Śląsku.

1 Karte der Gebietsveränderungen des Königreichs Sachsen zwischen 1807 und 1815 mit Eintragung der Teilungsvorschläge, die auf dem Wiener Kongress besprochen wurden

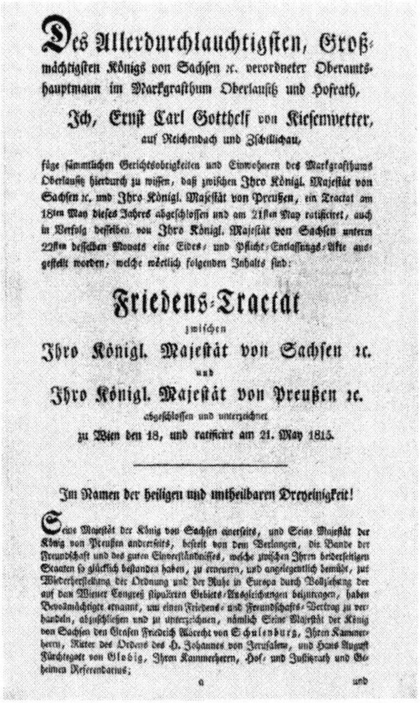

Des Allerdurchlauchtigsten, Großmächtigsten Königs von Sachsen ꝛc. verordneter Oberamtshauptmann im Markgrafthum Oberlausitz und Hofrath,

Ich, Ernst Carl Gotthelf von Kiesenwetter,
auf Reichenbach und Zschillichau,

füge sämmtlichen Gerichtsobrigkeiten und Einwohnern des Markgrafthums Oberlausitz hierdurch zu wissen, daß zwischen Ihro Königl. Majestät von Sachsen ꝛc. und Ihro Königl. Majestät von Preußen, ein Tractat am 18ten May dieses Jahres abgeschlossen und am 21sten May ratificiret, auch in Verfolg desselben von Ihro Königl. Majestät von Sachsen unterm 22sten desselben Monats eine Eides- und Pflicht-Entlassungs-Akte ausgestellt worden, welche wörtlich folgenden Inhalts sind:

Friedens-Tractat
zwischen
Ihro Königl. Majestät von Sachsen ꝛc.
und
Ihro Königl. Majestät von Preußen ꝛc.
abgeschlossen und unterzeichnet
zu Wien den 18, und ratificirt am 21. May 1815.

Im Namen der heiligen und untheilbaren Dreyeinigkeit!

Seine Majestät der König von Sachsen einerseits, und Seine Majestät der König von Preußen andererseits, beseelt von dem Verlangen, die Bande der Freundschaft und des guten Einverständnisses, welche zwischen Ihren beiderseitigen Staaten so glücklich bestanden haben, zu erneuern, und angelegentlich bemüht, zur Wiederherstellung der Ordnung und der Ruhe in Europa durch Vollziehung der auf dem Wiener Congreß stipulirten Gebiets-Ausgleichungen beizutragen, haben Bevollmächtigte ernannt, um einen Friedens- und Freundschafts-Vertrag zu verhandeln, abzuschließen und zu unterzeichnen, nämlich Seine Majestät der König von Sachsen den Grafen Friedrich Albrecht von Schulenburg, Ihren Kammerherrn, Ritter des Ordens des H. Johannes von Jerusalem, und Hans August Fürchtegott von Globig, Ihren Kammerherrn, Hof- und Justizrath und Geheimen Referendarius;

a und

2 Proklamation des „Friedens-Tractats" im Markgraftum Oberlausitz, 22. Mai 1815

3 Portikus, errichtet im August 1815 zum Einzug des Königs Friedrich Wilhelm III. von Preußen in Görlitz, zuletzt im Görlitzer Stadtpark, um 1900

Die Integration der Lausitz in die Kirchenprovinz Schlesien

von Dietrich Meyer

Einen guten Überblick über „Die Eingliederung der östlichen Oberlausitz in die evangelische Kirche der Provinz Schlesien“ und die damit verbundene Problematik bietet Christian-Erdmann Schott 1994.[1] Hier wird die einschlägige Literatur zitiert und die Bedeutung von Superintendent Johann Gottlob Worbs für die gelungene Integration ausdrücklich gewürdigt. Ich sehe darum meine Aufgabe darin, die Vorgänge von 1815 bis 1829 anhand der Archivalien etwas detaillierter zu schildern. Man sollte annehmen, dass die mit dieser Gebietserweiterung Schlesiens verbundenen verwaltungsgeschichtlichen Vorgänge bestens in den Akten des Breslauer Konsistoriums dokumentiert sind. Doch dieses Konsistorium wurde wie auch die anderen preußischen Konsistorien erst durch eine Königliche Verordnung vom 30. April 1815 begründet und nahm in Breslau nicht vor dem 1. Mai 1816 seine Tätigkeit auf. Der Niederschlag an Akten über die Oberlausitz setzt kaum vor dem Jahr 1818 ein, und gerade die entscheidenden Visitationsberichte, die der damit beauftragte Superintendent Worbs verfasste, wurden nicht hier, sondern in der Regierung in Liegnitz verwaltet und aufbewahrt. Das Konsistorium erhielt diese Berichte nur zur Kenntnis und Stellungnahme. Und leider sind die Akten der Regierung Liegnitz nicht erhalten geblieben, wie man mir nach zweimaliger Nachfrage im Staatsarchiv in Breslau bestätigte. Die frühen Korrespondenzen und Visitationsberichte kann man heute also nur noch in den Akten der Kirchenkreise der Oberlausitz und allenfalls in den Gemeindeakten finden. Verzeichnet wurde bisher lediglich der Bestand des Kirchenkreises Rothenburg I, deren Wert man aus den folgenden Ausführungen gut erkennen kann. Neben dem Aktenbestand in Görlitz gibt es die Akten des Kultusministeriums in Berlin, die insbesondere eine Akte über „Die General-Superintendentur für den zur Provinz Schlesien gehörigen District Lausitz“ verwahren.[2] Der Aufsatz zeichnet die chronologische Entwicklung ab 1816 nach, wobei ich die einzelnen Themenfelder abschreite.

1 Abgedruckt in: Wegmarken der Oberlausitzer Kirchengeschichte, Verein für Schlesische Kirchengeschichte (Hg.), (Studien zur Oberlausitzer Kirchengeschichte 1), Düsseldorf und Görlitz 1994, 37–50. Die biographischen Angaben zu den einzelnen Pfarrern und Superintendenten verdanke ich Herrn Mag. Dietmar Neß, dem Herausgeber des Schlesischen Pfarrerbuches, dem ich dafür herzlich Dank sage. Der Band über die Oberlausitz wird voraussichtlich 2017 erscheinen.

2 Berlin, Geheimes Staatsarchiv (abgekürzt: GStA) I. HA Rep 76 III 16 XV 1.

Die mit der künstlichen Grenzziehung verbundenen Probleme

Große Probleme bereitete die ohne Rücksicht auf die Geschichte einer Gemeinde, rein nach politischen Erwägungen vollzogene Grenzziehung zwischen Sachsen und Preußen 1815, denn die politische Grenze zerteilte häufig eine historisch gewachsene Gemeinde, die nun teils zu Sachsen teils zu Preußen gehörte. Ein Beispiel: Am 10. Februar 1818 schreibt die Regierung Liegnitz, der Landrat des Rothenburger Kreises überreiche die Vorstellung der Gemeinde Weigersdorf, die aus dem Baruther Kirchspiel auszutreten und nach Förstgen eingemeindet zu werden wünsche. Pfarrer und Collator (Lehnsherr, Patron) von Foerstgen sind damit einverstanden, wenn es von der Regierung so beschlossen wird. Eine Übersicht in einer von mehreren diesbezüglichen Akten zeigt, dass Deutschpaulsdorf zu Reichenbach, Oelsa mit Leipgen zu Förstgen, Stift Joachimstein zu Radmeritz, Sächs. Nieda zu Preußisch Nieda, Oelisch und Gosswitz zu Reichenbach, Mattitz und Wasserkretscham zu Krischa überwechseln möchten.[3] Das sind nur einige von zahlreichen Anfragen, die bis weit über die Mitte des Jahrhunderts reichen. Noch 1855 teilte das in der sächsischen Oberlausitz gelegene Kloster Marienthal mit, dass es bereit sei, „das ihm zustehende Patronat über das evangelische Kirchen- und Schulwesen in den Preußischen Kloster-Ortschaften – gemeint sind Melaune, Meuselwitz, Nieder-Seifersdorf und die Schulen zu Melaune, Meuselwitz, Jauernick, Nieder-Seifersdorf, Baarsdorf und Oedernitz – an Seine Majestät den König unter der Bedingung der Uebernahme der Patronats-Lasten abzutreten". Das Ministerium begrüße diesen Schritt.[4]

Die eigentliche Verantwortung für die kirchliche Integration der Lausitz in die Provinz Schlesien lag nach preußischem Verständnis bei der Regierung in Liegnitz. Und diese begann damit, zunächst die historischen Unterlagen über die einzelnen Oberlausitzer Gemeinden zu sammeln. Allerdings habe man gehört, dass das Kultusministerium Superintendent Worbs mit einer Visitation aller 94 Gemeinden der Oberlausitz beauftragt habe. Diesen Bericht wolle man, bevor man einzelne Entscheidungen treffe, zunächst abwarten. Am 10. März 1817 wurde die Regierung unruhig, weil sie noch immer nichts von Worbs bekommen habe. Es seien nun 8 Monate vergangen – am 11. Juni 1816 war von König Friedrich Wilhelm III. die Besitznahme des abgetretenen Lausitzer Gebietes proklamiert worden –, ohne dass auf dem Gebiet des Cultus und der Schulen irgendetwas geschehen sei. „Wir kön-

3 Archivum Panstwowe we Wrocławiu (abgekürzt APW), Bestand Breslau, Schlesisches Konsistorium I 290, Bl. 219–225.

4 APW Breslau, Schlesisches Konsistorium I 295 vom 7.5.1855.

nen diesem Zustand nicht länger zusehen." Es sei dringend nötig, daß „geistliche Vorgesetzte ernannt, das Vermögen der Kirchen-Aerarien, das Rechnungs- und Cassen-Wesen und das gesamte Oeconomicum desselben regulirt, die Aufsichtsbehörde über die Schulen angeordnet ... werden, wie sie in den alten Provinzen bestehen."[5]

Der Auftrag für Johann Gottlob Worbs

Wir fragen uns, wie kommt gerade Worbs zu seinem Auftrag und was hat er inzwischen unternommen. Über das Leben des Priebuser Superintendenten Worbs und seine historischen Interessen wird an andrer Stelle berichtet.[6] Aus diesem Referat geht hervor, dass Worbs dem Kultusministerium kein Unbekannter war, hatte er doch 1810 bei der Säkularisierungskommission seine Bereitschaft erklärt, die Urkunden der Klöster aufzunehmen. Auch hatte Worbs wenige Tage vor der Proklamation des Königs einen Brief an den Staatsminister des Innern und Nachfolger von Hardenberg Friedrich von Schuckmann (1755–1834) geschrieben und ihm die schlechte finanzielle Ausstattung eines Superintendenten geschildert. Anlass des Schreibens war seine Enttäuschung darüber, dass ihm das Ministerium trotz seiner Bewerbung keine Stelle als Regierungsrat in Liegnitz verliehen hatte, wozu ihn nicht persönlicher Ehrgeiz, sondern seine finanzielle Notlage als Superintendent getrieben habe. „Ich lebe aber in einem kleinen nahrlosen Städtchen in der dürftigsten Gegend Schlesiens und meine sämtlichen jährlichen Einkünfte betragen nicht mehr als 450 Thaler, bei denen ich ganz und gar keine Naturalien, nicht einmal Holz habe."[7] Und man muss wissen, dass die Superintendenten damals so gut wie keine Zulage für ihre Reisen und Repräsentationskosten bekamen. Die Reisen sollten vielmehr durch Fuhren aus der Gemeinde abgedeckt werden. Er bat daher um eine Gehaltszulage als Superintendent von 200 Thalern und deutete an: Falls er nicht nach Liegnitz könne, böte vielleicht die Oberlausitz eine Stelle. Und dann schilderte er das Kirchenwesen der Oberlausitz in düsteren Farben.

> „Diese Provinz ist in Ansehung ihres Kirchen- und Schulwesens ganz noch so, wie sie sich zur Zeit der Reformation bildete. Sie riß sich damals von der Aufsicht des Dekans in Bautzen und des Bischofs in Meißen los und bekam keine andern. Die Amtsführung der Geistlichen wurde dem Gewißen derselben allein überlaßen und die Rechte und das Vermögen der Kirchen den Collatoren. Wo nun die Kirchen mit verständigen und treuen Predigern be-

5 GStA Berlin, Rep 76 III 16 XV 3.

6 Vgl. dazu das Referat von Lucyna Harc.

7 GStA Rep 76 III 16 XV 1, Bl. 1–4 auch im Folgenden.

sezt und die Collatoren rechtschaffne Männer sind, da geht es gut; wo aber auch nur eines fehlt, da ist sogleich das Kirchen-Wesen ohne Hülfe."

Und dann weiter:

„Ueber die eigentliche Amts-Führung der Geistlichen, über ihren sittlichen Wandel, über die Rechte und das Vermögen der Kirche hat seit der Reformation keine Aufsicht statt gefunden. Nur wenn Sachen zur Klage kommen, würden sie vom Amte als Rechts-Sache und daher auch nur vor Bezahlung verhandelt. Es mochte dem Amte die gröste Unregelmäßigkeit bekannt werden, es ignorirte sie, wenn nicht geklagt wurde. Es gieng dieses so weit, daß Prediger, selbst wenn sie sich in Amts-Sachen nur Belehrung erbaten, diese mit hohen Sporteln bis zu 20 Rt. bezahlen mußten, daher sie sich sehr hüteten, sich belehren zu laßen." „Von Seiten der Collatoren ist überall gesündigt worden. Es ist kaum zu glauben, wie gewißenlos sie und die Herrschaften und Gerichts-Aemter mit dem Kirchen-Vermögen gebasert haben."

Sein Vorschlag ist darum, „einen Commissarium perpetuum der Ober-Lausiz anzustellen, der unmittelbar unter dem Consistorio in Breslau stehend und ohne ein Pastorat zu haben, sich blos der Organisation und Visitation des Kirchen- und Schulwesens widmen könne, bis überall Ordnung hergestellt und in Gang gebracht wäre." Sollte der Minister diesem Vorschlag zustimmen, „so bitte ich, mich zu diesem Commissario perpetuo zu ernennen." Zugleich empfahl er sich mit einem Visitationsplan, den er vor einiger Zeit „zur Abfassung der Kirchen-Visitations-Protokolle in Schlesien" entworfen habe.[8]

In einem Randvermerk zu diesem Schreiben verfügte der Minister ganz in diesem Sinne an das Konsistorium in Breslau, Worbs mit einer Visitation des Kirchen- und Schulwesens der preußischen Oberlausitz, über welches nie eine competente Aufsicht bestanden habe und das zum Teil in großer Unordnung sei, zu beauftragen und angemessen zu vergüten. Eine ganz ähnliche Verfügung erging an den Regierungspräsidenten Kieckhöfer in Liegnitz, eine „Aufsicht für das bisher sehr vernachlässigte Kirchen- und Pfarrwesen in der Lausitz zu bestellen", zunächst den Bericht von Worbs abzuwarten und für dessen Vergütung vorzusorgen, da das Ministerium willens sei, ihn „hienächst als General-Superintendent für diese Kirchen zu bestellen".[9] Worbs selbst erhielt die Mitteilung, dass das Ministerium beabsichtige, „Sie bei des Königs Majestät mit einem angemessenen Gehalte als General-

8 Ebd., Bl. 6–10.

9 In dieser Verfügung wird die Regierung angewiesen, im Etat 200 Reichsthaler jährlich als Gehalt für einen Generalsuperintendenten anzusetzen (ebd. B. 12v).

Superintendenten für den zum Schlesischen Consistorialbezirk gehörigen District Lausitz in Vorschlag zu bringen".[10]

Dass das Ministerium so prompt und positiv auf das Schreiben des Superintendenten reagierte, hängt wohl auch damit zusammen, dass sich Worbs selbst am 5. Juni an den König gewandt hatte und darin seine nationale Gesinnung mit Beispielen aus seinem Leben betonte[11], ja er legte dem König eins seiner Gedichte im Stil der Befreiungslieder bei (vgl. dazu Anlage 1).

Am 23. Juli 1816 erhielt Worbs dementsprechend den Befehl zur Visitation der 94 Lausitzer Kirchengemeinden, und ein Dreivierteljahr später konnte er dem Ministerium melden, dass er am 26. Februar 1817 seine Visitation beendigt habe. Er legte für jede Visitation eine Akte an, so dass er anhand dieser seinen Abschlussbericht geben konnte. Dabei verschwieg er nicht, dass ihm einzelne Herrschaften Schwierigkeiten machten, deren Rechte er nun noch überprüfen wolle, und zwar seien dies: die Herrschaft Muskau, die ein eigenes Konsistorium besaß, die Magistrate von Görlitz und Lauban, die sich in ihren Rechten beschnitten fühlten, und der Patron von Seidenberg, ein Herr von Einsiedel, und ein Herr von Nitsche auf Schadewalde und Marklissa. Darüber würde sicherlich der Generalbericht von Worbs genauer Auskunft geben, doch ich konnte ihn bisher nicht in den Akten finden. Dieser Bericht wurde vom Ministerium „mit vollkommenster Zufriedenheit" zur Kenntnis genommen, da er in „seiner Vollständigkeit, Genauigkeit, Klarheit und Ordnung so wie in den darin ausgesprochenen Urtheilen und gegebenen Übersichten, von der Ein- und Umsicht und Gewandheit auf der Einen, und von dem Berufsernst und der Geschäftstreue des Herrn Berichterstatters auf der andern Seite ein so sprechendes Zeugniß" ablege.[12] Dem Konsistorium lag der Bericht bereits am 12. Juni 1817 vor, und es entnahm ihm, „wie viel im Allgemeinen wie viel im Einzelnen geschehen muß, um die Verwaltung des Kirchenwesens der Lausitz in die im Preußischen bestehende gesetzliche Ordnung zu bringen."[13] Neben einer gewissen Kritik an der in der Oberlausitz bestehenden Gottesdienstordnung und mancherlei eigentümlichen Gebräuchen fällt vor allem die wenig günstige Beurteilung der Pfarrer auf, die sich aus den Konduitenlisten ergab. „Unter 111 dort le-

10 Ebd. Bl. 13r.

11 Er selbst habe einem französischen Corps mit Erfolg widerstanden, als er in das französische Hauptquartier abgeführt werden sollte. Sein Sohn habe zu den ersten Freiwilligen gehört, die in den Krieg für das Vaterland zogen und den er selbstverständlich von seinen geringen Mitteln versorgt habe (ebd., Bl. 14f).

12 Verfügung des Ministeriums vom 6. August 1817 (GStA I HA 76 III 16 XV 1 Bl. 56f bzw. 58–63).

13 Ebd., Bl. 40–44.

benden Geistlichen sind 31 genannt, die mehr oder weniger dem Tadel unterliegen. Bey dreien scheint nach dem General-Bericht sogar die Remotion unumgänglich nothwendig."

Unterschiede der kirchlichen Praxis in Sachsen und Preußen

Ich will im Folgenden nur einige Beispiele für die unterschiedliche kirchliche Praxis in Sachsen und in Schlesien nennen. Mit dem 15. Juli 1816 wurden in Preußen die dritten Feiertage der drei großen kirchlichen Feste sowie das Marien-, Johannis- und Michaelisfest und andere Aposteltage aufgehoben. An diesen aber hing man in Sachsen sehr, weshalb Superintendent Starcke aus Delitzsch eine Beschwerde an die Regierung einreichte, woraufhin der König einlenkte und das Reskript für die Lausitz vorerst aufhob.

Oder: In den sächsischen Gemeinden ging die Kommunion vielfach der Predigt voraus. Das sollte geändert und die Kommunion nun öffentlich nach der Predigt, „wie es landesüblich ist", gehalten werden.[14] Oder: In Sachsen wurden die Catechumenen nur während der Fastenzeit wöchentlich zweimal unterrichtet. Das Visitationsprotokoll zu Groß Radisch vermerkt: „Für die Zukunft aber wird, der Verordnung des Consistorii zu Folge, derselbe längere Zeit ertheilet werden müßen."[15] Oder ein anderer Visitationsvermerk im Protokoll derselben Gemeinde: „Ein Verzeichnis der kirchlichen Geräthschaften ist zwar noch nicht vorhanden, es wird aber sogleich angefertigt werden."[16] Preußen verlangte von den Pfarrern der Oberlausitz auch die ärgerliche Preisgabe von allerlei Getränke-Steuer-Freiheiten. Lediglich die steuerfreie Anfertigung des häuslichen Bieres wurde für den eigenen Bedarf einer Familie von nicht über 10 Personen über 14 Jahren gestattet.[17]

Ein besonderes Problem stellte der in Sachsen noch geltende Parochialzwang dar. Der Osnabrücker Frieden von 1648 hatte das Jahr 1624 als Normaljahr für den Besitzstand der Konfessionen festgelegt. Danach bestand für alle Glaubensgenossen in den Orten der Lausitz, an denen es keine Pfarrkirchen von beiden Konfessionen gab, der Parochialzwang, d.h. die Unterstellung aller Bewohner der Paro-

---

14 Kirchenkreis-Archiv (abgekürzt KA) Görlitz, Kirchenkreis Rothenburg, Akte 479 Visitationsprotokoll vom 5.9.1820.

15 Ebd. Am 15.8.1820 musste Worbs den Pfarrern seines Kreises mitteilen, dass der Katechismus-Unterricht „ein volles Jahr oder mit Unterbrechung zwei halbe Jahr dauern soll", und zwar von Sonntag nach Martini bis Ostern. Kinder dürfen nicht vor dem 14. Jahr konfirmiert werden (Akte 186 Nr. 1).

16 Ebd.

17 KA Görlitz, Kirchenkreis Rothenburg, Akte 31 Regierung Liegnitz vom 30.9.1819.

chie unter die dort einzig rechtlich gültige Konfession, was sich vor allem bei Amtshandlungen auswirkte. Da in Preußen der Parochialzwang 1758 aufgehoben wurde, kam es nun in der Lausitz zu allerlei Anfragen und Beschwerden, wie lange der Parochialzwang in der Lausitz noch gelten solle. Die Regierung in Liegnitz fragte daher bei Kulturminister Altenstein an[18], wie hier zu verfahren sei, da der Parochialzwang zu Unzufriedenheit und Reibungen führe, „welche den Geist der Intoleranz zwischen den evangelischen und katholischen Glaubensgenoßen hervorriefen", weil dadurch die engere Verbindung zwischen dem glaubensverwandten Seelsorger und dem der fremden Parochie unterworfenen Beichtkinde gehindert werde. Die Regierung machte daher Altenstein folgenden Vorschlag: „Der Hauptzweck würde unseres Erachtens aber schon erreicht werden, wenn nur alle christlichen Glaubensgenoßen von der Verpflichtung entbunden würden, die geistlichen Amtshandlungen bei dem nicht glaubensverwandten Parocho loci vollziehen zu laßen" oder wenigstens das Recht bekämen, sich durch Stolgebühren freizukaufen. Die Verhandlungen über den Parochialzwang sind aufschlussreich, weil sie zeigen, wie zurückhaltend der preußische Staat seine Gesetzgebung in den neu erworbenen Teilen durchführte. Zugleich bekunden sie die gegenüber Preußen konservative religiöse Einstellung und Verwaltung in Sachsen.

Die Kirchenvisitation und Einteilung der Kirchenkreise

Als wirksamstes Mittel, um die Gemeinden der Oberlausitz an die preußische Verwaltung anzuschließen, erwies sich die Bestimmung in der Instruction für die Superintendenten, dass alle zwei Jahre eine Visitation in den Kirchengemeinden durch den Superintendenten durchgeführt werden müsse[19], was sich in den Akten der Gemeinden auch für die Jahre 1818, 1820, 1824, 1826 nachweisen lässt. Das Schema dafür hatte Worbs erstellt.[20] Es gliederte sich in 7 Abschnitte: 1. das Kirchensystem mit Alter, Umfang und Patronatsverhältnis, 2. Ökonomie der Kirche, d.h. ihre Einkünfte, das Kirchenvermögen, 3. Die kirchlichen Gebäude, 4. Der Gottesdienst, Agende und Gesangbuch einschließlich des kirchlichen Unterrichts, 5. Kirchenbücher, Bibliothek und Kirchenarchiv, 6. Die kirchlichen Mitarbeiter, ihr Lebenswandel und ihre Besoldung, 7. Sittlicher Zustand der Gemeinde, d.h. Kirchenbe-

18 Die Anfrage der Regierung vom 3.3.1823 findet sich in der Akte „Der in den diesseitigen Lausitzen noch bestehende Parochial-Zwang gegen andere christliche Glaubens-Verwandte 1823–1867 (GStA I. HA, Rep 76 III 16 XIX Nr. 5).

19 KA Görlitz, Kirchenkreis Rothenburg I, Akte 51, Entwurf einer Instruction, § 25.

20 GStA I. HA Rep. 76 III 16 XV 1, Bl. 6–10.

such, Kirchenzucht, Streitigkeiten in der Gemeinde. Nach diesem Schema wurden alle 94 Kirchengemeinden der Oberlausitz erfasst, ein sehr nützliches Auskunftsmittel bis heute, sofern diese Akten erhalten geblieben sind. – 1827 wurde eine für Preußen einheitliche Visitationsordnung erlassen, so dass die Oberlausitz nun keiner besonderen Aufsicht mehr unterstand.

Mit dem Visitationsbericht von Worbs war auch die Frage verknüpft, wie denn nun eine Einteilung in Kirchenkreise vorzunehmen sei. Politisch wurde die Oberlausitz in die Kreise Lauban, Görlitz und Rothenburg geteilt. Wäre es nicht am einfachsten gewesen, diese Teilung auch für die Kirche vorzunehmen? Das Konsistorium in Breslau war in der Tat dieser Meinung, zumal ja Worbs als eine Art Generalsuperintendent hauptamtlich über das ganze Gebiet der Lausitz 1817 eingesetzt werden sollte. Auch wenn die Zahl der Gemeinden dann für die einzelnen Kreise sehr hoch sei, so meinte das Konsistorium, könne man doch dadurch Abhilfe schaffen, dass für jeden Kreis besondere Schulinspektoren eingesetzt werden.[21]

Ganz anders die Regierung in Liegnitz, die die von Worbs gehegte Idee, die gesamte Oberlausitz einem hauptamtlichen Generalsuperintendenten zu unterstellen, ablehnte. Die Regierung wollte die übliche Praxis in Schlesien, dass ein Pfarrer des Kirchenkreises die Superintendentur mit verwaltet, beibehalten und plädierte für kleinere „geistliche Aufsichtsbezirke", die nur eine mäßige Anzahl von Kirchen und Schulen zur Beaufsichtigung besitzen, damit der Superintendent nicht überfordert werde und „damit die Seelsorge nicht leide".[22] Die Regierung schlug dementsprechend vor, den Görlitzer Kreis als den größten in drei, die Kreise Lauban und Rothenburg in zwei Kirchenkreise zu teilen. Und so wurde es vom Kultusministerium beschlossen. Die endgültige Einteilung findet man im Amtsblatt und im Görlitzer Anzeiger[23] im Jahre 1819 aufgeführt (s. Anlage 2). Man hat den Eindruck, dass das Konsistorium in Breslau zu weit von der Lausitz entfernt lebte, um sich über die Größe dieses Gebietes ein klareres Bild zu machen. Die Regierung in Liegnitz war sicherlich die besser informierte und realistischer denkende Behörde, die Einteilung der Kirchenkreise hat mit einigen Änderungen durch das ganze 19. Jahrhundert Bestand gehabt.

Die Gliederung der Oberlausitz in 7 Kirchenkreise stand freilich in Beziehung zu der herkömmlichen Gliederung des Fürtentums Liegnitz, das bisher nur einem Su-

21 Schreiben des Konsistoriums vom 12.6.1817 an das Ministerium (GStA I HA 76 III 16 XV 1 Bl. 40–44).

22 Regierung Liegnitz an Staatsminister Schuckmann am 9.6.1817 (GStA I HA 76 III 16 XV 1 Bl. 33–35v).

23 Görlitzer Anzeiger vom 11.2.1819, S. 23f.

perintendenten unterstand, der seinerseits 6 Seniorats-Distrikten vorstand, dem Liegnitz-Waldauer, Goldberger, Haynauer, Lübener, Mertschützer und Parchwitzer Distrikt. Ein Senior hatte also etwa dieselbe Verantwortung inne und eine ähnliche Zahl an Kirchengemeinden zu vertreten, wie es nun für die Oberlausitz geplant war. Die Regierung in Liegnitz wandte sich daher an Minister Schuckmann: „Wir wünschen iezt, und es scheint uns durchaus angemeßen, daß ein Fürstenthums Superintendent nicht weiter creiret, sondern jedem der Senioren der Bezirke, die dieses Fürstenthum bilden, der Titel Superintendent zu Theil werde."[24] Daraufhin wurde durch eine Cabinetsordre König Friedrich Wilhems III. die Superintendentur des Fürstenthums Liegnitz aufgehoben und die bisherigen Senioren wurden zu Superintendenten ernannt.[25] Erst dann konnte der König durch eine Cabinetsordre die Superintendenten der Oberlausitz nach den Vorschlägen von Worbs ernennen.[26]

Im Zusammenhang mit der Visitation der Oberlausitzer Gemeinden hatte Worbs die Pfarrerschaft kennen gelernt und konnte der Regierung Namensvorschläge für die zu ernennenden Superintendenten mit kurzen Merkmalen zu den Genannten machen. So charakterisiert er Pastor Gottlieb Busch in Rothenburg folgendermaßen: „Er besitzt gute Kenntnisse und Redner-Gaben, hat einen unbescholtenen Ruf, und ob er gleich 63 Jahr alt ist, noch lebhafte Geistes- und Köperkräfte, erscheint mithin als sehr empfehlungswürdig."[27] Ähnlich heißt es zu dem Superintendenten von Görlitz I, Johann Christian Janke, er sei ein „Archidiakonus zu Goerlitz, ein geschickter thätiger und Geschäftskundiger Mann, welcher wegen seiner Sittlichkeit und verständigem Benehmen in allgemeiner Achtung steht".[28] Die Regierung in Liegnitz wies vorsorglich darauf hin, dass sich „nach dem Gesetz" die möglichen Kandidaten für das Superintendentenamt durch ein Colloquium

24 GStA I. HA 76 III 16 XV 2 Bd. 1 Die evangelischen Inspectionen und die Anstellung der Superintendenten und Schulinspectoren 1817–1830, Bl. 1f Schreiben der Regierung vom 9.6.1817 (hier Bl. 2).

25 CO vom 29.11.1817 (ebd., Bl. 13).

26 CO vom 13.3.1818 (ebd., Bl. 24).

27 GStA I. HA 76 III 16 XV 1 Bl. 38f. Busch wurde 1753 in Küpper geboren, besuchte das Gymnasium in Lauban, studierte 1775–1778 in Leipzig Theologie und wurde 1780 Diakon, 1791 Oberpfarrer in Rothenburg, 1818 Superintendent. Am 1. Advent 1832 hielt er seine letzte Predigt (WILLY SCHULZE, Prediger- und Kirchengeschichte des Kirchenkreises Rothenburg I. Festschrift zur General-Kirchenvisitation 1933, Reprint 2009). Er starb am 23.2.1833 in Rothenburg.

28 Ebd. Jancke wurde 1757 in Görlitz geboren, besuchte das dortige Gymnasium, studierte 1775–1779 in Leipzig Theologie, war zunächst Hauslehrer in Belwitz und Lauske, 1788 Substitut in Langenau und seit 1789 in Görlitz als Subdiakon, 1791 als Diakon und 1803 als Archidiakon, 1820 als Pastor primarius, 1818 Superintendent, 1834 emeritiert und verstarb noch in demselben Jahr (ALFRED ZOBEL, Predigergeschichte des Kirchenkreises Görlitz I. Görlitz 1939, 15).

theologicum vor dem Konsistorium in Breslau ausweisen müssten. Da aber die Reisekosten nach Breslau von den Vorgeschlagenen selbst zu übernehmen sind und schon deshalb mancher absagen möchte, könnte der Minister vielleicht eine Ausnahme machen oder Worbs mit dieser Aufgabe beauftragen. Der Minister entschied sich für das letztere.

Die Finanzierung der Superintendenten

Ein weiteres Problem beschäftigte die Regierung. Da die Superintendenten in Schlesien keine Vergütung erhalten, die Pfarrer der Oberlausitz aber in zumeist armen Gemeinden leben und nur ein geringes Einkommen beziehen und deshalb durch Privatunterricht sich etwas dazu verdienen müssen, wäre es wünschenswert, ihnen ein „auch nur mäßiges Gehalt" zu geben. Da die Regierung dafür aber keinen Fonds besaß, kam sie auf einen kühnen Gedanken, ob nicht das Geld der wenigen katholischen Gemeinden von Jauernick und Marienthal für die Bildung dieses Fonds verwendet werden könnte, natürlich bei Sicherstellung des katholischen Kultus an beiden Orten. Verständlicherweise konnte das Kultusministerium darauf nicht eingehen.[29]

Einen realistischeren Vorschlag zur Finanzierung der Superintendenten lieferte Worbs ein Jahr später in einer Art Gutachten.[30] Er schlug eine Besoldung von 100 Reichsthalern vor, die aus einer zu errichtenden Ephoralkasse bestritten werden müsste. Aus seiner Kenntnis der Vermögenssituation der Kirchengemeinden, die im Visitationsbericht verzeichnet wurde, errechnete er: „Wenn jede Kirche von ihren wirklichen Activis jährlich nur ⅓ pro Cent [gäbe], gäbe es eine Summe von 933⅓ Thaler zusammen." Diese sollten vom Görlitzer Superintendenten verwaltet werden, der dafür 20 Thaler pro Jahr bekommt. Nach Abzug der 720 Thaler für die Superintendenten bliebe noch ein kleiner Rest von 213⅓ Thaler übrig, „so könnten die Superintendenten so wie die Pastoren, welche nicht eigene Pferde haben und mit Lohn-Fuhren zur Synode reisen müßten, eine kleine Entschädigung erhalten."

Die „Instruction" für Superintendenten

Zunächst beauftragte die Regierung Worbs, da die Superintendenten der Lausitz mit ihren Amtsrechten und Amtspflichten noch nicht hinlänglich bekannt seien, eine „Instruction" für das Superintendentenamt zu entwerfen, die dann, von Kon-

29 Schreiben vom 9.6. 1817 (GStA, I.HA 76 III 16 XV 1, Bl. 33–35).

30 Schreiben von Worbs am 8.6.1818 (GStA, I.HA 76 III 16 XV 2 Bd. 1, Bl. 28–30).

sistorium und Regierung geprüft, den Superintendenten zugehen sollte. Dieser Entwurf einer Instruktion in 64 Paragraphen (vgl. Anlage 4 mit den ersten 24 Paragraphen) ist aufschlussreich, weil er ganz den Geist des damaligen Rationalismus atmet und Aufgaben der Weiterbildung der Geistlichen und ihrer moralischen Vorbildfunktion in den Vordergrund stellt, über die wir heute nur staunen können, die aber ganz offensichtlich das Amtsverständnis von Worbs als Superintendent widerspiegeln. In der Einleitung wird die Aufgabe des Superintendenten so beschrieben:

> „So wie aber der Zweck des christlichen Lehramts ist, die Glieder der Kirche zur Erleuchtung des Geistes über die dem Menschen wichtigsten Gegenstände zu einem religiösen Sinn, zu einem moralisch guten Wandel und durch alles dieses zur wahren Glückseligkeit zu leiten, so hat der christliche Staat denselben Zweck. Der Superintendent mag also als Diener der Kirche oder des Staates angesehen werden, in beiden Rücksichten solle er Erleuchtung des Geistes, religiösen Sinn und einen moralisch guten Wandel zu befördern streben."[31]

Nach Feststellung der gesetzlichen Grundlagen wird als erste Pflicht des Superintendenten in § 12 die Einrichtung einer „Lese Anstalt" genannt, d.h. einer Synodalbibliothek mit Schriften, „aus welchen der gegenwärtige Zustand der theologischen Literatur und das Fortschreiten unseres Zeitalters in den theologischen Wissenschaften zu ersehen ist", also kritische Zeitschriften, exegetische, dogmatische und kirchengeschichtliche Literatur. In § 13 wird dann ausgeführt, dass auch die Kreis-Synoden dem Ziel dienen sollen, „das Literarische Leben unter den Geistlichen anzuregen", indem der Superintendent Synodalfragen und Themen aufgibt, worüber er schriftliche Ausarbeitungen von den Pfarrern erwartet. Daneben soll er regionale Zusammenkünfte anregen, wo man das „neue Interesse an den Wissenschaften" teilen und sich darüber austauschen könne. Darum soll der Superintendent bei den zweijährlichen Visitationen „wenigstens die Hälfte so einrichten, daß er die Predigten anhören" und beurteilen könne (§ 14). Das Visitieren sei deshalb nötig, weil der Landgeistliche „immer nur seinen Gottesdienst sieht, daher nicht vergleichen kann und die Mängel des seinigen nicht fühlt." (§ 15). Am Ende dieser Instruktion geht Worbs auf die Altregistratur des Superintendenten ein und gibt Anweisungen, wie sie zu ordnen sei, wie also ein Archiv anzulegen ist.

---

31 KA Görlitz, Kirchenkreis Rothenburg, Akte 51, Schreiben vom 26.9.1819 und die Kopie der Instruction, die einige offensichtliche Abschreibfehler aufweist und mit anderen Abschriften verglichen werden müsste.

Die Einführung der Superintendenten

Die Einführung der Superintendenten erfolgte nach Kolloquium und Vereidigung (s. Anlage 3) in Verbindung mit einer Synode des Kirchenkreises im Herbst 1818 wiederum durch Worbs. Dieser nahm den ihm erteilten Auftrag der Durchführung eines Kolloquiums durchaus ernst und sandte das Protokoll darüber mit zwei schriftlichen Ausarbeitungen und seiner Beurteilung an das Konsistorium.[32] Darüber wurde jeweils im Görlitzer Anzeiger[33] anschaulich berichtet. Hier heißt es dann etwa bei der Einführung von Superintendent Menzmann[34] in die dritte Diözese des Görlitzer Kreises am 10. November 1818 in Langenau: Nach dem feierlichen Einzug der Geistlichen, einer Intrade mit Trompeten und Pauken, dem Lied Allein Gott in der Höh sei Ehr, Psalm 84 und dem Lied: Ach bleib mit deiner Gnade betrat der Superintendent Dr. Worbs den Altar, „hielt eine kräftige Rede und machte die Anwesenden mit dem Zwecke der Feyerlichkeiten bekannt“, überreichte dem Superintendenten die Bestallungsurkunde vom 26. März 1818 „und verbreitete sich dann noch über das Wohlthätige dieser neuen Verfassung für Kirchen, Schulen und ihre Diener“. Es folgte der Dank des Superintendenten, eine Musik der Schuljugend und „die gesetzlich angeordnete Synodal-Predigt“ des Superintendenten über die Worte „Ihr seid das Salz der Erde“ (Mt. 5, 13–16), Kollekte und Segen. Danach fand die Synode am 11. und 12. November in Rothenburg statt, wo zugleich der Superintendent Busch eingeführt wurde.

Die Synode von 1818

Damit komme ich zu den mit der Installation verbundenen Synoden, die auf Anordnung des Königs vom 13. März 1817 im folgenden Jahr stattfinden sollten.

32 Zwar sind diese Protokolle und Arbeiten nicht mehr erhalten, aber wir wissen aus dem Bericht des Konsistoriums an den Kultusminister über das Kolloquium mit Pastor Seybold (Rothenburg II) und Dreßler (Görlitz II) darüber: „Von jedem ist uns eine lateinische Abhandlung über eine Schrift-Stelle und eine Predigt eingereicht, und so wohl diese als das über das ganz in derselben Art wie das frühere gehaltenen Colloquium aufgenommene Protocoll giebt rühmliche Beweise von der Einsicht und Geschicklichkeit der gedachten Männer.“ (GStA. I. HA 76 III 16 XV 2 Bd. 1, Bl. 27 vom Jahre 1818).

33 Görlitzer Anzeiger 1818, Nr. 50, 202f.

34 Christian August Menzmann, geb. 1775, Studium der Theologie in Leipzig 1795–1798, Hauslehrer in Leippa, Studium der Medizin (2 Jahre), 1808 erster Pfarrer von Leippa, 1815 Substitut, 1817 Ordinarius in Langenau, 1818 Superintendent des Kirchenkreises Görlitz III, gest. 24.12.1826.

Worbs versandte die Synodalordnung an alle Pfarrer und informierte das Ministerium noch vor der Bestallung der Superintendenten:

> Schließlich spreche ich noch den Wunsch der Oberlausizischen Geistlichkeit aus, daß sie baldigst aus dem interimistischen Zustande, nach welchem die Landräthe die Superintendentur-Geschäfte, welche die Königliche Regierung ressortiren, verwalten, in den beständigen [Zustand], da die Geistlichkeit mit *allen* Geschäften unter den Superintendenten steht, möchten versetzt werden."[35]

Dieser Vermerk ist aufschlussreich, weil er den kirchlichen Zustand der Oberlausitz klar benennt: „Die Belange der Pastoren gehörten in die Zuständigkeit rein weltlicher Behörden", wie es Thomas Müller-Bahlke ausdrückt.[36] Um sich auf Synoden gemeinsam unter einem kirchlichen Superintendenten über die Fragen des Pfarramts beraten zu können, lag den Pfarrern an der Einführung der Superintendenten. Superintendent Busch formuliert in seinem Bericht an das Konsistorium die deutliche Kritik:

> „Zuvörderst ist zu bemerken, daß die Synode der Lausitz so lange nicht in volle Wirksamkeit treten könne, als die Kirchen Patrone in kirchlichen Angelegenheiten nicht eine höhere Behörde als sich selbst anerkennen. Sie sind der Mehrzahl nach des Glaubens, daß alle Verfügungen bei ihren Kirchen von ihnen ausgehen müßen und daß sie die erste Instanz der Prediger sind, die sie von der Seite in ihrer Wirksamkeit befördert und behindert, worauf auch überall im Protocoll hingedeutet ist."[37]

Das Protokoll der Synode geht dem Entwurf der Kirchenordnung entlang und stammt offensichtlich, der sprachlichen Gestalt nach zu urteilen, von Worbs. Dieser drückt denselben Sachverhalt im Abschnitt über die Bildung von Presbyterien so aus: „Ueber den ganzen Abschnitt, das Presbyterium betreffend, kann sich die Synode für diesmal nur kurz dahin äußern, daß die Errichtung der Presbyterien zu einer guten Kirchenverfassung zwar nothwendig sei; aber auf dem Lande, so lange die Feudalverfaßung bestehet, schwerlich zustande kommen werde, es sei denn, daß höchsten Orts den Gutsbesitzern und Kirchenpatronen der Befehl zukomme, sich

---

35 GStA I HA 76 III 16 XV 1 Bl. 64.

36 THOMAS MÜLLER-BAHLKE, Großhennersdorf und seine Bedeutung für Mühlenbergs Ausbildung, in: DERS. und ALEXANDER WIECKOWSKI, Heinrich Melchior Mühlenberg und der Katharinenhof zu Großhennersdorf, Dresden 2015, 23.

37 KA Görlitz Kirchenkreis Rothenburg, Akte 39, Nr. 6.

mit den Ortspredigern zu vereinigen."[38] Es gab in der Oberlausitz also keine Möglichkeit für die Gemeinde, einen Pfarrer zu wählen, denn das hielt man für die Aufgabe des Privatpatrons, dem sie unterstand.

Die Ausführungen dieser Synode zu anderen Themen der Kirchenordnung sind in mancher Hinsicht enthüllend, gerade auch für das ekklesiologische Verständnis von Worbs. Ich will nur zwei Punkte nennen: Da ist zunächst die Besoldungsfrage: Das Protokoll stellt hier nüchtern fest: „Diese [die Einkünfte] sind mit wenigen Ausnahmen fast überall noch dieselben, wie sie vor 300 Jahren festgesetzt worden sind. Man hat nicht erwogen, daß sich der Werth der Dinge wie der nothwendigsten Lebensbedürfniße um das Vierfache erhöhet und das Verhältniß zu dem ursprünglich fixirten Gehalte ganz aufgehoben ist."[39] Während in den andern staatsbürgerlichen Berufen die Gehälter dem modernen Standard angepasst worden seien, sei das bei kirchlichen Beamten nicht geschehen; nirgends sei „die daraus hervorgehende Nichtachtung sichtbarer als im Predigerstande." Die Prediger bitten die Regierung darum dringend, dass sie „im Genuße ihres durch Matrikeln festgesetzten Gehalts und der durch hundertjähriges Herkommen begründeten Emolumente wenigstens ohne Verkürzung erhalten werden." Worbs Kampf um ein besseres Gehalt der Prediger und Superintendenten entspringt seinem Verständnis des Amtes eines Predigers. Er nimmt hier im Grunde die Diskussion am Ende des Jahrhunderts vorweg, als sich die preußische Kirche zu einer festen Kirchensteuer und einem festen Gehalt für Pfarrer entschied. Das zeigt sich deutlich in seinem Kommentar zum Beichtgeld, dessen Abschaffung er befürchtete: „Sollte aber die höchste Behörde auf der Abschaffung derselben bestehen, dann dürfte der Ausfall schwerlich anders zu decken seyn als durch Erhebung einer Steuer von allen Confirmirten der Parochie unter dem Namen einer Besoldungsanlage für den Prediger, welche halbjährig durch den Richter jeder Gemeine, oder durch den Kirchenvorstand erhoben werden möchte."[40]

Kennzeichnend für Worbs und die Rothenburger Synode ist auch, wie man über Kirchenzucht dachte: Kirchenzucht in dem Sinne, dass jede Einrichtung sich ihre eignen Statuten und Gesetze geben muss, an die sie sich bindet, sei sinnvoll und

---

38 Ebd., Akte 39, Nr. 17 Synodalprotokoll vom 11.11.1818, Zu § 13–29 Von den Presbyterien. Zwei Jahre später bemerkt Worbs in einem Brief an seine Pfarrer: Es sei interessant zu erfahren, dass das Consistorium erklärt hat, „daß die Consistorien zu einer konsequent durchgeführten Presbyterial- und Synodalverfaßung nicht passen und mit und nebeneinander nicht bestehen können." (ebd., Akte 286, Nr. 1 vom 15.8.1820).

39 Ebd., Zu § 59 Von den Rechten und Emolumenten des Predigers (auch die folgenden Zitate).

40 Ebd., Zu § 60 Beichtgeld.

verständlich. „Sie muß sich jedoch in den Schranken halten, welche der Stifter der Kirche angedeutet hat. Die Anwendung von Zwangsmitteln und das Verhängen positiver Strafen liegt außerhalb derselben, ist mit dem allen Gewissenszwang verabscheuenden Protestantismus unvereinbar und würde die unglücklichsten Misverhältniße und Spaltungen aller Art erzeugen. Auf diese Art würde zwar derjenige, der sich aus freiem Entschluße aller kirchlichen Gemeinschaft entzieht, sich selbst von allen kirchlichen Ehrenämtern und andern Vorsteherposten, welche Männer erfordern, die Religion haben, ausschließen: Aber nie würde er einen protestantischen Priesterdespotismus, der sich mit Inquisition und Proscription von der Kanzel endet, zu befürchten haben."[41] Das Konsistorium hat sich auf den Bericht über diese Synode gegenüber dem Superintendenten geäußert und um Abstellung einiger offensichtlicher Mängel gebeten. Ich nenne nur einen Punkt: „So ist nicht zu gestatten, daß die Installation der Geistlichen durch die Gerichtsverwalter geschieht"[42], was freilich auch schon die Synode forderte. Das Konsistorium appellierte an die Verantwortlichkeit der Synode, selbst Missstände abzuschaffen. So heiß es z.B. im Blick auf eine für uns heute unverständliche Sitte: „Die Braut-Bewerbung durch Prediger müssen diese als eine besondere Synodal-Festsetzung selbst abschaffen."[43] Auch zur Frage der seit 1817 so umstrittenen Union äußert sich das Protokoll und stellt mit knappen Worten fest, dass dazu nichts gesagt werden könne, da es keine reformierten Gemeinden in der Lausitz gäbe.

Die Synode von 1822 und die Agendenfrage

Auf den beiden folgenden Synoden wurde die neue preußische Agende verhandelt. Hier zeigte sich 1822, dass die Prediger in der Mehrheit an der sächsischen Agende festhalten wollten. Superintendent Busch stellte fest: „In der Lausitz herrscht durch die Einführung der verbesserten Sächsischen Agende in der Liturgie eine durchgängige Gleichförmigkeit, die bei ihrer reichlichen Ausstattung in allen ihren Abtheilungen die nöthige Abwechslung gewährt".[44] Dahingegen fand man die preußische Agende zu einförmig und zugleich für Landgemeinden unausführbar, weil man z.B. keinen Chor zur Verfügung habe. Er berichtete[45] an das Konsistorium, dass drei der Pastoren unentschieden seien und sich nach der Mehrheit richten woll-

41 Ebd., Zu § 107–112 Von der Kirchenzucht.

42 Konsistorium an Busch am 22.10.1819 (ebd., Nr. 8).

43 Ebd.

44 KA Görlitz, Kirchenkreis Rothenburg, Akte 204, Bericht von Busch am 9.9. 1822.

45 Ebd.

ten, während 9 Pfarrer die Agende aus erheblichen Gründen ablehnten. Da die Pfarrer zu Voten über ihre Haltung aufgefordert wurden, findet man hier aufschlussreiche Ausführungen über die jeweilige theologische Position. Nun muss man bedenken, dass die Pfarrer die neue Agende nur kurz zur Einsichtnahme für ein oder zwei Tage sehen durften und dann weiterreichen mussten, sie aber noch nicht zum Gebrauch erhielten. Sie empfanden sie daher als eine mögliche Ergänzung zu der bisherigen sächsischen Agende und erkannten nicht, dass der preußische König deren Einführung bindend verfügte. Was man im Einzelnen an der neuen Agende beanstandete, soll am Beispiel des Votums von Pfarrer Johann Gottlob Schmaltz[46], zeitweilig Assessor der Synode, verdeutlicht werden, denn hier zeigt sich die Kritik an der rational-vereinheitlichenden Konzeption des Königs sehr deutlich (s. Anlage 5).

Schmaltz kritisierte in erster Linie die auf eine Stunde berechnete Kürze des Gottesdienstes, die „zur wirklichen Erbauung einer Landgemeinde", die nur am Sonntag Gelegenheit zur Andacht hat, keine Zeit lässt. Dass der Gesang der Gemeinde darin auf 6 bis 8 Verse insgesamt reduziert werde, empfand er als gänzlich unannehmbar, da deren Folge „die völlige Entheiligung der Kirch-Versammlungs-Tage" bedeute.

> „Die Erregung dieser heiligenden Empfindungen wird besonders durch den Gesang bewirket, und dadurch das Gemüth bey Aufmerksamen gehörig zur Aufnahme des Wortes vorbereitet; allein der Gesang ist in der neuen Agende mit 6 oder 8 Versen viel zu kurz zu diesem Behuf angesetzt. Ein *ganzes* schönes Lied ist für unsere gern singenden Gemeinden ein eben so großes und geliebtes Bedürfniß, als die Predigt selbst. Und wie viel gienge durch Zerschneidung so vieler treflichen Gesänge von Luther, P. Gerhard, Gellert, Klopstock und anderen, deren Gehalt durch seinen kunstreichen Bau ein herrliches Ganze[s] ausmacht, an der zu bewirkenden Erbauung verlohren!"

Die Gemeinde werde in der neuen Liturgie zur „persona muta". „Bisher legten sie ihr GlaubensBekenntniß in den Liedern: Kyrie etc. oder: Allein Gott in der Höh etc. oder: Wir glauben all etc. selbst ab; bisher antworteten sie selbst mit dem Chore dem Prediger in den Antiphonen. Dieses Theilnehmen ist ihnen in der neuen Liturgie entzogen." Schmaltz setzt sich auch für die bisher in Sachsen übliche „eingeschränkte Privatbeichte" im Gegensatz zu der allgemeinen Beichte der neuen

46 Johann Gottlob Schmaltz, geb. 1761 in Meineweh bei Zeitz, besuchte die Universität Leipzig ab 1779, war zunächst Hauslehrer und machte 1790 seinen Magister. Von 1790 bis zu seinem Tod 1832 war er Pfarrer von Rengersdorf.

Agende ein, da sie „ein großes Mittel des Predigers, auf die Seelen seiner Kirchkinder individuell und eindrucksvoll zu wirken", sei.

Zu diesen praktisch-theologischen Bedenken kam bei allen Predigern der theologische Einwand, dass die neue Agende im Abendmahl von den „Zeichen Jesu Christi" spreche, was reformierter Lehre entspreche. „Die Worte ‚Zeichen' und ‚Gestalten' sind Streit-Worte beyder Kirchen", die man durch das Wort „Gaben" ersetzen könne, so Schmaltz in seinem Votum.

Als die Sache der Agende auf der Synode von 1824 erneut zur Sprache kam und man den Willen des Königs, diese durchzusetzen, unmissverständlich wahrnahm, fand sich zwar eine Mehrheit, doch nun war es der Superintendent selbst, der im Anschluss an das Votum eines Pfarrers die Mehrheit der Pfarrer für folgende salomonische Formulierung zu überreden suchte:

> Zwar nicht aus Ueberzeugung, daß der ächt evangelische Geist in der neuen Agende vorherrschend sei, aber als gehorsame Unterthanen geben wir, weil des Königs Majestät die Einführung derselben unbedingt befehlen, zur Annahme derselben unser Ja, weil durch sie nicht die Glaubenslehre sondern nur die Liturgie vorgeschrieben wird.
> Auf diese Art stellen wir uns gegen die höchste Ungnade und gegen innre und äusre Vorwürfe sicher.

Man kann sich kaum denken, dass das Konsistorium mit dieser Formulierung einverstanden war. Interessant sind aber die Voten, die die einzelnen Pfarrer auf diesen Vorschlag hin einbrachten (s. Anlage 6). Die Antworten reichen von der Kritik an einer Politik der „Machtsprüche und Gewaltstreiche in einem militärischen Staate unter einem militärischen König" bis zum überzeugten Ja. In Krischa ist die Hälfte der Gemeinde sächsisch und lehnt die Liturgie ab, in der Gemeinde Förstgen ist ein großer Teil der Mitglieder wendisch und benötigt zunächst eine wendische Übersetzung. So kam es auch 1824 nicht zu einem ungeteilten Ja, was der Superintendent mit seiner Empfehlung erhofft hatte.

Schlussfolgerungen

Ich schließe diesen Blick auf die Akten und den Verlauf der Eingliederung und versuche einige Folgerungen daraus zu ziehen.

1. Es ist nicht zu leugnen, dass die preußischen Behörden mit dem Gefühl der Überlegenheit an die ungeordneten, unbeaufsichtigten Gemeinden und ihrer moralisch zum Teil gefährdeten Pfarrer der Oberlausitz herabschauten. Das gilt auch für Worbs, dessen Bericht zahlreiche solcher Schwächen aufdeckte. Dieses

Überheblichkeitsgefühl entsprang der aufgeklärten zeitgemäßen Gesinnung des Rationalismus, die sich auf den theologischen Fortschritt der neuen Zeit berief. Darum war für Worbs eine bessere Bildung und die Bekanntschaft mit der zeitgemäßen Literatur ein wichtiger Bestandteil seiner Aufsicht über die Lausitz. Solche Anpassung an die preußischen Gesetze und das Frömmigkeitsgefühl der Aufklärung glaubte er am besten durch regelmäßige Visitationen alle zwei Jahre einüben zu können.

2. Die preußische Regierung einschließlich des Kultusministeriums verfolgte andrerseits keine rigorose Eingliederungspolitik, sondern suchte die Bevölkerung in kontinuierlichen Verbesserungen und Anpassungen an die preußische Verwaltung mitzunehmen und an das neue System zu gewöhnen. Die Behörden und auch der König lenkten immer wieder ein, wenn es zu Beschwerden kam (z.B. Festtagsfrage, Steuerfreiheit). Der Ausgleich in der Spannung mit den Patronen und Collatoren war freilich nicht immer einfach. Als Beispiel sei die Herrschaft Muskau genannt, die seit 1644 ein eigenes Konsistorium besaß, das nach Worbs lediglich in dem Hof-Gerichts-Director, dem Superintendenten, dem ersten Pfarrer und dem Archidiakon bestand. Bei der Einteilung in Kirchenkreise wurde die Herrschaft mit einigen anderen in den Kirchenkreis Rothenburg II einbezogen. Der Fürst aber dachte nicht daran, seinen Superintendenten zu entlassen, und der neuerwählte preußische Superintendent für Rothenburg II muss großzügig oder aber tolerant genug gewesen sein, er nahm die Situation, so wie sie war, vorerst hin. Als der alte Superintendent der Herrschaft starb, machte der Fürst ein großzügiges Angebot an das Kultusministerium: Er wolle seinen alten „Oberpfarrer", wie er sagt, durch einen neuen Superintendenten ersetzt sehen.[47] Nun – das Konsistorium klärte das Kultusministerium über die wahre Sachlage auf und verwies auf den im Amt befindlichen Superintendenten von Rothenburg II. Doch als dieser kurz darauf starb, musste nun bald ein neuer Superintendent gewählt werden. Der Fürst hatte einen geeigneten Kandidaten namens Petzold[48] zur Hand, und es gelang ihm mit Unterstützung des Kultusministeriums, diesen als Superintendent von Rothenburg II zu installieren. Die komplizierte Situation zeigt, welchen Einfluss ein starker Patron beim Kultusministerium haben konnte.

3. Für die Pfarrer der Oberlausitz bedeutete es dennoch eine erhebliche Stärkung ihrer Kirche, dass sie durch die preußische Kirchenordnung einen Schutz

---

47 APW Breslau, Schlesisches Konsistorium III 8068.

48 Christian Petzold, geb. 1783 in Königswalde Krs. Sternberg, besuchte das Gymnasium in Züllichau und Halle und studierte 1803–1806 in Halle Theologie. Er wurde 1807 Pfarrer in Königswalde und 1826 bis 1866 in Muskau, zugleich Superintendent. Er starb 1866.

gegen die Willkür einzelner Patrone hatte – auch wenn Busch seiner Resignation gegenüber der Macht der Collatoren auf der Synode von 1818 deutlich Ausdruck verlieh, aber die Zeit arbeitete hier letztlich für die Selbstständigkeit der Kirche gegen einen weltlichen Einfluss von außen. Es war wohl vor allem auch das gut organisierte preußische Schulwesen, dessen Inspektion bei den Superintendenten lag, das die Pfarrer für Preußen gewann.

4. In den Visitationsprotokollen fällt der gute Kirchenbesuch der Oberlausitzer Gemeinden auf. Das gilt auch für die wendischen Mitglieder, die in mehreren Gemeinden ihre eigenen Gottesdienste hatten. Das Festhalten der Pfarrer an der sächsischen Agende, die ihnen viel reichhaltiger als die preußische Agende erschien, auch an dem sächsischen Gesangbuch, zeigt die starke Verankerung gerade der dörflichen Gemeinden in der lutherischen Frömmigkeit. Aber auch hier drang der Geist des Rationalismus besonders in den Städten durch, und wir beobachten, dass der Magistrat der Stadt Görlitz 1827 den Entwurf eines umgearbeiteten Gesangbuchs mit 1224 S. vorlegte, weil das alte Gesangbuch, das 1818 in 15. Auflage herausgekommen sei, einer zeitgemäßen Erneuerung bedürfe.

Als Superintendent Busch 1825 die Pastoren auf Wunsch des Konsistoriums nach ihrem Bibelgebrauch in der religiösen Jugendbildung befragte, weil man wohl der Meinung war, dass es daran hapere,[49] reagierten die Pfarrer des Kirchenkreises mit einer Auflistung ihres katechetischen, bibelbezogenen Unterrichts. Als Beispiel zitiere ich Pfarrer Carl Wilhelm Hellmuth[50] in Diehsa:

> Auch in der hiesigen Parochialschule wird die Bibel nicht etwa blos als Lehrbuch sondern als Quelle der Religionserkenntniß gebraucht, indem sowohl bei dem Religionsunterricht nach M. Försters Kurzem Auszuge[51] die Beweisstellen in der heiligen Schrift selbst nachgeschlagen und nach dem Zusammenhange erklärt werden, als auch das, was in der heiligen Schrift zur Übung gelesen worden ist, erklärt und der Sinn des Ganzen angegeben wird. Außerdem wird wöchentlich eine Lection der biblischen Geschichte gehalten, wöchentlich werden zwei Sprüche gelernt und jeden Sonnabend wird das Sonntags-Evangelium oder die Epistel erklärt, je nachdem alljährlich über die Evangelien oder die Episteln geprediget wird. Auch in meinem Re-

49 KA Görlitz, Kirchenkreis Rothenburg, Akte 286, Rundverfügung von Busch an die Pfarrer vom 4.8.1825.

50 Carl Wilhelm Hellmuth, geb. 1797 in Zeitz, studierte ca. 1717 bis 1719 an der Universität Leipzig Theologie, war zunächst Lehrer an der dortigen Bürgerschule, ab 1824 Pastor in Diehsa, 1831 in Nieder Seifersdorf. Er starb 1856.

51 Kurzer Auszug aus M. Johann Christian Försters Lehrbuche der christlichen Religion nach Anleitung des Katechismus Lutheri, Görlitz 1803 und spätere Auflagen.

> ligionsunterrichte sowohl mit den Schulkindern als auch mit den Erwachsenen in den sonntäglichen Examinibus wird die Bibel stets zum Grunde gelegt und auch benutzt durch fleißiges Nachschlagen. Dieß bezeuge ich hierdurch nach Pflicht und Gewissen.

In anderen Gemeinden wird zum Teil noch mehr auswendig gelernt. Pfarrer Paul bezeugt für Jänkendorf, „daß in hiesiger Parochial Schule eben so wie in meinen Vorträgen und Katechisationen und mir selbst persönlich die Bibel das Hauptbuch sey. In der Schule ist täglich Religionsstunde – zweymal wird wochentlich aus der Bibel gelesen – 4 Sprüche auswendig gelernt – ein Psalmen ebenfalls, und Sonntags katechisire ich in der Kirche über die gelernten Sprüche, wobey noch mehrere Stellen aufgeschlagen werden. Folglich ist die Bibel das Hauptbuch." Und in einem Nachsatz äußert er sein Verwundern über die gestellte Anfrage: „Aber muß nicht unsere evangelische Nachkommenschaft, wenn ihr diese Kurrente zu Gesicht kommt, erstaunen, daß deshalb erst eine Frage entstehen konnte."[52]

Worbs als Generalsuperintendent der Oberlausitz?

Damit komme ich noch einmal auf die Rolle von Worbs in dem Prozess der Eingliederung. Worbs war ein durch und durch vom Rationalismus geprägter Theologe und stand dem Pietismus und Herrnhutertum kritisch gegenüber.[53] Das lässt sich vor allem an seinen Predigten zeigen. Insofern hätte man sich durchaus eine gewisse Ablehnung seiner Aufsicht durch die Oberlausitzer Landgemeinden denken können. Doch auch diese Gemeinden erkannten bald, wie sehr sich Worbs für ihre Belange in materieller und baulicher Hinsicht einsetzte. Als Beispiel möchte ich ein Schreiben des Konsistoriums an die Regierung in Liegnitz nennen, das auf einen Visitationsbericht von Worbs erfolgte. Da heißt es, „daß wegen der Eintreibung der rückständigen Kirchenstandsgelder, ingleichen wegen Ausbeßerung des Daches der Haupt- und der Begräbniß-Kirche, ingleichen wegen Anschaffung einer Glocke, so wie wegen Erbauung eines Glockenhauses und wegen Umfaßung des Begräbniß-Platzes von hier aus das Erforderliche überall verfügt worden."[54] Ob diese Maßnahmen des Konsistoriums auch zum Erfolg geführt haben, müsste man freilich am Ort selbst untersuchen. Aber jedenfalls wurden Missstände aufgedeckt und deren Beseitigung in Angriff genommen.

52 KA Görlitz, Kirchenkreis Rothenburg, Akte 286.

53 Siehe SCHOTT (s. Anm. 1), 47.

54 APW Breslau, Schlesisches Konsistorium III 7949 vom 6.7.1823.

Damit komme ich zum Schluss: Nachdem Worbs keine Stelle in der Regierung Liegnitz bekommen hatte, stellte er, wie wir hörten, den Antrag auf die Stelle einer Generalsuperintendentur der Oberlausitz. Gottfried Ludwig August Hanstein, geistlicher Rat im Kultusministerium, antwortete ihm darauf, dass man darüber solange nichts sagen könne, „bis ausgemacht sey, in wie viel Generalsuperintendentur Kreise das ganze Schlesien eingetheilt werden müsse." Interimistisch könnten dagegen dem Superintendent Worbs die Funktionen eines Generalsuperintendenten in den lausitzischen Diöcesen, vornehmlich die Einweisung der neu zu ernennenden Superintendenten in ihre Ämter unbedenklich übertragen werden."[55] Dennoch wird dieser Titel nie in den Akten gebraucht, es bleibt, um den Görlitzer Anzeiger zu zitieren, bei der Beförderung von Worbs zum „Superintendent der schlesischen Lausitz".[56] Worbs beantragte daraufhin noch einmal 150 Rt., weil er sich eine Schreibkraft zur Abschrift der vielen Protokolle und Schreiben bei der Aufsicht über die Lausitz halten müsse. Als dann am 16. Juni 1829 das Konsistorium allen Superintendenten mitteilte, dass Superintendent Bobertag aus Lobendau zum Generalsuperintendenten von Schlesien ernannt worden sei, fragte Worbs beim Konsistorium an, ob er noch in seiner Stellung als Superintendent für die Oberlausitz verbleibe. Immerhin habe er „alle zwei Jahre visitirt, die seitdem angestellten Kreis Superintendenten in Vorschlag gebracht, das Colloquium mit ihnen gehalten und ihre Installation vollzogen." Das Konsistorium fragte daher den Kultusminister an: Da zu diesem Teil der Lausitz 95 Kirchen unter 8 Superintendenten gehören und auch in Brandenburg für die Lausitz ein Generalsuperintendent (Brescius) ernannt worden sei und da Bobertag nur Generalsuperintendent für Schlesien, nicht aber des Markgrafthums Lausitz sei, „so sind wir zweifelhaft, wie wir den etc. Worbs auf seine Eingangs gemachte Anfrage bescheiden sollen." Das Ministerium antwortete hinhaltend: Bei großen Provinzen werde zur Zeit über Vicegeneralsuperintendenten nachgedacht, „daher kann das Ministerium sich nicht darüber äußern, ob der etc. Worbs künftig die Stellung eines Vice-Generalsuperintendenten erhalten kann", zumal die Agendenfrage in vollem Gespräch sei. „Bis dahin, daß eine definitive Entscheidung hierüber erfolgt, ist der etc. Worbs allerdings in den Functionen, die er auf dem Grund der Ministerial-Bestimmung vom 18.Juni 1818 ausgeübt, zu belassen". Worbs verstarb vor einer Klärung dieser Frage vier Jahre später nach einer längeren Krankheit. Seine Hoffnung auf Anerkennung seiner Verdienste durch einen klagvollen Titel erfüllte sich nicht.

---

55 GStA I. HA 76 III 16 XV 1, Bl. 56f vom 6.8.1817.

56 30.7.1818, S. 125.

ANLAGE 1

Patriotisches Lied von Johann Gottlob Worbs
(GStA, HA 76 III 16 XV 1, Bl. 17)

1. Mit dir, o Gott, beginnen wir den Kampf gerechter Sache.
   Nicht Übermuth, nicht Raubbegier treibt uns, nicht niedre Rache.
   Zu retten uns aus tiefer Noth,
   zu retten uns von Schmach und Spott
   ergreifen wir die Waffen.

2. Mit Füßen trat ein Wütherich der Menschheit heil'ge Rechte,
   den Herrn der Erde wähnt er sich und uns des Herren Knechte.
   Des treuen Landmanns sauern Schweiß,
   des stillen Bürgers Kunst und Fleiß
   verpraßten seine Horden.

3. Herr, der du vormals wunderbar den Vätern beigestanden,
   bei dem die Deinen in Gefahr stets Hilf und Rettung fanden,
   du hörst als Vater unser Schrein,
   wirst unsers Heeres Helfer seyn
   und unsers Landes Retter.

4. Schon hat, Gerechter! deine Macht den stolzen Feind gerichtet,
   die Frechen, die dich, Gott! veracht, hat deine Hand vernichtet.
   Dein Engel schlug das stolze Heer,
   voll Schmach und Elend zog's einher,
   ein Denkmal allen Zeiten.

5. Zerstoben ist wie leichte Spreu von deinen mächtgen Händen
   der Feinde Schwarm. Auf! macht euch frei! Helft uns das Werk vollenden!
   So ruft ein Volk, das Gut und Blut
   für Freiheit wagt mit hohem Muth,
   und Gottes Finger winket.

6. Das uns so theure Vaterland, der theure König, mahnen:
   Auf, auf! Die Waffen in die Hand! Schon wehn die heil'gen Fahnen!
   Zerreißt das Band der Sclaverei,

der Knechtschaft Fesseln brecht entzwei,
erkämpft euch Glück und Ehre!

7. Wohlan! Gerecht ist unser Krieg, wir dürfen nicht verzagen
und unser, unser ist der Sieg, wenn Gut und Blut wir wagen.
Wir scheuen nicht Gefahr und Tod.
Auf! Zum gerechten Kampf mit Gott
für Vaterland und König.

ANLAGE 2

Die Oberlausitzer Kirchenkreise und ihre Superintendenten im Jahre 1818/19

Görlitz I

Görlitz (Peterskirche und Dreifaltigkeitskirche), Hennersdorf, Leopoldshayn, Troitschendorf, Lichtenberg, Wendischossig, Deutschossig, Leschwitz, Ludwigsdorf, Zodel, Ebersbach, Königshayn
Superintendent ist Pfarrer Johann Christian Jancke (1757–1834).

Görlitz II

Reichenbach, Seidenberg, Nieda, Radmeritz, Tauchritz, Friedersdorf an der Landeskrone, Gersdorf bey Reichenbach, Markersdorf, Melaune mit Filial Meuselwitz, Arnsdorf, Krischa mit Filial Tetta
Superintendent ist Pfarrer Johann Gottfried Dreßler in Nieda (1758–1819).

Görlitz III

Langenau, Holzkirch, Gruna, Kieslingswalde, Oberbiela, Rothwasser, Kohlfurth, Rauscha, Niederbiela, Penzig, Lissa, Sohra
Superintendent ist Pfarrer Christian August Menzmann (1775–1826).

Rothenburg I

Rothenburg, Horka, Jänkendorf, Ullersdorf, Rengersdorf, Cunnersdorf, Nieder-Seifersdorf, Gebelzig, Groß-Radisch, Förstgen, Diehsa, Culm mit Filial Petershayn, See
Superintendent ist PfarrerGottlieb Busch (1753–1833).

Rothenburg II

Hänichen, Daubitz, Cosel, Kreba, Klitten, Reichwalde, Nochten, Schleife, Gablenz, Muskau mit 2 Kirchen, Zibelle, Podrosche, Leippe
Superintendent ist ab 1819 Pfarrer Friedrich Wilhelm Seybold in Hähnichen (1762–1826)

Lauban I

Friedersdorf, Lauban (3 Kirchen), Haugsdorf, Schreibersdorf, Lichtenau, Geibsdorf, Hermsdorf, Schönbrunn, Schönberg, Holzkirche, Wingendorf
Superintendent ist ab 1819 Pfarrer Johann August Dehmel in Friedersdorf (1777–1864).

Lauban II

Meffersdorf, Marklissa, Rengersdorf am Queis, Ober-Wiesa, Gebhardsdorf, Volkersdorf, Schwerta, Goldentraum, Gerlachshayn, Linda, Küpper, Bellmannsdorf
Superintendent ist ab 1819 Pfarrer Elias Lehmann in Meffersdorf (1772–1849).

ANLAGE 3

Dienst-Eyd der Superintendenten[57]

Ich, Johann August Dehmel, schwöre zu Gott dem Allmächtigen einen leiblichen Eyd, daß, nachdem ich zum Superintendenten der ersten Diöces im Laubanschen Kreyß bestellet worden, Seiner Königlichen Majestät von Preußen, meinem allergnädigsten Herrn, ich treu und gehorsam seyn, und nicht nur alle meine Pflichten, die mir vermöge meines jetzt übernommenen Amtes obliegen oder künftig vorgeschrieben werden möchten, sondern auch, wenn ich in ein anderes Amt versetzt werden sollte, alle die Obliegenheiten, welche damit verbunden sind oder verbunden werden möchten, gewissenhaft, genau und getreulich erfüllen, und mich davon durch nichts abhalten lassen, auch mich in allen Stücken so betragen will, wie es einem rechtschaffenen Königlichen Diener in meinem gegenwärtigen und in jedem meiner künftigen Verhältnisse wohl anstehet und gebühret. So wahr mir Gott helfe durch Jesum Christum.

---

57 APW Breslau, Schlesisches Konsistorium, III 5331 am 20.4.1819. Zu dem Eid gehört eine ausführliche „Vorhaltung", die seine Bedeutung und Reichweite detailliert erläutert.

ANLAGE 4

Entwurf einer Instruction zunächst für die Oberlausitzischen Superintendenten[58]

Einleitung § 1

Das Amt eines Superintendenten ist aus einem zwiefachen Gesichtspunkte zu betrachten. Er ist ein Diener der christlichen Kirche, selbst Lehrer und Vorgesezter andrer Lehrer in einem bestimmten Kreise, er ist aber auch ein Diener eines christlichen Staates.

§ 2

So wie aber der Zweck des christlichen Lehramts ist, die Glieder der Kirche zur Erleuchtung des Geistes über die dem Menschen wichtigsten Gegenstände zu einem religiösen Sinn zu einem moralisch guten Wandel und durch alles dieses zur wahren Glückseligkeit zu leiten, so hat der christliche Staat denselben Zweck. Der Superintendent mag also als Diener der Kirche oder des Staats angesehen werden, in beiden Rücksichten soll er Erleuchtung des Geistes, religiösen Sinn und einen moralisch guten Wandel zu befördern streben. Als Lehrer muß er dieses musterhaft in seiner eigenen Gemeinde thun, als Superintendent muß sein Bestreben stets dahin gehen, daß die ihm untergeordneten Geistlichen dieses so gut als möglich thun.

§ 3

Der Unterschied zwischen Kirche und Staat in dieser Rücksicht ist, daß jene nur durch das Wort auf das Innere, auf den Geist und das Herz des Menschen wirkt, der Staat es aber nur mit äuserlichen Anstalten und Einrichtungen zu thun hat. Da indessen die Kirche der äuserlichen Anstalten und der Staat der Wirkungen auf das Innere des Menschen nicht entbehren können, so stehen beide in unzertrennlicher Verbindung miteinander. Es fließen daher auch die Wirkungen eines Superintendenten als Diener des Staates in einander. Er kann nie blos als Diener der Kirche und auch nie blos als Diener des Staats angesehen werden.

§ 4

Als Diener der Kirche geht nach der Königlich Preußischen Staats- und Kirchenverfaßung die Autorität eines Superintendenten von dem Königlichen Consistorio aus, als Diener des Staats von der Königlichen Regierung. Dieser Gesichtspunkt und die Instruction für die Provinzial Consistorien und für die Regierungen vom

58 KA Görlitz, Kirchenkreis Rothenburg, Akte 51.

23. October 1817 werden bestimmen, in welchen Fällen er seine Berichte an das Königliche Consistorium oder an die Königliche Regierung zu richten hat.

§ 5

Die Mittel, wodurch die Kirche wirkt, ist das Religions-Wort, die Mittel des Staates sind seine Gesetze und die weltliche Gewalt; daraus folgt, daß der Superintendent so wohl mit dem Religions-Worte der heiligen Schriften und allen den Kenntnissen, die einem christlichen Lehrer in unsern Zeiten wichtig sind, als mit den Gesetzen des Staats, dessen Diener er ist, in so weit diese Gesetze christliche Anstalten und Ordnungen betreffen, bekannt seyn muß.

§ 6

Da aber der innere Mensch frei ist, seine Entschließungen nur von der Kraft der Wahrheit in seinem Verstande und Herzen und nicht von äuserlicher Gewalt abhängen, die evangelische Kirche sich auch aller äuserlichen Gewalt begeben und diejenige Macht, deren sich die Kirche ehedem angemaßt hatte, in die Hände des Staats zurück gegeben hat, so kann der Superintendent als Diener der Kirche keine executive Gewalt haben und der Staat kann ihm eben darum, weil er ein Diener der Kirche ist, keine weltliche Gewalt übertragen. Er kann zwar als Diener des Staats dasjenige fordern, was die Gesetze desselben bestimmen, wenn aber weltliche executive Gewalt zu Aufrechterhaltung kirchlicher Ordnung nöthig ist, so muß er die Sache der ihm in Kirchen-Sachen vorgesetzten Staats-Behörde (Königliche Regierung) überlaßen oder in Fällen, die keiner weiteren Untersuchung bedürfen, die ihm für solche Fälle bereits angewiesene untre Staats-Behörde (Königlicher Landrath) requiriren.

§ 7

Aus diesen allgemeinen Ansichten wird sich nun von selbst ergeben, was ein Superintendent für Pflichten und Rechte habe, und welche Mittel er in einzelnen Fällen anwenden kann und soll, um die Zwecke seines Amtes zu erreichen.

§ 8

Wenn das Amt eines Superintendenten zum Haupt-Zwek hat, Erleuchtung des Verstandes in Religions-Sachen, religiösen Sinn, Sittlichkeit und dadurch wahre Glückseligkeit unter allen Bekennern der Religion Jesu zu befördern, diese Zwecke aber durch die Geistlichen und Schullehrer erreicht werden müssen und Kirchen und Schulanstalten die äußerlichen Mittel dazu sind, so wird ein Superintendent dahin zu wirken haben, daß

1. die Geistlichen
2. die Kirchen-Anstalten
3. die Schullehrer
4. die Schul-Anstalten

ganz das sein mögen, was sie als solche seyn sollen.

§ 9

Ehe diese Amtspflichten eines Superintendenten näher dargelegt werden, muß zuförderst erwähnt werden, daß von den Superintendenten erwartet wird, daß sie selbst erleuchtete, religiöse und sittliche untadelhafte Männer sind. Schon ihre Wahl zu Geistlichen Vorgesezten ist ein öffentliches Zeugniß, daß man sie dafür halte und eine Aufforderung, daß sie in diesen Geistes- und Herzens-Vollkomenheiten immer mehr zunehmen. Es wird ferner von ihnen erwartet, daß sie die Sache ihres Amtes zwar mit dem Ernste und Eifer, den sie fordert, und mit Freimütigkeit gegen höhere und Niedere, aber doch auch leidenschaftslos und mit der Humanität treiben, die dem Geiste der Religion, deren Diener sie sind, angemessen ist und welche der Staat, der sie angestellt hat, von allen seinen Dienern, von ihnen aber vorzüglich fordert.

Pflichten eines Superintendenten in Ansehung der ihm untergeordneten Geistlichen

§ 10

Was nun zunächst die Geistlichen betrift, so müssen sie, von denen Erleuchtung des Volks und christliche Religionskenntniß ausgehen soll, sie, welche einen religiösen Sinn in ihren Gemeinden erwecken, der Unsittlichkeit steuern und Sittlichkeit befördern sollen, selbst erleuchtete, religiöse und sittlich gute exemplarische Männer seyn. Es ist daher der hohe Beruf eines Superintendenten, daß er diesen Geist, wenn er unter seinen Amtsbrüdern bereits herrscht, nähre und lebendig erhalte, ihn da, wo er nicht gefunden wird, zu erzeugen suche, und diejenigen, in welchen er sich nicht erzeugen läßt, dem Königlichen Consistorio als ihres Berufs unwürdig darstelle, damit dieses die noch in seinen Händen liegenden Mittel sie zu bessern versuche, und wenn sie fruchtlos bleiben, sie vom Lehramte entferne.

§ 11

Das die Geistlichen die mehr gedachten Zwecke ihres Berufs vorzüglich durch Lehrer erreichen sollen und sie dieses nur dann würdig können, wenn sie selbst nicht nur gute Kenntnisse setzen, sondern auch in denselben beständig fortschreiten (indem jedes Stillstehen ein Zurückbleiben und Zurück gehen zur unmittelbaren Folge hat, dieses aber das Intereße und den Eifer für ihren Beruf schwächt oder gar tödtet und ohne diesen Eifer und Intereße die Vorträge kraft- und geschmacklos werden müssen), so muss ein Geistlicher Vorgesezter vor allen Dingen dahin wirken, daß seine Brüder immer in der Erkenntniß wachsen und zunehmen.

§ 12

Eines der wirksamsten Mittel für diesen Zwek ist eine Lese-Anstallt, an der alle Geistliche eines Superintendentur-Kreises Antheilnehmen müßen. Der Superintendent wird dafür zu sorgen haben, daß nicht bloß unterhaltende oder vom Haupt-Zwek (christliche oder gelehrte Kenntniß und religiösen Sinn zu befördern) abführende Schriften gelesen werden. Er wird dafür die zu lesenden Bücher selbst bestimmen, wobey gar nicht ausgeschlossen wird, daß nicht seine erfahrnen Amtsbrüder auch Vorschläge machen könnten. Es wird dabey

a Zuerst auf solche Schriften gesehen werden müssen, aus welchen der gegenwärtige Zustand der theologischen Literatur und das Fortschreiten unsers Zeitalters in den theologischen Wissenschaften zu ersehen ist, kritische Zeitschriften,

b auf die vorzüglichsten theologischen, vorzüglich exegetischen, aber auch dogmatischen und kirchen-geschichtlichen Werke selbst,

c auf solche, welche auf das praktische des Lehramts Bezug haben; musterhafte Predigten und andere Erbauungs-Schriften, welche den frommen religiösen Sinn und Eifer der Lehrer unterhalten und beleben können. Uebrigens wird die Einrichtung einer solchen Lese-Anstalt dem Superintendenten und seinen Berathungen mit den Synodalen überlaßen.

§ 13

Eben so sollen die Synoden dazu benuzt werden, um das Literarische Leben unter den Geistlichen anzuregen und deshalb sollen die Superintendenten, wenn die Organisation der Kirche vollendet sein wird, welche jetzt die Synoden noch zu sehr beschäftiget, Synodal-Fragen und Themata aufgeben, welche besprochen werden müßen und worüber der Superintendent auch schriftliche Aufsätze von seinen Amtsbrüdern erwarten soll. Wo die Superintendentur-Kreise nicht zu weitläufig sind, die Geistlichen nicht zu entfernt von einander wohnen, da wird es gut sein, wenn sie bestimme Zusammenkünfte halten, um sich das gefundene neue Interessante in den Wissenschaften mitzutheilen und ihre Ansichten und Gedanken darüber auszutauschen. Auch hier wird der Superintendent die weitere Ausbildung und Ausführung dieser Ideen [den Amtsbrüdern] überlaßen. Nur erinnert werden sie, daß dergleichen Vereine der Superintendenten mit ihren Kreis-Geistlichen hie und da die schönsten Früchte für die theologische Wissenschaft so wohl als für die geistliche Amtsführung bringen.

§ 14

Wo der Geistliche nur selbst Wohlgefallen an religiösen Kenntnißen hat, da wird es keiner Aufforderung bedürfen, seine Lehrvorträge mit Fleiß auszuarbeiten; wo indeßen Prediger diesen Sinn und Eifer noch nicht haben, da muß der Superintendent sie zu beleben suchen und ihrer Trägkeit entgegen arbeiten.

Zu dem Ende muß er von den zweijährigen Kirchen-Visitationen, von welchen unten die Rede seyn wird, jährlich wenigstens die Hölfte so einrichten, daß er die Predigten anhören könne. Diese muß er beurtheilen und dieses Urtheil es sey günstig oder ungünstig dem Amtsbruder, der sie gehalten hat, zur Ermunterung mittheilen.

§ 16

Die Predigt in seiner Kirche kann er bei seiner Abwesenheit den Candidaten seiner Diöces auftragen. Sollte sein Kreis einmal keinen Kandidaten haben, so kann er den benachbarten Superintendenten requiriren, daß dieser einen der ihm untergeordneten Candidaten dazu beauftragen.

§ 17

Weiß der Superintendent, daß irgend ein Amtsbruder seine Religions-Vorträge ohne gehörige Vorbereitung oder ohne die geziemende Würde hält, so muß er ihn zu größerer Treue und zu Vermeidung alles unschicklichen und anstößigen erinnern, ihm, wenn der Verdacht der Nachläßigkeit fort dauert, zum Zeit zu Zeit das Concept einer gehaltenen Predigt, bald nachdem sie gehalten woden, abfordern und ihm endlich mittheilen, daß er einen oder mehrere seiner Vorträge unerwartet hören werde.

Da indeßen so viel als möglich alles vermieden werden muß, was das Ansehen und das Zutrauen des Predigers in seinem Wirkungs-Kreise schwächen kann, so muß ein solches Verfahren nur im Notfall statt finden und durch Klugheit so geleitet werden, daß es vor der Gemeinde nicht als ein Abhören erscheine, welches wohl möglich ist. Es könnte zum Beispiel ein Geistlicher aus einer fremden Superintendentur, der dazu beauftragt wäre, als Reisender die Kirche des der Nachläßigkeit verdächtigen besuchen.

§ 18

Der religiöse Sinn der Prediger, der ihm zur nüzlichen Amtsführung eben so unentbehrlich ist, als christliche und theologische Kenntnisse, erzeugt sich durch das öftere Beschäftigen mit religiösen Gegenständen, durch das fleißige Lesen der heiligen Schriften so wie auch der neuen Werke, die in dem Geiste Jesu und seiner ersten Schüler geschrieben sind. Prediger, die Jesu Reden und Leben und die Schriften seiner Apostel fleißig lesen, müßen des hohen Gefühls der Religiosität ganz unfähig seyn, wenn sie der himmlische Sinn Jesu und der fromme Eifer seiner Schüler nicht zu einem ähnlichen Sinn und Eifer entflammen sollte. Nur darauf hat ein Superintendent zu wirken, daß seine Brüder sich viel mit der heiligen Schrift und mit neuern, in diesem Geiste geschriebenen Büchern beschäftigen und die in ihnen entstandene Wärme nicht durch zu viel Beschäftigung mit gemeinen Dingen verlohren gehe. Am meisten Aufmerksamkeit wird er auf diejenigen wenden müssen, welche ihre Widmuthen selbst ganz beurbarn und bei welchen sich viel Gewinsucht und Weltsinn blicken läßt.

§ 19

Da Eifer und religiöser Sinn sich nicht befehlen, sondern nur mittheilen laßen, so wird der Superintendent diesen Zweck seines Berufs auch dadurch erreichen können, wenn seine mündlichen und schriftlichen Unterhaltungen mit seinen Amtsbrüdern diesen Geist athmen und er dafür sorgt, daß sie auch solche neue Schriften erhalten, in welchen dieser Geist im reinen Maaße weht.

§ 20

Die Hirten-Briefe vernünftiger und ächtchristlicher Bischöffe alter und neurer Zeit, die epistolae ephorales der Superintendenten in deutscher und latheinischer Sprache waren immer und können noch von großem Nutzen seyn. Die Superintendenten können von den Zeit-Umständen aller Art Gelegenheit nehmen, dergleichen an ihre Amtsbrüder zu erlaßen, und darinn im bischöflichen (dieses Wort im besten Sinn genommen) Style und Geist den frommen religiösen Sinn und Eifer ihrer Amtsbrüder erwecken und nähren.

§ 21

Die unerläßlichste Eigenschaft eines Predigers ist die eigne Unbescholtenheit des Wandels und Freiheit nicht nur von strafbaren Handlungen und üblen Rufe, sondern auch von einem gemeinen niedrigen Sinn. Erfährt der Superintendent, daß einer seiner Amtsbrüder in den Verdacht des unerlaubten Umgangs kommt, daß er sich habsichtig oder zanksichtig oder zweksichtig zeige, daß er im Genuße geistiger Getränke unmäßig sey, daß er an öffentlichen Lustbarkeiten zum Anstoß seiner Gemeinde Antheil nehme, daß er in Unfrieden mit seiner Ehefrau lebe und dergleichen, so muß er alle Mittel anwenden, die ihm seine Klugheit nach der Lage der Umstände an die Hand giebt, um den fehlenden Bruder zurecht zu helfen.

Ist es möglich, ihn von seinen Verirrungen zurück zu bringen, ohne Aufsehen zu machen, desto beßer. Erfordern es die Umstände, so erinnere er den fehlenden in Gegenwart von einigen der Achtungswürdigsten Amtsbrüder, bleibt dieses fruchtlos, so warne er denselben vor der Synode, und läßt sich der Verirrte durch diese Mittel nicht beßern, so zeige er ihn dem Königlichen Consistorio an, und trage darauf an, daß er als unbrauchbar in der Kirche aus derselben entfernt werde. Sind die vorerwähnten Mittel für seine Besserung fruchtlos gewesen, so ist von ihm nicht zu erwarten, daß er je ein würdiger Diener der Religion werden könne. Er ist ein verdorbenes Salz, das weggeworfen werden muß.

§ 22

Da aber der Geistliche seinen Beruf nicht nur mit Eifer und Treue treiben, sondern sein Eifer auch ein christlicher sein muß und seine Religions-Vorträge der heiligen Religions-Schriften, dem Sinne Jesu und seiner unmittelbaren Schüler angemessen seyn müßen, so hat die Königliche Regierung bereits dafür gesorgt, daß die nun angehenden Prediger nicht zu etwas verpflichtet werden was dem Geiste der christlichen Religion und des Protestantismus zu wider ist. Uebrigens hat bisher die Observanz bestanden, daß die Vocationen so wohl von Patronen oder neuberufenen Predigern als von den Superintendenten haben eingereicht werden können und wird es vor der Hand auch dabey verbleiben können, bis eine neue Kirchen-Ordnung hierüber etwas festsetzen und eine Gleichförmigkeit anordnen wird. Aber darauf werden die Superintendenten aufmerksam seyn, daß Geistlichen nicht von dem Inhalt der christlichen Religions-Quellen, den Schriften des Neuen Testaments abweichen. Machte sich ein geistlicher einer solchen Abweichung schuldig, so muß der Superintendent ihn zufförderst brüderlich erinnern und durch bewegliche Vorstellungen dahin zuvermögen suchen, dem Sinne Jesu und seiner Apostel treu zu bleiben. Wäre seine Vorstellung fruchtlos, so muß er die Sache dem Königlichen Consistorio anzeigen.

§ 23

Soll aber der Geistliche mit Nuzen in seinem Berufe arbeiten, so muß er auch sein Amt mit Freuden verwalten können. Er muß in seinem Amte nicht gehindert und gegen Beleidigungen beschüzt werden.

1 Findet sich ein Geistlicher in der Führung seines Amtes gehindert oder beleidiget, so hat er die Sache seinem Superintendenten anzuzeigen und diesen zu ersuchen, ihm Schutz zu verschaffen. Ist der Gegner des Geistlichen eine eximirte Person, so muß Superintendent versuchen den Zwist in Güte, mündlich oder schriftlich, beyzulegen. Ist er ein Gemeindeglied, welches den Orts-Gerichten un-

terworfen ist, so kann Superintendent es zu sich berufen und die Partheien zu vereinigen suchen.

Weigerte sich ein dergleichen citatus, so muß Superintendent in den Städten den Magistrat auf dem Lande den Königlichen Landrath requiriren, den renitenten zu sich zu sistiren. Sollten die Vermittelungen des Superintendenten fruchtlos bleiben oder die Requisition von den Magistraten oder Landräthen abgelehnt werden, so hat er ohne sich in Discussionen mit genannten Behörden einzulaßen, die Sache so fort ausführlich an die Königliche Regierung einzureichen und von dieser den Bescheid zu gegenwärtigen.

§ 24

Betreffend die Rechte der Geistlichen so wird zwar die Königliche Regierung darüber wachen, daß jedem neuangehenden Geistlichen in der Vocation alles das, was zu seinem Amtsgenuß gehört, vollständig und unzweideutig specificirt sey und von dem, was die Vorfahren im Amte mit Recht genossen haben, nichts wegfalle oder zurück gehalten werde; indessen ist der Superintendent verpflichtet, wenn er bey einer vorläufigen Prüfung eine Unrichtigkeit im Genußzettel wahrnehmen sollte, seine Bemerkung an der [=die] Königliche Regierung mit[zu]theilen, welche für die Remedur sorgen wird. In der Preußischen Oberlausitz ist eine solche vorgängige, durch den Superintendenten zu veranstaltende Prüfung um so nötiger, da sich zur Zeit noch nicht von sämmtlicher dasigen Pfarrtheien und Schullehrerstellen vollständige Emolumenten Verzeichniße in den Akten der Königlichen Regierung befinden, von dieser also die Richtigkeit eines Genußzettels nicht in jedem Falle mit Sicherheit beurtheilt werden kann.

Besonders hat Superintendent darüber zu wachen, daß Patronus nicht etwa vor Ertheilung der Vocation Contrakte mit dem vocando über Lebens lange Verpachtung der Widmuth abgeschloßen habe und nichts stattfinde, was einer Simonie ähnlich ist, und das Einkommen des Pfarramts schmälert.

Zu dem Ende muß der Superintendent in seiner Registratur ein vollständiges Verzeichniß des ganzen Amtsgenusses eines jeden Geistlichen seiner Aufsicht aufbewahren. Auch kann er, wo die von den Pastoren selbst aufbewahrten Schriften nicht hinreichen, beglaubigte Abschriften aus den Archiven der Collaturen, z.B. von Käufen der Dotaten und was über dieselben verhandelt worden ist, Gränzziehungs-Protocolle und dergleichen verlangen und wird die Königliche Regierung ihn dabey unterstützen.

Wenn dem Geistlichen von dem ihm in der Vocation versicherten und durch die Confirmation bestädigten Amtsgenuß, es sey in Widmuth, Dezem, Salar oder Accidentien etwas zurückgehalten oder ihm der Genuß desselben geschmälert oder verweigert wird, so hat Superintendent, dem der Geistliche die Anzeige davon zu machen hat, auf dem Lande zunächst den Königlichen Landrath zu requiren, daß er den beeinträchtigten Geistlichen klaglos stelle. Sollte hierdurch der gesuchte Zweck nicht erreicht werden, so hat Superintendent, wie es bey städtischen Geistlichen sogleich geschehen soll, die Sache der Königlichen Regierung vorzutragen. Es wird dabey von dem Superintendenten erwartet, daß er wie zu aller Zeit so besonders in solchen Fällen zwar ohne Leidenschaft und mit Bescheidenheit, aber doch auch ohne Menschenfurcht und mit Freimüthigkeit zu Werke gehe.

ANLAGE 5

Zur preußischen Agende 1822

Kürzliche Erklärung über die von Seiner Hochwürden, dem Königlichen Herrn Superintendenten Pastor Busch zu Rothenburg unterm 17ten August 1822 insinuirten Agende für die Hof- und DomKirche zu Berlin[59]

1. So vortrefflich der Inhalt der Liturgie zum Hauptgottesdienste an Sonn- und Festtagen und zur Abendmahlsfeyer ist, so fürchte ich doch, daß das beständige allsonn- und festtägliche Wiederholen und der unausgesetzte Gebrauch derselben gar bald den Gemüthern einer daran theilnehmenden Landgemeinde gewöhnlich und gleichgültig werden würde. Diesem entgegen zu wirken scheinen die in der Königlich Sächsischen neuen Agende gegebenen Intonationen und Collecten, die für jede Zeit fest ausgewählt sind, geeigneter zu seyn und behalten dabey etwas Anziehendes, Erhabendes und die Aufmerksamkeit und Andacht Erhöhendes.
2. Unter der Predigt ist ein Canzellied deshalb recht nöthig, damit entweder zu spät gekommene Parochianer ihren Platz betreten oder Schwache herausgehen, auch Schlafende sich wieder ermuntern können. In erstern beyden Fällen würde eine auffallendere Störung für die Anwesenden eintreten, wenn es unter der Predigt geschehen sollte. Auch dient das Canzellied zur Erholung des Predigers.
3. Bey der Abendmahlsfeyer würde ich pag. 19.20 das zu verlesende zur Abwechselung mit der aus unserer Agende gern benutzen, so auch bisweilen statt des: Unser Vater etc. das pag. 21 beygegebene: Herr, den due mit deinem Tode etc.

59 KA Görlitz, Kirchenkreis Rothenburg, Akte 204.

Eine Vorbereitung zum Heiligen Abendmahle ist nicht bey uns gebräuchlich, wogegen die Beichthandlung statt findet. Jedoch pag. 29.30 würde ich bey starkem Personale der Beichtenden, wo ich denn gewöhnlich allgemeine Beichte halte, anwenden.

4. Das Taufformular würde ich als Abwechselung, besonders wegen seiner Kürze, im Winter gebrauchen.
5. Trauungsformulare desgleichen abwechselnd mit der in unsrer Agende befindlichen 5 Formulare.
6. Die Ordination eines Predigers kommt auf dem Lande niemals vor.
7. Die Confirmation der Kinder, so lang das Formular darzu in der Sächsischen Agende ist, scheint mir jedoch für Kinder einer Landgemeinde etwas zu kurz zu seyn.
8. Bey der Krankencommunion muß es wohl dem Ermeßen des Predigers überlaßen bleiben, wie er mit dem Kranken nach seinem Herzenszustande und Bedürfnißen zu verfahren für nöthig und ersprießlich hält.
9. Die Art des Begräbniß ist hier nicht gebräuchich.
10. Die Gebete wünschte ich bisweilen benutzen zu dürfen, neben denen in unsrer Agende und im Tittmannschen Gebetbuche[60], welches die Kirchenärarien haben anschaffen müßen. Endlich noch findet bey Landgemeinden die Unmöglichkeit statt, den Gottesdienst nur Eine Stunde lang dauern zu laßen, indem entfernte Eingepfarrte nie etwas vom Thurmuhrschlage oder Glockengeläute hören und nur nach Gutdünken oder nach der oft zeitig, öftrer aber spät zeigenden Wanduhr ihres Hauses zur Kirche kommen. Und oft ärndtet ein gutes Kirchkind auf dem Lande durch ein oder mehrere Lieder, die vor der Predigt gesungen werden, mehr Erbauung, Trost und Ermunterung ein, als aus dem Vortrage des Predigers, wenn auch selbiger noch so gehaltsvoll und geistreich wäre.

Daher ich der ohnmaaßgeblichen Meinung wäre, uns Landbewohnern unsre zeitherige Liturgie zu laßen!

Cunnersdorf Rothenburger Kreises am 1ten September 1822

Karl Ludwig Gössel[61], Pastor der Parochie

---

60 Carl Christian Tittmann, Gebete, zum Gebrauche bey dem öffentlichen und häuslichen Gottesdienste, Leipzig 1811 und spätere Auflagen.

61 Carl Ludwig Gössel, geb. 1788 in Kunnersdorf, studierte 1807–1811 an der Universität Leipzig Theologie, war dann Hauslehrer und wurde 1819 in Breslau für Kunnersdorf ordiniert, gest. 1827.

Erklärung des Endesunterschriebenen über die neue Agende an der Hof- und Dom-Kirche zu Berlin in Beziehung auf eine Land-Gemeinde

Mit unterthänigstem und schuldigsten Dank erkenne ich die Gnade unsers preiswürdigsten Königs und Herrn in Vorlegung und Anbietung der neuen Berliner Kirchen-Agende. Ohne auf den eigenthümlichen Werth dieser ganz für eine in hohem Grade gebildete Gemeinde berechneten Agende einzugehen, mach ich von der nachgelaßenen Erlaubniß Gebrauch, nach eigner Ueberzeugung die Gründe anzuführen, nach welchen ich wünschen muß, die seit 1812 eingeführte sehr gute neue Sächßische Kirchen Agende beybehalten zu dürfen.

Die neue Agende bestimmt den Gottesdienst auf eine Stunde. Diese Zeit ist zu kurz für eine zerstreuete LandParochie, wovon viele Dörfer ¾ Stunden, 1 Stunde, ja noch weiter von der Kirche entfernt sind, und sich deshalb zur bestimmten Stunde pünktlich nicht sammeln können.

Diese Zeit ist ferner zu kurz, um ein Thema in einem halbstündigen Vortrage genügend und zur wirklichen Erbauung einer Land-Gemeinde durchzuführen, welche außer dem Sonntage keine Zeit hat, über geistige Gegenstände nachzudenken, welche außer dem Unterrichte des Predigers keine Hülfsmittel besitzt, um sich selbst forthelfen zu können, und welcher endlich bey ihren täglichen mühvollen und niederbeugenden Geschäften außer den Kirchenversammlungen keine oder seltene Veranlaßung oder Lust wird, ihre Fragen zu heiligenden Empfindungen zu erheben, da es besonders auf den Dörfern leider! immer gewöhnlicher wird, nach Vorgang angeblich gebildeter Personen, die Hauß-Andacht zu unterlassen. Die Erregung dieser heiligenden Empfindungen wird besonders durch den Gesang bewirket, und dadurch das Gemüth bey Aufmerksamen gehörige zur Aufnahme zu des Wortes vorbereitet; allein der Gesang ist in der neuen Agende mit 6 oder 8 Versen viel zu kurz zu diesem Behuf angesetzt. Ein *ganzes* schönes Lied ist für unsre gern singenden Gemeinden ein eben so großes und geliebtes Bedürfniß als die Predigt selbst. Und wie viel gienge durch Zerschneidung so vieler trefflicher Gesänge von Luther, P. Gerhard, Gellert, Klopstock und anderen, deren Innhalt durch seinen kunstreichen Bau ein herrliches Ganze[s] ausmacht, an der zu bewirkenden Erbauung verlohren! Die Gemeinden würden dadurch so wie durch den beschränkten Vortrag von einer halben Stunde, in welchem keine Ausführung und Erklärung schwerer Bibel-Stellen leicht möglich wäre, in ihrer Bibel und ihrem Gesangbuch fremd und in christlicher Kenntniß unwissend werden. Die Folgen würden nicht ersprießlich seyn. Eine der nächsten würde die völlige Entheiligung der Kirch-Versammlungs-Tage seyn.

Die Gemeinden unterhalten auf ihre Kosten oder aus den von ihren Vorfahren bestimmten Mitteln die kirchlichen Anstalten. Sie haben also das Recht, ist auch dem Zwecke solcher Versammlungen ganz angemessen, auch selbst thätigen Theil an der öffentlichen Gottesverehrung zu nehmen. Bisher legten sie ihr GlaubensBekenntniß in den Liedern Kyrie etc. oder Allein Gott in der Höh etc. oder Wir glauben all etc. selbst ab; bisher antworteten sie selbst mit dem Chore dem Prediger in den Antiphonien. Dieses Theilnehmen ist ihnen in der neuen Liturgie entzogen. Abgerechnet die 6 oder 8 zu singenden Verse ist die Gemeinde nach denselbigen persona muta, und nur das Chor und der Prediger sind in Thätigkeit. Wie viel schöne Gesänge würden da ungesungen bleiben, wie viel herrliche mühsam erlernte Melodien untergehen und viel gutes mit beyden!

Nach der alten Liturgie, wenn auch das Formelle immer dasselbe blieb, wurden doch an jedem Predigt-Tage in den Antiphonien mit den darauf eingerichteten Gebeten immer andere Lehren, wie sich solches zur Predigt schickte, hervorgehoben, mit den KirchenGebeten, auch aus der treflichen Tittmannischen Gebet-Sammlung, abgewechselt und also der Gemeinde aus der reichen und unerschöpflichen Fülle des göttlichen Wortes ein Genuß nach dem andern dargereicht. In der neuen in dieser Hinsicht kärglich ausgestatteten Liturgie findet sich diese freye mannigfaltige und daher seegensreiche Bewegung der öffentlichen Gottes-Verehrung nicht, oder nur sehr eingeschränckt. Wie viel würde unsern Gemeinden entzogen, wie wenig gegeben!

Uebrigens ist es in unsern Gemeinden altherkömmlich, für die Communicanten besonders zu beten, für die Schwangeren, Sechswöchnerinnen, Kirchgängerinnen der KirchGemeinde für nahmentlich angeführte Kranke und Sterbende Fürbitte zu thun, die Sechswöchnerinnen bey ihrem ersten Besuch des Gottes-Hauses nach zurückgelegter Wochenzeit feierlich mit einem besondern Gebete einzuseegnen, allerley Abkündigungen von vorseyenden Verpflichtungen, Todesfällen, Geburten etc., vorseyenden Collekten, eintretenden Festtagen u.s.w. zu vollziehen und resp. Ermahnungen an die Gemeinde hinzuzufügen, Opfergänge zu thun. Dies alles nebst der Liturgie und Predigt in eine Stunde zu faßen, ist schlechthin unmöglich.

Es ist ferner in hiesiger Kirche die eingeschränkte PrivatBeichte noch üblich. Ich halte sie aus erheblichen Gründen für ersprießlicher als die an vielen Orten in neuern Zeiten eingeführte allgemeine Beichte. Nach der neuen Agende fiele auch diese hinweg, und mit derselbigen ein großes Mittel des Predigers, auf die Seelen seiner Kirchkinder individuell und eindrucksvoll zu wirken.

Wenn endlich im AbendmahlsGebete der neuen Agende der Ausdruck vorkommt, daß ein jeder – an die – empfangenen *Zeichen* Jesu Christi glaube, so kann wohl einer Lutherischen Gemeinde ohne Zwang nicht zugemuthet werden, im Gebet des Wort *Zeichen* zu sprechen in solcher Bedeutung. Die Worte *Zeichen* und

Gestalten sind Streit-Worte beyder Kirchen und erinnern an die ehemaligen unseeligen Kämpfe über die hohe Bedeutung der EinsetzungsWorte unsers Herrn. Sollte nicht für beyde Theile das Wort *Gaben* annehmbarer und genügend seyn?

Mögen meine hoch und höchstgeehrtesten Vorgesetzten geruhen, diese Aeußerungen meiner individuellen Ansicht und Ueberzeugung in Beziehung der neuen Agende auf eine Landgemeinde für nichts anders als für Beweise anzusehen davon, daß ich das Werk, um dessentwillen ich im PredigtAmte stehe, redlich meine, und nach Vermögen ersprießlich zu treiben mich bemühe!

Rengersdorf, den 7ten September 1822

M. Johann Gottlob Schmaltz, Pfarrer

ANLAGE 6

Zur preußischen Agende 1824[62]

Hochgeehrteste Herren Amtsbrüder,

Nach dem Eingange der Stimmenmehrheit für die Annahme der neuen Agende finde ich, daß die Herren Synodalen Ihr Ja unbedingt gegeben haben. Wie wäre es, wenn Sie daßelbe mit mir modificirt so aussprächen:

Zwar nicht aus Ueberzeugung, daß der ächt evangelische Geist in der neuen Agende vorherrschend sei, aber als gehorsame Unterthanen geben wir , wegen des Königs Majestät die Einführung derselben unbedingt befehlen, zur Annahme derselben unser Ja, weil durch sie nicht die Glaubenslehre sondern nur die Liturgie vorgeschrieben wird.

Auf diese Art stellen wir uns gegen die höchste Ungnade und gegen innre und äusre Vvorwürfe sicher. Um aber Ihre allerseitige Meinung hierüber noch früh genug zu erfahren, muß ich die schnellste Beförderung dieses Schreibens wünschen und empfehlen.

Rothenburg, den 22ten Mai 1824, gez. Busch

Antworten auf diese Erklärung von Busch

Horka, erhalten, den 24. May 1824. Ich erkläre mich für die Auslassung des Herrn Superintendenten Hochwürden, und werde statt meines bereits abgegebenen Neins diese Erklärung abgeben: „Bey der Annahme der neuen Agende kann mich ganz

62 KA Görlitz, Kirchenkreis Rothenburg, Akte 204.

und gar nichts als nur allein der unbedingte königliche Befehl ihrer Einführung bey den gegründeten Bedenken meines Innern beruhigen und vor den Vorwürfen meiner Kirchgemeinden sichern, und nur höchstderselbe mich allein bestimmen als ein gehorsamer Unterthan Seiner Majestät, die Annahme der Agende mit Ja zu unterzeichnen. Christian Gottlieb August Woch[63], Pastor

Rengersdorf, erhalten den 25ten May 1824, eodem abgesandt. Bey meinem abgegebenen Ja habe ich zwey Einschränkungen gemacht, von denen ich nicht abgehen werde: a) für meine Person. Denn ich weiß die Stimmung meiner Gemeinde nicht, und auf diese kommt es vor allen Dingen an; Sie wird doch erst offenbar, wenn die Agende als Königlicher Befehl in der Kirche publicirt wird. Ich kann aber die Agende nicht empfehlen; sie giebt der Liturgie und entzieht der Predigt zu viel. Der Herr hat gesagt: Gehet hin und lehret, nicht aber: Haltet Liturgien, sondern: Betet Gott im Geist und in der Wahrheit an; und: macht nicht lange Gebete wie die Heiden. Der Grund bleibt stets: lehren. – b) daß ich im Fall diese Agende doch angenommen werden soll, in der Communion-Admonition nicht Zeichen (welches die reformirte Ansicht ist), sondern Gnadengaben sprechen darf. In letzterer Hinsicht ist allerdings für uns Lehr-Abänderung. Ich ersuche daher den Herrn Superintendenten Titulum, gegen deßen concipirte Eingebungs-Formel ich nichts habe, dies letztere ausgenommen, darauf durch ein oder das andere Wort Rücksicht nehmen zu wollen, etwa: „Weil durch sie im Ganzen nicht die Glaubenslehre, sondern nur die Liturgie vorgeschrieben und von der Huld des Königs gewiß gehoffet wird, daß statt des unserer Confession widersprechenden Worts in der Communion-Andacht (Zeichen) Gnadengaben gebraucht werden darf, da dies unsern Glauben betrifft.
M.J.G. Schmaltz, Pfarrer

Cunnersdorf, erhalten den 26ten May früh 8 Uhr – weiter eodem d. früh ½ 11 Uhr. Seiner Hochwürden, dem HErrn Superintendenten, stimme ich ganz bey. Eine gezwungene freywillige Annahme bleibt es immer, aber wir gehorsamen einer Majestät und überlaßen das Andere der mächtigen und weisen Führung unsers Herrn. Karl Ludwig Gössel, Pastor

Jaenkendorf, erhalten am 27ten May – Himmelfahrt – vor dem Gottesdienst. Die Forderung des Consistorio beschränkt sich auf ein trockenes Ja oder Nein. Jede hin-

63 Christian Gottlieb August Woch, geb. 1764 in Luga bei Bautzen, studierte ab 1785 an der Universität Leipzig Theologie und wurde 1793 Pfarrer in Horka, gest. 1831.

zugefügte Erklärung – so wahr und schön sie auch sey – erscheint immer als eine Renitenz, welche nicht blos fruchtlos, sondern sogar schädlich wird. Des Herrn Superintendenten Erklärung ist mehr als schön und wahr – aber muß der Inhalt nicht als eine viel zu freye Aeußerung angesehen werden. Das sind meine unmaaßgeblichen Ansichten. – Ich ändre also meine Erklärung auch, weil ich glaube: wir thun dem König den Willen und sagen Ja; dafür läßt er uns gewiß auch unsern Willen und wir bleiben beym alten – die Agende ist ja noch nicht da! Das Benehmen der Gemeinen, die Frucht des Gebetsdienstes – das sind Dinge, die schwer in die Waagschale fallen werden. Da ists Zeit Remonstrationen zu machen, iezt erbitten sie bloss, und veranlaßen am Ende Machtsprüche und Gewaltstreiche in einem militärischen Staate unter einem militärischen König. – Weiter befördert den 28ten May, Paul[64], P.

Seifersdorf, erhalten am 28ten Mai, befördert am 29ten ejusdem. Wie sich der Herr Superintendent Titulum ausgedrückt, gefällt mir auch sehr wohl. Indeß schreibt Paulus Rom 13, V, 1,2 Jedermann etc,
Posselt[65], Pastor

Krischa, den 30ten, den 31ten nach Diehsa befördert. In Abwesenheit des Herrn Pastor Hellmuth ist diese Currende diesesmahl an mich gekommen, um jeden Aufenthalt zu vermeiden, Ich sende sie nach Diehsa und der Herr Pastor Hellmuth wird sie gewiß zur bestimmten Zeit nach Gebelzig befördern. Ich habe mit Nein! geantwortet und kann nicht zurücktreten. Gott weiß es! Ich bin bereit, meinem gerechten Könige und dem Vaterlande jedes Opfer zu bringen, aber gegen mein Gewissen kann ich nicht handeln, ja überdies ist die Hälffte meiner Gemeinde sächsisch und läßt sich die neue Liturgie durchaus nicht gefallen. Alles will ich thun als gehorsamer Unterthan mit Freuden, aber Nichts gegen mein Gewissen. Die Gründe, warum die Einführung der neuen Agende gegen mein Gewissen ist, bin ich bereit, so bald es gefordert wird, beizulegen.
Schulze[66]

---

64 Johann Christian Gottlob Paul, geb. 1764 in Plauen, studierte ab 1786 in Leipzig Theologie und wurde 1792 für Podrosche ordiniert, war 1809–1836 Pfarrer in Jänkendorf. Er starb 1844 in Weißenberg.

65 Gottlieb Posselt, geb. 1764 in Wittgendorf bei Zittau, studierte ab 1785 an der Universität Leipzig Theologie. Nach seiner Tätigkeit als Hauslehrer in Geitheim wurde er 1793 Pfarrer in Görlitz, 1800 in Dohms und 1816 in Nieder Seifersdorf. Er starb 1829.

66 Ernst Fürchtegott Schulze, geb. 1793 in Hoyerswerda, studierte Theologie an der Universität in Wittenberg, wurde Hauslehrer in Lawalde und 1818 Pfarrer in Collm und Petershain, 1820 in Krischa, 1834–1857 Superintendent des Kirchenkreises. Er starb 1857 in Tetta.

Diehsa, den 31ten Mai erhalten und eodem befördert. Auch ich kann mein ausgesprochenes Nein wegen Annahme der neuen Agende aus Ueberzeugung nimmermehr zurücknehmen, und so lange uns die Wahl übrig bleibt, werde ich selbst Nein sagen müssen, wenn ich nicht mein Gewissen verletzen will. Nur der unbedingte königliche Befehl kann mich zwingen, nach der neuen Agende und der darin enthaltenen Liturgie zu verfahren, doch ists gegen meinen freien Willen. Aber kein menschlicher Befehl wird mich je dahin vermögen, beim heiligen Abendmahl von blosen Zeichen zu sprechen und den Zeichen zu glauben, wie es in der Agende heißt. In so fern stimme ich Seiner Hochwürden dem Herrn Superintendenten bei.
C.W. Hellmuth, Pastor

Gebelzig, erhalten 31ten Abends, weiter befördert 1ten Juni. Eben weil die Forderung des Consistorii war, ohne alle Einschränkung ein bloses Ja oder Nein zu sagen, habe ich Ja gesagt. Nun aber trete ich gleich der so viel sagenden und wahren Aeußerung des Herrn Superintendent Hochwürden von ganzem Herzen bei. Jacob Delank[67], Pfarrer

Grosradisch, erhalten den 1ten Juni und abgegeben denselben Tag vormittag 10 Uhr. Ich stimme Herrn Pastor Paul bey, und halte mich beym Abendmahl an die Hauptsache: das thut zu meinem Gedächtniß. Jancke[68], Pfarrer

Förstgen, erhalten den 2ten Juni Mittags und abgeschickt den 3ten früh 4 Uhr. Schon früherhin habe ich mich beim ersten Anschauen der Berliner Agende für eine freiwillige Annahme und Ueberzeugung, daß ein echt christlicher Sinn darin vorherrsche erklärt. Und ob gleich der drohende Sinn des Breslauer Consistorial Circular Schreibens auffallend war und mich wenig ansprach, so kann ich doch nicht anders als für den innern Werth der Agende stimmen und mich für eine unbedingte Annahme derselben erklären, ohne der einschränkenden Erklärung Seiner Hochwürden des Herrn Superintendenten, den ich bei anderseitigen Ansichten allezeit ehre, beizustimmen,
Raede[69], Pfarrer

67 Jacob Delank, geb. 1766 in Meuselwitz bei Bautzen, studierte ab 1787 an der Universität Wittenberg Theologie und war 1798–1845 Pfarrer in Gebelzig. Er starb 1845.

68 Johann August Jancke, geb. 1764 in Hochkirch bei Löbau, studierte an der Universität Leipzig Theologie und wurde 1803 in Dresden für Groß Radisch ordiniert. Er starb 1833 in Kollm.

69 Johann George Raede, geb. in Cannewitz, studierte an der Universität Wittenberg Theologie und wurde 1810 nach Förstgen berufen. Er starb 1845.

Collm, erhalten 3ten Juni, befördert an demselben. Ganz stimme ich der schönen Erklärung Seiner Hochwürden des Herrn Superintendenten bey. Denn nur der unbedingte Befehl Seiner Majestät kann den gehorsamen Unterthan gegen die Vorwürfe seiner Gemeinde sichern und sein Innres beruhigen.
Bretschneider[70]

See, insinuirt den 3ten Juni, auf die Post gegeben den 4ten ejusdem. Bey der gebotenen Eile, mit welcher die zur Ansicht producirte neue Agende weiter befördert werden sollte, und weil ich in den Tagen grade voll auf zu thun im Amte hatte, konnte ich dasselbe nur mit einem flüchtigen Blick durchgehen. Auf diese Weise ist der in der Communion-Admonition enthaltene, von den Herrn Pastoren M. Schmalz und Hellmuthe gerügte Ausdruck *Zeichen* meiner Aufmerksamkeit entgangen. Ich muß gestehen, daß ich die vom Herrn M. Schmalz sub tit. b. ausgesprochene Ansicht und Ueberzeugung mit demselben theile; daß ich aus eben diesem Grund meine Bitte mit der seinigen vereinige: solches in der einzureichenden Erklärung nicht unbemerkt zu lassen; im übrigen aber Seiner Hochwürden, dem Herrn Superintendenten, völlig beystimme.
Lahode[71], Pastor

Integracja Łużyc ze śląską prowincją kościelną

Motywem przewodnim tego artykułu jest postać superintendenta Johanna Gottlieba Worbsa z Przewozu, który położył podwaliny do procesu włączenia Górnych Łużyc do Prus, za sprawą wizytacji kościelnych wszystkich parafii. Poszczególne kroki integracji: podział na okręgi kościelne, powołanie superintendentów, regularne wizytacje, synody i ich stanowisko wobec porządku kościelnego i kwestii agendy, zostały ukazane na podstawie źródeł archiwalnych. Do artykułu załączono na zasadzie aneksu kilka tekstów źródłowych: patriotyczny wiersz autorstwa Worbsa, jego instrukcję dla superintendentów, stanowisko superintendenta i pastorów okręgu kościelnego Rothenburg I do kwestii agendy.

70 Bretschneider war kein Pfarrer, sondern gab seine Erklärung für den Pfarrer ab, als Collator oder Kirchvater?

71 George Daniel Leberecht Lahode, geb. 1768 in Klix, studiert ab 1786 an der Universität Leipzig Theologie und wurde 1792 als letzter wendischer Pastor nach See berufen. 1840 im Ruhestand geht er nach Niesky und wird Mitglied der Brüdergemeine. Er starb dort 1848.

„Zu kurz gelebet, geh ein zu deiner Ruh!“ Zum 200. Todestag eines schlesischen Erweckungspredigers

von Andreas Laengner

Anlässlich des 200. Todestages von George[1] Friedrich Fickert am 6.5.2015 hat Christian-Erdmann Schott vor kurzem einen Aufsatz veröffentlicht. Er erinnert an das Leben und Wirken dieses interessanten und für die Erweckungsbewegung des 19. Jahrhunderts wichtigen niederschlesischen Dorfpfarrers[2]. Wenn man sich näher mit George Friedrich Fickert beschäftigt, wünscht man sich bald eine aktuelle und ausführliche Darstellung, die die Schriften Fickerts und den heutigen Stand der Forschung hinsichtlich der Erweckungsbewegung mit einbezieht.

Der hier vorgelegte Aufsatz befasst sich mit einigen Details zur Biographie Fickerts. Er setzt eine Kenntnis von Fickerts Lebensweg voraus, wie sie bei Schott geboten wird. Es geht hier um Fickerts Ehefrau Christiane Dorothea Fickert, geb. Laengner, um die gemeinsamen Kinder des Paares und um Nachrichten bezüglich des Lebens im Pfarrhaus und Fickerts Lebensendes. Seit dem Erscheinen von Eberleins Buch über Fickert[3] stehen Fragen im Raum, die im folgenden vor allem aus den noch vorhandenen Unterlagen der Familie Laengner[4] zumindest ansatzweise beantwortet werden sollen.

Dem Autor liegen vier Quellen aus der Geschichte der Familie Laengner vor, die hier verwendet werden:

---

1 Die Schreibweise „Georg“ für den ersten Vornamen Fickerts ist falsch. Wer sich mit schlesischer Geschichte befasst, stößt im 17. bis 19. Jahrhundert immer wieder auf den Namen „George“. So auch HELLMUT EBERLEIN, George Friedrich Fickert. Leben und Wirken eines schlesischen Erweckungspredigers, 6. Sonderheft des Vereins für schlesische Kirchengeschichte, Liegnitz 1933, 12.

2 CHRISTIAN-ERDMANN SCHOTT, George Friedrich Fickert, in: Ostdeutsche Gedenktage 2008, Persönlichkeiten und historische Ereignisse, Bonn 2008, 204ff.

3 EBERLEIN (s. Anm. 1).

4 Der Name der Herkunftsfamilie von Dorothea Fickert wurde im ersten Viertel des 19. Jahrhunderts von den älteren Familienmitgliedern und in Druckerzeugnissen i.d.R. noch „Längner“, von den jüngeren aber „Laengner“ geschrieben. Der Einfachheit halber wird hier durchgehend die neuere Schreibweise gewählt. Gleiches gilt für die Namen Fickert und Haeckel, die auch in verschiedenen Versionen bekannt sind.

1. Tagebuch des Abraham Laengner, geführt vom 21.5.1813 bis 6.1.1822
2. Stammregister der Familie Laengner , von Abraham Laengner, geschrieben zwischen dem 25.6.1814 und dem 5.5.1815
3. Stammbuch des August Wilhelm Laengner, geführt vom 28.1.1818 bis zum 14.1.1833
4. Familienchronik der Laengners, von Carl Gottlieb Wilhelm Laengner, 1892.[5]

Außerdem konnte nun das Schlesische Pfarrerbuch von Dietmar Neß zu Rate gezogen werden.[6]

Aus welchem Milieu stammte Dorothea Fickert?

Christiane Dorothea Fickert wurde als Christiane Dorothea Laengner am 3.7.1762 auf dem elterlichen Vorwerk am Rennweg bei Goldberg geboren.[7] Die Eltern waren Maria Johanna Laengner, geb. Peucker (1736–1814), und Abraham Laengner (1735–1828). Sie stammten beide aus Vorwerksbesitzerfamilien bei Goldberg. Die Vorwerke, gegen Ende des 19. Jahrhunderts auch Güter genannt, waren große Höfe. Das Laengnersche Vorwerk hatte eine Fläche von 109 Hektar. Dorothea Laengner wuchs also in einem relativ großen Wohlstand auf.

Von der Mutter wissen wir fast nichts. Geschichte, insbesondere auch Familiengeschichte, wurde zu dieser Zeit fast ausschließlich aus der Perspektive von Männern dargestellt; sie interessierte sich überwiegend für Taten und Schicksale von Männern. Außer zwei früh verstorbenen Kindern hatten Dorothea Laengners Eltern noch zwei jüngere Kinder: Christiana Johanna Laengner (1764–1806) und Carl Balthasar Laengner (1766–1827). Beide Geschwister hatten bereits vor ihrer älteren Schwester geheiratet. Christiana Johanna heiratete 1788 den aus Bunzlau stammenden Stadtinspektor Christian Gottlieb Hempel. Carl Balthasar heiratete 1791 Maria Rosina Haeckel aus Cunnersdorf bei Hirschberg, Tochter eines Bleichereibesitzers. Aus beiden Ehen gingen etliche Kinder hervor, von denen die allermeisten das Erwachsenenalter erreichten. Auch die beiden genannten Geschwister heirateten also Ehepartner, die nicht aus dem Goldberger Raum stammen.

---

5 Die unter 1., 2., 4. aufgeführten Quellen liegen nur als Abschriften unterschiedlichen Alters und unterschiedlicher Qualität vor; die Rechtschreibung wurde heutigen Regeln angeglichen. Die unter 3. aufgeführte Quelle liegt als Original vor; die Rechtschreibung wurde nicht angeglichen.

6 DIETMAR NESS, Schlesisches Pfarrerbuch, Dritter Band, Regierungsbezirk Breslau, Teil III, Leipzig 2014. Für die bereits vor dem Erscheinen des Werkes gegebenen Informationen und für die freundliche Unterstützung danke ich Dietmar Neß herzlich.

7 Heute ul. Piastowa 6, 59-500 Złotoryja, Polen.

Beide Ehepartner lassen, wenn man ihre Stammbucheinträge mit anderen vergleicht, eine der Erweckung nahe Frömmigkeit erkennen. Als Beispiel sei der Eintrag von Carl Balthasars Ehefrau Maria Rosina Laengner, geb. Haeckel genannt. Sie schreibt ihrem Sohn August Wilhelm am Tag vor dem Beginn seiner Gesellenreise ins Stammbuch:

> „Dein Lebelang habe Gott vor Augen u in Hertzen
> und hütte diech das Du in keine, Sünde wiligest
> noch thuhst wieder Gottes Geboth.
> Wer den Herrn Fürchtet der hat eine sichere Vestung
> und seine Kinder werden auch beschirmt.
> So ziehe hin mein Sohn, Gott sey mit
> Dir auf deinem Wege und sein Engel begeleite
> Diech. bey Durchlässung
> dencke oft an Deine
> diech zärtliche Liebende
> Mutter u vergieß Ihre
> ermahnungen nicht.
>
> Maria Rosina
> Längnerin
>
> Goldberg d. 19ten May
> 1818"

Die Eltern Maria und Abraham Laengner oder deren Kinder scheinen in allen drei Fällen bewusst Ehepartner aus einem der Erweckung nahestehenden Umfeld gewählt zu haben.

Der Vater Abraham Laengner war von 1759–1796 Besitzer des genannten Vorwerkes am Rennweg bei Goldberg. Im Jahr 1796 übergab er das Vorwerk seinem Sohn. Von 1790 bis 1814 war Abraham Laengner Ältester der Vorwerkerkommune. Ihr gehörten um Goldberg herum weit über 20 Vorwerke an. In der Funktion des Vorwerksältesten, die derjenigen eines Bürgermeisters zu vergleichen ist, hat Abraham Laengner u.a. in drei Instanzen einen 18 Jahre dauernden Prozess gegen den Magistrat der Stadt Goldberg geführt. Am Ende wurde zu Gunsten der Vorwerker entschieden[8]. Zweimal musste Abraham Laengner „Bür-

8 Es ging um umfangreiche Spanndienste, die die Vorwerker für die Stadt Goldberg leisten sollten.

ger Arrest halten", kam also in Haft, vermutlich „weil er vor dem Magistrat zu derb aufgetreten war"[9]. Hier zeigt sich eine kämpferische und streitbare Persönlichkeit.

Abraham Laengner hat die Lateinschule in Goldberg besucht. Er erforschte im fortgeschrittenen Alter die Geschichte seiner Familie bis ins Jahr 1580, schrieb auch im Alter von über 80 Jahren noch Tagebuch und interessierte sich für weltgeschichtliche Zusammenhänge. Die Schlesischen Provinzialblätter, eine Zeitschrift für das schlesische Bildungsbürgertum, sind in der Familie Laengner gelesen worden. Während seiner Schulzeit hatte Abraham Laengner Theologie studieren wollen[10]. Der Großvater mütterlicherseits, Abraham Bormann, hatte ihn dann aber zum Erben des Vorwerkes „bestimmt".

Abraham Laengner war von einer starken Frömmigkeit geprägt. Das geht aus vielen Eintragungen seines Tagebuches hervor. Insbesondere geht es dort immer wieder um die Fürsorge Gottes, die vielfältig erbeten und erhofft oder in konkreten Ereignissen erkannt wird. Jesus Christus wird als „Heyland" und „Blutsbräutigam" verstanden; seine verstorbene Frau, die auf dem Totenbett liegt, sieht Laengner als „Jesusbraut". Den Heiligen Geist erbittet er oft; dieser möge ihn leiten und führen und im Heilsstand erhalten. Die Gewissheit des ewigen Lebens trägt den Witwer und „Greis" im Alter.

Auf eine Vernetzung mit erweckten Kreisen weist möglicherweise ein Tagebucheintrag hin: Etwa zwei Wochen, nachdem das Vorwerk in den Wirren der Befreiungskriege völlig niedergebrannt ist, teilt Abraham Laengner mit, wer ihm inzwischen materiell geholfen habe, wobei diese Hilfen als Ausdruck der Fürsorge Gottes verstanden werden. Neben Familienmitgliedern taucht eine auch dem Tagebuchschreiber nicht näher bekannte Person auf: „Von einem Seminaristen Henieg aus Breslau fünf Reichstaler Courant". Hier wird vermutlich die Verbindung mit erweckten Kreisen in Breslau sichtbar. Schließlich soll noch darauf hingewiesen werden, dass Abraham Laengner den ersten Teil des Tagebuches, der die Aufzeichnungen aus der Zeit von 21.5.1813 bis 2.5.1814 enthält, mit folgender Widmung versah: „Die Berichte an meinen Bruder in Groß Wilkau von 1813 an." Abraham Laengner hatte aber überhaupt keinen leiblichen Bruder, auch kannte er in Groß Wilkau außer der Familie Fickert niemanden[11]. Der Bericht

9 So die Chronik Carl Gottlieb Wilhelm Laengners.

10 Ein Vetter zweiten Grades, Johann Caspar Laengner (1717–1793), war seit 1743 Pfarrer in Lissa/Leszno, später dort auch Konsistorialrat.

11 Andernfalls wäre darüber während des Aufenthaltes in Groß Wilkau im Sommer 1814 (siehe unten) im Tagebuch berichtet worden.

geht also an seinen als Bruder im Glauben erkannten Schwiegersohn Friedrich Fickert.

Zusammenfassend lässt sich sagen, dass Dorothea Laengner aus einem wohlhabenden, bildungsbürgerlichen und der Erweckungsbewegung nahestehenden Milieu stammte.

Wie könnten sich Dorothea Laengner und Friedrich Fickert kennengelernt haben?

Es gibt in den Unterlagen der Familie Laengner leider keine Hinweise darauf, wo und wie sich Dorothea Laengner und Friedrich Fickert kennengelernt haben. Vermutet werden darf aber, dass der Kontakt durch den Vater, Abraham Laengner, zustande kam.

Es ist möglich, dass Friedrich Fickert und Abraham Laengner sich über die Brüdergemeine und deren reisende Prediger kennenlernten. Friedrich Fickert stand bekanntlich mit Herrnhut in engem Kontakt. In Goldberg, wo Abraham Laengner lebte, gab es schon vor 1825 Herrnhuter; diese standen mit der ca. 30 Kilometer entfernten Brüdergemeine in Gnadenberg in Kontakt[12]. Abraham Laengner wird zu den in Goldberg ansässigen Mitgliedern der Brüdergemeine Verbindung gehabt haben. Wie das Kennenlernen aber im Einzelnen vor sich ging, muss offenbleiben. Auf jeden Fall wird Abraham Laengner die Heirat seiner ältesten Tochter mit dem erweckten Pfarrer sehr befürwortet haben.

Dorothea Fickert kann die Frömmigkeit ihres Ehemannes nicht fremd gewesen sein; vermutlich wird sie diese Frömmigkeit sogar mit ihrem Mann geteilt haben. Ob sie allerdings in geistlichen Dingen zur gleichen Euphorie und konsequenten Einseitigkeit neigte wie er, muss offen bleiben.

Ein anderer Zug von Dorothea Fickerts Persönlichkeit lässt sich aber aus dem Tagebuch belegen. Hier zeigt sich eine wagemutige, vielleicht sogar draufgängerische Seite der Groß Wilkauer Pfarrfrau: Am 28.6.1814 reist Abraham Laengner nach Schweidnitz. Dort, am Westufer der starkes Sommerhochwasser führenden Weistritz, wartet er in einem Gasthof, von wo aus ihn seine Tochter Dorothea verabredungsgemäß nach Groß Wilkau abholen soll. Die Tochter aber müsste erst den reißenden Fluss überqueren. Der Wirt versichert Abraham Laengner, „dass niemand gestern und heute nach Schweidnitz kommen könnte, wegen des großen Was-

12 ANDREAS LAENGNER, Die Herrnhuter Brüdergemeine in Goldberg/Schlesien (Schlesischer Gottesfreund 65, 2014), 69–71.

sers". Aber dann kommt Dorothea doch. Mit einer zweispännigen Kutsche, auf der neben einem Knecht noch die elfjährige Tochter Henriette Fickert sitzt, fährt sie vor dem Gasthaus vor. Die Gäste staunen, als Dorothea von der allgemein für unmöglich gehaltenen Durchquerung des Flusses erzählt. Mit einem „Wir wagen es... Der liebe Gott wird uns schon rüber helfen", ruft Dorothea bald wieder zum Aufbruch. Zuerst fährt die Kutsche durch den Fluss. Das Wasser geht den Pferden über den Rücken und über die Räder der Kutsche, so dass sich diese zur Seite neigt. Doch sie kommt durch. Dann gehen Dorothea und Tochter Henriette über eine Notbrücke, die man mit den Wangen der drei Flutgräben verbunden hat. Die Notbrücke besteht lediglich aus etlichen schmalen, jeweils 20 Ellen / 10 Meter langen Bohlen, die teilweise überflutet sind. Abraham Laengner folgt, nicht ohne sich vorher „dem lieben Gott" befohlen zu haben. Mit einem „Ach, was habe ich gezittert" beendet der 79 jährige diesen Tagebucheintrag, der Stolz und Bewunderung für die beherzte 54 Jahre alte Tochter zeigt. Wir sehen hier also eine wagemutige, fast etwas draufgängerische Frau. Möglicherweise hat aber gerade dieser Charakterzug, der seinen eigenen doch wohl entgegengesetzt war, Fickert für die junge Dorothea Laengner eingenommen.

Was kann man von den Lebensumständen im Pfarrhaus in Groß-Wilkau sagen?

Vom 28.6.1814 bis zum 7.9.1814 lebte Abraham Laengner nun bei Fickerts im Pfarrhaus in Groß Wilkau. Hintergrund dieses Aufenthaltes war zum einen der kriegsbedingte Brand des Vorwerkes der Familie Laengner am 22.8.1813. Alle Gebäude, alle Tiere, die gesamte Ernte und das gesamte Saatgut, aller Hausrat sowie alle landwirtschaftlichen Geräte waren damals Raub der Flammen geworden[13]. Darüber hinaus war am 9.4.1814 die Ehefrau des Abraham Laengner, Anna Maria Laengner, geb. Peuker verstorben.[14] Auch während dieses Besuches führte Abraham Laengner sein Tagebuch.

Bezeichnend sind mehrere Geschenke, die Fickerts in den Tagen des Besuches dem Vater und Schwiegervater machen: eine Kuh mit Kalb, ein Bienenschwarm mit Bienenstock, ein Tabakkasten. Als Abraham Laengner während seines Aufenthaltes

---

13 Damit war auch Fickerts Hoffnung auf ein größeres Erbe geschwunden; siehe: HELLMUT EBERLEIN, Urkundliches aus dem Leben eines schlesischen Erweckungspredigers (Evangelisches Kirchenblatt für Schlesien 38/6, 1935, 35–42), hier 39.

14 So konnte Dorothea Fickert später nur noch zu ihrem Vater und nicht, wie EBERLEIN, (s. Anm. XXX), 28 vermutet, zu ihren Eltern zurückkehren.

in Groß Wilkau erkrankt, bezahlt Fickert die Arztkosten. Bereits kurz nach dem Brand des Laengnerschen Vorwerkes Ende August 1813 hatten Fickerts Geld und zwei Säcke „außerordentlich schönes Brotmehl" geschenkt. Am 11.02.1814 reist Dorothea Fickert zum dritten Mal nach dem Brand zu ihren Eltern. Sie bringt wieder „Zwei Sack Brotmehl, ein Viertel Weizen und Lebensmittel" mit.

Weiter lesen wir vom „sehr guten weichen Bette", in dem Abraham Laengner in den Wochen seines Wilkauer Aufenthaltes schlafen kann. Die Landwirtschaft des Pfarrers wird einen Monat vor der Ernte vom ehemaligen Vorwerksbesitzer Abraham Laengner so beurteilt: „Der Weizen steht schön, das Korn gut und mittelmäßig, die Sommerung und Schoten sehr schön". Die Tagebuchnotiz vom 1.8.1814 „Heute fangen sie bei meinem lieben Schwiegersohn [an] einzuhauen", lässt darauf schließen, dass hier Gemeindeglieder, die als Erntehelfer ihre Handdienste leisten, am Werk sind.

Alle diese Nachrichten zeigen, dass im Pfarrhaus in Groß Wilkau keine Armut herrschte. Auch das bei Eberlein aufgeführte „Pfarreinkommen" in Groß Wilkau erscheint nicht üppig, aber auskömmlich zu sein. Es zählt vor allem eine Hufe Akkerland, dazu zwei Gärten und eine Wiese auf[15]. Eine Hufe galt allgemein als auskömmlich für die Ernährung einer Familie.

Während seines Aufenthaltes in Groß Wilkau notiert Abraham Laengner folgende Besuche: Am Sonntag, dem 3.7.1814 erhält Fickert Besuch von einem Kaufmann Oelsner aus Berlin, der dann nach Breslau weiterreist. Handelt es sich hier um einen Leser des Christlichen Wochenblattes oder um einen der Geldgeber? Am 31.8.1814 kommen Superintendent Reichard Gottlob Reiber und Ehefrau aus Diersdorf. Früher waren u.a. bereits die Pfarrer aus den nahe gelegenen Orten Reichau und Siegroth zu Besuch gekommen[16].

Interessant ist folgender Eintrag vom 30.8.1814: „Gestern erhielt mein Herr Schwiegersohn eine ganze Kiste aus der Schmitz Schriften, welche größtenteils aus England kommen zum austeilen für die Unglücklichen und Abgebrannten. Ich habe also auch ein ganzes Paket erhalten, worunter zwei Jahrgänge von 1812 und 1813 sind, betitelt Christliches Sonntagsblatt. Ach, was gibt sich England für Mühe, die Christus Religion unter Christen und Heiden auszubreiten. Die Bibel ist schon von ihnen in 72 Sprachen abgedruckt und versendet worden in alle Teile der Welt. Der Vater im Himmel segne sie dafür." Hier werden Fickerts vielfältige Beziehungen sichtbar. Was „Schmitz Schriften" sind bleibt unklar; möglicherweise liegt hier ein Transkriptionsfehler aus den 1930er Jahren vor. Es mag sein, dass alles mit der Ber-

15 EBERLEIN (s. Anm. 1), 22.

16 Aus Reichau war es Pfarrer Michael Irmler; siehe NESS (s. Anm. 6), 268. Aus Siegroth war es Pfarrer Johann David Wilhelm Hoffmann; ebd., 280.

liner oder einer anderen Traktatgesellschaft in Zusammenhang steht[17]. Ein Christliches Sonntagsblatt, Johann Caspar Lavaters, lässt sich m.W. nur für 1792 / 1793 nachweisen.

Was kann man von den näheren Umständen der Trennung wissen?

Während seines Aufenthaltes in Groß Wilkau im Sommer 1814 hat Abraham Laengner in seinem Tagebuch mit keinem Wort die Ehekrise im Hause Fickert erwähnt. Er wird aber gewiss etwas davon mitbekommen und nicht gewusst haben, wie er sich zwischen seiner geliebten Tochter Dorothea und seinem ebenso geliebten Bruder und Schwiegersohn Friedrich verhalten sollte.

Doch schon am 11.10.1814, einen Monat nach der Rückkehr von Groß Wilkau nach Goldberg, lesen wir, dass Fickert an seinen Schwiegervater eine „traurige Nachricht" geschickt habe. Die ganze Wilkauer Familie gleichermaßen in den Blick nehmend, fügt Laengner hinzu: „Der Herr erbarme sich aller Leidenden".

Den genauen Inhalt der traurigen Nachricht erfahren wird nicht. Fickert, der sein Schreiben etwa am 8. oder 9.10.1814 verfasst haben mag, hatte vermutlich schon davon gehört, dass sich Gemeindeglieder über seine Frau beschweren wollten. Mindestens das wird er seinem Schwiegervater mitgeteilt haben. Beschwert haben sich laut Eberlein am 11.10.1814 in der Tat sechs Gemeindeglieder beim Gerichtsamt in Groß Wilkau[18]. Der „Sühnetermin", der daraufhin angesetzt wurde, hatte keine versöhnende Wirkung. Stattdessen kamen alle Mitglieder der Kommission zu dem Schluss, dass nur eine Trennung und später zu vollziehende Scheidung infrage komme.[19]

Dorothea Fickert wurde bei der Verhandlung vorgeworfen, sie sei eine Gefahr für ihren Mann und die Kinder, „da sie stets von Ersäufen, Dolchen, Vergiftungen" rede. Drohte Dorothea Fickert also an, ihren Ehemann zu ersäufen, die Kinder zu erdolchen und sich selber zu vergiften? Man erhält keine genaue Antwort. Dem Vorsitzenden der Kommission, Superintendent Reiber, wirft Dorothea Fickert vor, er wolle das Paar trennen, anstatt es zu versöhnen; sie kündigt Beschwerde beim Konsistorium an. „Hierbei lachte sie, weinte sie, rief Jesum an, fluchte wider, sagte jedermann Invektiven", also Beleidigungen[20]. Ist das ein heftiger Wutausbruch oder eine „psychopathische Veranlagung", wie Eberlein erwägt?

---

17 PETER MASER, Hans Ernst von Kottwitz. Studien zur Erweckungsbewegung des frühen 19. Jahrhunderts in Schlesien und Berlin, Göttingen 1990, 164f.

18 EBERLEIN (s. Anm. 1), 26.

19 Ebd., 26f.

20 Ebd. Eberlein zitiert auf den Seiten 25–28 ausführlich aus den Akten.

Jedenfalls waren die Zustände derart untragbar, dass Dorothea Fickert einen Monat später, am 14.11.1814, „mit etwas Hausgerät“ nach Goldberg kam. Überraschenderweise reiste sie aber schon vor Weihnachten, am 16.12.1814, wieder nach Groß Wilkau zurück. Es muss dort eine vorübergehende Versöhnung stattgefunden haben. Denn am 5.1.1815 erschien Dorothea Fickert erneut in Goldberg, um die im November hergebrachten Gegenstände wieder nach Groß Wilkau zurückzuführen.

Der Friede hielt aber nicht lange. Etwa zehn Wochen später, am 20.3.1815, teilt Fickert seinem Schwiegervater in Goldberg mit, dass das Paar „jetzt voneinander getrennt“ sei. Dorothea Fickert lebe nun in Senitz, vier Straßenkilometer nordöstlich von Groß Wilkau. Sie hatte Aufnahme im dortigen Pfarrhaus gefunden. Seit 1813 war dort Carl Traugott Oelsmüller (1778 – 1846) als Pfarrer tätig[21]. Er scheint später auch der Vormund der Fickertschen Kinder gewesen zu sein[22].

Wenn wir bei Eberlein lesen, dass Friedrich Fickert „nach einer fast sechwöchentlichen Niederlage“[23] am 6.5.1815 verstarb, ergibt sich folgendes Bild: Die zum Tode führende Krankheit Fickerts setzte etwa am 25.3.1814, also eine knappe Woche nach der definitiv vollzogenen Trennung ein. Die Trennung, zu der Fickert laut Eberlein schon im Herbst keine Alternative mehr sah[24], war einfach zu viel für ihn.

Abraham Laengner gibt übrigens anders als die offiziellen Akten[25] ein „Nervenfieber“ und nicht „Kopfgicht“ und „Schlagfuß“ als Todesursache an. Elf „Kreis-Geistliche“ hätten an der Beisetzung teilgenommen, lesen wir im Tagebuch. Dann verabschiedet Abraham Laengner seinen geliebten Bruder und Schwiegersohn mit den Worten: „Gott schenke ihm die ewige Seligkeit. Genug gepredigt, schließ deine Bibel zu, genug, doch zu kurz gelebet, geh ein zu deiner Ruh.“

Was wurde aus den Fickertschen Kindern?[26]

In seinem zwischen Juni 1814 und Mai 1815 verfassten Stammregister der Familie Laengner schreibt Abraham Laengner davon, dass ein Sohn und drei Töchter des

21 Siehe NESS (s. Anm. 6), 277.

22 Vergl. Tagebucheintrag vom 06.09.1820: Der Sohn des Abraham Laengner, Carl Balthasar, reist „wegen der Pastor-Fickertschen Kinder nach Senitz zum Vormund.“

23 EBERLEIN (s. Anm. 1), 28.

24 Ebd., 27.

25 Ebd., 28.

26 Siehe zum ganzen Abschnitt über die Fickertschen Kinder: NESS (s. Anm. 6), 207f.

Ehepaares Fickert lebten. Die Spuren dieser vier Kinder lassen sich nachzeichnen. Insgesamt hatte das Paar aber sechs Kinder[27].

Das erstgeborene war Christiane Friedericke Henriette, geboren am 19.4.1796. Dieses Kind verstarb aber bereits im Alter von drei Jahren am 14.1.1800. Auch ein zweites Kind muss früh verstorben sein. Von ihm wissen wir gar nichts[28].

Weitere Kinder waren:

Charlotte Luise Ernestine (Luisel), geb. 25.11.1797
Abraham Karl Friedrich (Fritz), geb. 2.7.1799
Johanna Henriette Dorothea (Jettel), geb. Ende Juni 1803
Wilhelmine Constantine Amalie, geb. 10.10.1805

Die Kinder waren von Fickert selbst unterrichtet worden[29].

Einen Monat nach Friedrich Fickerts Tod lesen wir am 6.6.1815 im Tagebuch: „Ein Schreiben von Groß Wilkau erhalten, worin gemeldet, dass mein Enkelsohn den 6. nach Berlin auf die Universität berufen worden und schon abgegangen ist. Die Luisel von der Frau von Burgsdorf, die Jettel von der Frau von Langenau nach Nimptsch zu der Frau Pastor Fischern in die Lehr und Kost gegeben worden, wofür sie alles entrichten; die Mutter aber und die Amalie auf dem Pfarrhofe sind, bis alles wird verkauft sein." Was wurde also aus den Kindern?

Luise Fickert, beim Tod des Vaters 17 Jahre alt, kam wie ihre jüngere Schwester Henriette nach Nimptsch, wohl in eine Haushaltslehre bei Johanna Henriette Dorothee Fischer, geb. Profe. Diese war die Witwe des früheren Nimptscher Pfarrers Johann Traugott Fischer, der bereits im September 1813 verstorben war[30]. Fischer war eng mit Friedrich Fickert befreundet. Er gehörte ebenfalls zu den erweckten Pfarrern. Beide hatten gehofft, in der Region gemeinsam für das Reich Gottes arbeiten zu können[31].

---

27 Die Zahl seiner Kinder gibt Fickert in einem Brief 23.4.1814 mit sechs an; zugleich wird in dem Schreiben deutlich, dass zum aktuellen Zeitpunkt nur noch vier Kinder leben; siehe EBERLEIN (s. Anm. 13), 38.

28 Wenn man sich die Geburtsjahre der übrigen Fickertschen Kinder ansieht, könnte das unbekannte Kind zwischen 1800 und 1802 geboren sein. In diesem Fall wäre es das vierte der sechs Kinder.

29 EBERLEIN (s. Anm. 13), 39.

30 Siehe NESS (s. Anm. 6), 249.

31 Siehe Brief Fickerts nach Herrnhut vom 6.1.1814. Der Brief, der mir freundlicherweise vom Unitätsarchiv in Herrnhut als Scan zur Verfügung gestellt wurde, findet sich dort unter R.18.A.27.b.12.c.48.

Bezahlt wurde Luises Ausbildung von Frau von Burgsdorf. Diese könnte die Ehefrau des Taufpaten von Fickerts erstem verstorbenen Kind gewesen sein. Der Pate war Ernst Siegismund von Burgsdorf auf Reichau. Er war der Patronatsherr Fickerts in Reichau. Eine andere Patin dieses erstgeborenen Fickertschen Kindes war Fräulein Ernestine Wilhelmine Charlotte von Burgsdorf[32]. Hier war Luise bis zu ihrem 13. Lebensjahr aufgewachsen. Es kann vermutet werden, dass Frau von Burgsdorf eine Patin Luises gewesen ist.

Am 2.9.1822 heiratete Luise Fickert in Langneundorf den Geburtshelfer, Wund- und Tierarzt E. Kuttner. Langneundorf liegt im Kreis Löwenberg, also recht weit von Nimptsch entfernt. Im Gegensatz zu den übrigen drei Kindern des Ehepaares Fickert haben wir für Luise kein Todesdatum und keinen Eintrag in das Stammbuch ihres Vetters August Wilhelm Laengner. Luise Fickert, verh. Kuttner hat im Sommer 1832 aber noch gelebt[33].

Friedrich Fickert, beim Tod des Vaters fast 16 Jahre alt, wurde laut Tagebuch im Sommer 1815 „nach Berlin auf die Universität berufen". Sein Vater hatte ihm „ziemliche Talente" und „eine Neigung zu den Wissenschaften" bescheinigt.[34]

Der junge Friedrich Fickert studierte wie sein Vater Theologie. Den genauen Bildungsgang können wir nicht nachzeichnen. Auch wissen wir nicht, wie sein Studium finanziert wurde. Möglich wäre es, dass sich Personen aus den Berliner Kreisen der Erweckten um den Sohn des dort ganz gewiss bekannten Pfarrers Friedrich Fickert kümmerten. Jedenfalls wird die Wahl des Studienortes mit der Finanzierung des Studiums zusammenhängen.

Im Stammbuch seines Vetters August Wilhelm Laengner hat sich der junge Friedrich Fickert folgendermaßen eingetragen:

„Dort rechnet man Thränen für Triumphe, und schöne
Gedanken für Ahnen an.
Schiller.

Das Schicksal trennte uns, aber nicht
unsre Herzen. Laß, theurer Bruder, ihre
Flammen auf dem Altare der Freundschaft
nicht verlöschen, und dies kann blos öftere Erinnerung an die vergangenen Zeiten bewirken.

32 Siehe EBERLEIN (s. Anm. 1), 20 und neben Seite 40 (Handschriftenprobe aus dem Taufregister von Reichau).

33 Näheres dazu unten bei Henriette Fickert.

34 EBERLEIN (s. Anm. 13), 39.

> Möchten dir diese wenigen Zeilen den Bund unserer Freundschaft, so oft du sie ansehen magst, in deine Seele zurückrufen. – Dein wahrer Vetter
> und Bruder F. Fickert
> Berlin am 14. Mai
> 1819."

Dem Zitat aus Schillers Kabale und Liebe folgt eine im Stil des Freundschaftskultes gehaltene Eintragung. Der Berliner Student Friedrich Fickert zeigt sich hier ganz auf der Höhe seiner Zeit.

August Wilhelm Laengner fügte später dieser Eintragung von eigener Hand hinzu, dass sein Vetter Fritz in Berlin an den Folgen eines Blutsturzes verstarb. Gestorben ist Friedrich Fickert am 11.1.1827 im Alter von 27 Jahren. Der „Cand. d. Theol." war damals „erster Lehrer am Schindlerschen Waisenhause".[35] Während von August Wilhelm Laengner die Todesursache mit Blutsturz angegeben wird, nannten die Provinzialblättern u.a. Blutbrechen als Grund. Der Tod Friedrich Fikkerts wird mit der damals weit verbreiteten und durch beengte Wohnverhältnisse, z.B. im Waisenhaus, stark geförderten Tuberkulose zusammenhängen. Ein Nachruf auf Friedrich Fickert in den Schlesischen Provinzialblättern[36] beginnt mit den Worten: „So bist du ohne Abschied denn geschieden?" Das deutet auf einen plötzlichen und unerwarteten Tod hin, der die im entfernten Niederschlesien lebenden Angehörigen hart traf. Unterzeichner des Nachrufes sind die Mutter Dorothea Fickert, die drei Schwestern, von denen man erfährt, dass sie allesamt verheiratet sind, und deren Ehemänner. Es entsteht das Bild wohlgeordneter Familienverhältnisse.

Henritette Fickert kam wie ihre ältere Schwester Luise zu Frau Fischer nach Nimptsch. Sie war zu diesem Zeitpunkt etwa 12 Jahre alt. Die Ausbildungskosten für Henriette trug Frau von Langenau. Sie wird identisch oder verwandt sein mit der Patin von Fickerts erstem, verstorbenem Kind. Die Patin war Frau Wilhelmine von Langenau, verheiratet mit Herrn von Langenau auf Tarchwitz, fünf Straßenkilometer von Reichau entfernt[37]. Es kann vermutet werden, dass Frau von Langenau eine Patin Henriettes gewesen ist.

---

35 Schlesische Provinzialblätter 85, 1827, 1.–6. Stück, 94.

36 Ebd., Anhang, 52.

37 Siehe EBERLEIN (s. Anm. XXX), neben Seite 40, Handschriftenprobe aus dem Taufregister von Reichau.

In das Stammbuch ihres Vetters August Wilhelm Laengner trug Henriette Fickert ein:

„Genüße was Dir Gott beschieden,
Entbehre gern was du nicht hast.
Ein jeder Stand hat seinen Frieden
Ein jeder Stand hat seine Last.

Lieber Cousin immer wird sich
Deines ungestörten Glückes freuen
Deine entfernte Cousine
Henriette Fickert
aus Nimptsch

Goldberg
den 11ten Sep. 1822“

Der Vers stammt aus Gellerts Gedicht „Zufriedenheit mit seinem Zustande“. Sicherlich hatte sich Henriette Fickert oft damit auseinandersetzen müssen, dass sie in ihrer Jugend manches, vor allem die Eltern, hatte „entbehren“ müssen.

August Wilhelm Laengner hatte etwa zwei Monate vor dieser Eintragung seine Jugendliebe Christiane Charlotte, geb. Willenberg geheiratet. An diesem Glück wollte sich Henriette mitfreuen.

Sie heiratete am 16.9.1823 in Strehlen den Pfarrer Friedrich Wilhelm Alter (1790–1858). Alter war seit 1822 Pfarrer in Prauß[38], zehn Straßenkilometer von Nimptsch. Dort ist Henriette Alter, geb. Fickert am 6.6.1832 „an Abzehrung“ verstorben. Die Provinzialblätter geben ihr Alter mit 28 Jahren und 11 ½ Monaten an.[39] Sie wäre demnach gegen Ende Juni 1803 geboren. Ein Nachruf in den Provinzialblättern[40] erwähnt ein lebendes Kind des Ehepaares Alter sowie mehrere verstorbene Kinder. Unterzeichnet ist der Nachruf wieder von Dorothea Fickert als erster, es folgen die beiden Schwestern, dann Rosina Laengner, geb. Haeckel, „im Namen der Familie Laengner“, sowie die Ehemänner der Geschwister. Man zeigte hier also ganz bewusst den Zusammenhalt der Familien Fickert und Laengner.

38 NESS (s. Anm. 6), 265.

39 Schlesische Provinzialblätter 96, 1832, 7. Stück, 95.

40 Ebd., Anhang, 12f.

Amalie Fickert, beim Tod des Vaters neun Jahre alt, blieb bei der Mutter. Nach einer Übergangszeit im Groß Wilkauer Pfarrhaus zog sie mit der Mutter nach Goldberg. Am Sonntag, dem 1.10.1820 trägt der nun 84 jährige Abraham Laengner in sein Tagebuch ein: „Ach, lieber Gott im Himmel, was muss ich auf meine Greisentage erleben. Meiner Tochter jüngste Tochter, die Amalie Fickert, hat sich zu der hiesigen Gesellschaft der Comedianten gegeben, sie wird heute das erste Mal auftreten als Negersklave. Alle Vorstellung hilft nicht, eines so rechtschaffenen Priesters Tochter, als Comedien Seilerin[41], Gott erbarme sich über ihren Leichtsinn." Das Goldberger „Liebhabertheater" war im Februar 1820 erstmals aufgetreten.[42] Amalie wird mit der Mutter einer Aufführung beigewohnt und sich anschließend begeistert der Gruppe angeschlossen haben. Die Wahl der Rolle eines afrikanischen Sklaven dürfte auch mit dem Wissen um deren schwere Schicksale, welches die Herrnhuter Missionsberichte verbreiteten, zusammenhängen. Dass solches Theaterspielen damals als unschicklich galt und von „Leichtsinn" zu zeugen schien, hat die Vierzehnjährige und ihre Mutter offenbar nicht gestört.

Die Schauspielerei muss Amalie Fickert auch noch in den folgenden Jahren beschäftigt haben. So trägt sie 1822 in das Stammbuch ihres Vetters August Wilhelm Laengner ein:

„Beglückt, wer so des Lebens Rolle spielt,
das wenn der Vorhang fällt,
er keine Reue fühlt. _ _ _

Wen du diese Worte list
so erinre dich auch oft an
deine dich liebende Cousine
Wilh. Const. Amalie Fickert

Goldberg den 12ten September
1822"

Als unschicklich und leichtsinnig wird der Lehrer Johann Gottlieb Basler die schauspielernde Amalie Fickert nicht empfunden haben. Denn am 25.8.1823 heiratete er Amalie Fickert in Goldberg. Basler war dort Auditor an der Lateinschule. Als solcher verfasste er mehrere Schulbücher. Darüber hinaus war Basler Förderer des Goldberger Missionsvereines und des Goldberger Vereines zur Rettung

41 Unklar, möglicherweise liegt ein Transkriptionsfehler vor.

42 LUDWIG STURM, Geschichte der Stadt Goldberg in Schlesien, Goldberg 1888, 507.

verwahrloster Kinder[43]. Beide Vereine gehörten personell und geistlich eng zusammen[44].

Vom Tod der Amalie Basler, geb. Fickert am 24.9.1838 erfahren wir wieder aus den Provinzialblättern[45]. Sie sei „im Alter von 32 Jahren 11 Monaten 14 Tagen" verstorben. Damit kann das Geburtsdatum als der 10.10.1805 bestimmt werden. Basler, der als einziger die „Todes-Anzeige" unterschreibt, spricht u.a. vom „stillen ... Wirken" seiner Frau. Diese habe „wie Maria ... den Sitz zu des Herrn Füßen" gewählt. „Dort [zu des Herrn Füßen] ist sie auch gestorben." Hatte Amalie also in ihrem weiteren Leben eine stille, vor allem auf Gott hörende Rolle gespielt?

Insgesamt muss man sagen, dass alle Kinder von Dorothea und Friedrich Fickert ihren Weg ins Leben gefunden haben. Im Bezugsrahmen der damaligen bildungsbürgerlichen Vorstellungen waren sie erfolgreich: Die Töchter heirateten alle 1822 oder 1823 „standesgemäß". Der Sohn war in die Fußstapfen seines Vaters getreten. Die Wahl der Ehepartner der Töchter Henriette und Amalie sowie die Berufswahl von Friedrich lassen darauf schließen, dass die Kinder im Grundsatz den Glauben der Eltern für sich übernommen haben.

Mindestens drei der vier erwachsenen Kinder von Dorothea und Friedrich Fickert sind im Alter zwischen 27 und 32 Jahren verstorben. Auch sie haben, den Worten ihres Großvaters Abraham Laengner gemäß, „zu kurz gelebet".

Was wurde aus Dorothea Fickert?

Dorothea Fickert zog nach Auskunft des Tagebuches nur wenige Tage nach Fickerts Tod mit der Tochter Amalie wieder ins Pfarrhaus nach Groß Wilkau zurück. Dort lebte sie nach Eberleins Angaben noch bis zum Mai 1816. Dem Amtsnachfolger ihres Mannes hat sie, Eberleins Bericht zufolge, noch große Schwierigkeiten bereitet.[46]Anschließend kam sie nach Goldberg, wo sie vermutlich zuerst auf dem wieder neu aufgebauten Vorwerk ihres Bruders lebte. Seit Juni 1819 besaß sie jedoch

43 Lt. Amtsblatt der Regierung in Liegnitz von 1838 /39.

44 Der Rettungsverein war laut einem Bericht in den Schlesische Provinzialblättern 96, 1832, Juli / Dezember, 52 „auf Anregung der Mitglieder des Missionsvereins" gegründet worden. Die „thätigen Mitglieder" beider Vereine waren identisch. Der Leitung beider Vereine gehörte neben dem der Erweckung nahe stehenden Superintendenten Postel u.a. auch der Tuchfabrikant August Wilhelm Laengner, Besitzer des erwähnten Stammbuches, an.

45 Schlesische Provinzialblätter 108, 1838, 7–21 Stück, Anhang, 164f.

46 EBERLEIN (s. Anm. 1), 27.

eine sogenannte Stelle. Eine Stelle umfasste ein einfaches Haus mit einem Garten und einem kleinen Stück Land, das aber nicht groß genug war, um eine ganze Familie ernähren zu können. Als Witwe, die nur noch ein Kind bei sich hatte, konnte sie jedoch von ihrer kleinen Landwirtschaft leben. Unklar ist, wie sie an diesen Besitz kam. Am wahrscheinlichsten ist die Nachricht einer Tagebucheintragung. Abraham Laengner schreibt, er habe seiner Tochter im Juni 1819 für 2010 Rthl. „die gewesene Zoblische Gärtnerstelle" gekauft. Anders klingt eine am 1.10.1824 brieflich vorgetragene Bitte, die Dorothea Fickert an Gneisenau richtete[47]. Ein Neffe ihrer Schwägerin Rosina Laengner, Carl Gottlob Haeckel, war während der Befreiungskriege Ordonanzoffizier Gneisenaus geworden[48]. Möglicherweise erhoffte sich Dorothea Fickert eine erhöhte Chance auf Erfolg. Es geht in dem Brief um die sehr verspätete Bitte wegen Kriegsentschädigung für in Groß Wilkau im Jahr 1813 erlittene Verluste. Dorothea Fickert erläutert ihre aktuell schlechte wirtschaftliche Situation. Ob und welche Antwort sie erhielt, ist nicht bekannt.

Auf jeden Fall führt sie an, sie selber habe die oben genannte „kleine Stelle in der Niederau bei Goldberg" erworben. Die Angaben ihres Vaters sind aber wahrscheinlicher; welchen Grund hätte dieser gehabt, die Unwahrheit zu sagen? Dorothea Fickert hingegen könnte mit ihrer Angabe, die Stelle selber bezahlt zu haben, ihre wirtschaftliche Lage bewusst dramatisiert haben.

Gegen Ende ihres Lebens zog die nun alt werdende Witwe wieder auf das Vorwerk am Rennweg. Ihr Großneffe Carl Gottlieb Wilhelm Laengner erinnerte sich im Jahr 1892, Dorothea Fickert habe „auf dem Rennwege in einem zum Gute gehörenden Hause" gelebt. Sie sei „eine Xanthippe wie merkwürdigerweise viele Pastorenfrauen" gewesen. Ihren „braven, sehr gutmütigen Ehemann" habe sie „vielfach gekränkt und geärgert." Auch „kleidete [sie] sich sehr auffallend und war die böse Sieben in der Familie." Dieses Bild von Dorothea Fickert hat sich allem Anschein nach im 19. Jahrhundert in der Familie Laengner gebildet und erhalten.[49]

Aber wie eingangs erwähnt: Es ist eine von Männern geschriebene und gedeutete Geschichte. Was Frauen der Familie Laengner dazu gedacht und gesagt haben,

---

47 Der Brief an August Wilhelm Antonius Graf Neidhardt von Gneisenau befindet sich im Geheimen Staatsarchiv PK in Berlin, HA Familienarchive und Nachlässe, NI August Graf Neidhardt von Gneisenau, Paket Nr. 4.

48 Ernst-Ekkehard Kornmilch, Die Ahnen Ernst Haeckels, Berlin, 2009, 13. Carl Gottlob Haeckel war der Vater des Zoologen, Philosophen und Freidenkers Ernst Haeckel (1834–1919).

49 Das Bild wird noch dadurch abgerundet, dass im selben Zusammenhang mitgeteilt wird, „aus ihren Kindern ... ist auch nicht viel geworden". Dass das Gegenteil richtig ist, wurde oben gezeigt.

wissen wir nicht. Vermutlich hätten sie manches anders erzählt, vielleicht auch manches Kritische über Friedrich Fickert angemerkt. Vielleicht hätten sie gefragt, wie viel Zeit der Mann bei seiner hohen Arbeitsbelastung eigentlich noch für seine Kinder und seine Ehefrau hatte. Neben Pfarramt und zusätzlichen Bibelstunden war er mit der Herausgabe einer regelmäßig wöchentlich erscheinenden Zeitschrift, dem Verfassen und redigieren von Texten für diese Zeitschrift und damit verbundener umfangreicher Korrespondenz sicher stark eingebunden. Vielleicht hätten Frauen der Familie Laengner auch angemerkt, dass Friedrich Fickert immer wieder seine negativen Lebens- und Zeitumstände besonders hervorhob. „Es schmerzt mich, daß ich dieses Jammerlied immer wieder anstimmen muß, aber ich kann nicht anders."[50] Vielleicht wären sie auch auf den Gedanken gekommen, dass zum Streiten in einer Ehe immer zwei gehören. Wir wissen das aber nicht.

Am 26.10.1833 ist Dorothea Fickert in Goldberg an Entzündungsfieber, wie Eberlein mitteilt, verstorben[51]. Entgegen den sonstigen Gewohnheiten der Familie wurde kein Nachruf in den Schlesischen Provinzialblättern veröffentlicht. Dorothea Fickert wird im Erbbegräbnis der Familie Laengner beigesetzt worden sein[52]. Dort ruhen Frauen und Männer der Familie: Erfolgreiche und erfolglose Vorwerksbesitzer, eine aus Böhmen geflüchtete Bauerntochter, deren Eltern unbeugsame Mitglieder der Böhmischen Brüderkirche waren, ein an beiden Beinen amputierter Hofgärtner des Grafen von Nostitz-Rieneck, eine Großtante des als Feind des Christentums geltenden Ernst Haeckel, ein erweckter Tuchfabrikant und viele mehr.

Wir wollen nicht so tun, als wüssten wir, wer die Guten, wer die Bösen in der Geschichte sind. Sinn, Rechtfertigung und Erlösung bringt ohnehin nur der, auf den George Friedrich Fickert Zeit seines Lebens mit großer Leidenschaft und völlig zu Recht hingewiesen hat, Jesus Christus, der Herr und Heiland der Welt.

---

50 EBERLEIN (s. Anm. 13), 40.

51 EBERLEIN (s. Anm. 1), 28.

52 Das Erbbegräbnis ist heute noch auf dem Friedhof in Goldberg / Złotoryja vorhanden. Gleich hinter dem alten Friedhofstor erhebt sich links die große klassizistische Gruft.

Buchbesprechungen

Lars-Arne Dannenberg, Mario Müller (Hgg.):

Studien zur neuzeitlichen Geschichtsschreibung in den böhmischen Kronländern Schlesien, Oberlausitz und Niederlausitz, Görlitz, Zittau 2013

(Beihefte zum Neuen Lausitzischen Magazin Bd. 11), 377 S.

Um es gleich vorweg zu sagen: Der vorliegende Band ist ein ausgesprochen nützliches Hilfsmittel in eine von der Forschung weitgehend vernachlässigte Quellengruppe, die Chronistik, denn der Band enthält neben einführenden Aufsätzen in die Eigenart und Merkmale dieser Quellen eine Bestandsaufnahme über die nachgewiesenen Chroniken mit Angabe der in der Literatur genannten Fundorte, die nicht immer dem neusten Stand entsprechen, aber eine wichtige Hilfe bei der Recherche sind. Doch gehen wir der Reihe nach.

Nach einer Einführung in das Ziel und die Aufgabe dieses Buches widmet sich der erste Teil Schlesien. Mario Müller, wissenschaftlicher Mitarbeiter am Institut für Europäische Geschichte, und Axel Kriechmus, damals Student der Geschichte, liefern auf fast 70 Seiten einen chronologisch angelegten Katalog aller bekannten schlesischen Chroniken. Dabei haben sie den Begriff der Chronik oder Annalen weit ausgelegt und auch Biografien, Tagebücher, Lexika des 18. Jahrhundert, Reiseberichte, Landesbeschreibungen, historische Verzeichnisse von Grabschriften und Amtsträgern u.a. mitaufgenommen. Sie zählen bis zum Jahr 1800 insgesamt 415 Titel. Dieses Verzeichnis war, so geben die Bearbeiter an, nur ein Nebenprodukt zur Edition des Chronicon Silesiae, einer Görlitzer Handschrift, die 2006 in die Oberlausitzische Bibliothek der Wissenschaften gelangte und deren Edition eine grundsätzliche Beschäftigung mit dieser Quellengruppe verlangte. Genaueres über diese Edition erfährt der Leser dann in den Aufsätzen von Annegret Jatzwauk und Steffen Jatzwauk, die eine detaillierte Beschreibung der Handschrift mit diffizilen Erwägungen zu Autor und Vorlagen der Quelle vornehmen. Die Zurückhaltung bei eindeutigen Festlegungen, auch wenn die Urheberschaft von Georgius Scultetus (geb. 1560), der 1596 Abt des Prämonstatenser Stifts St. Vincenz in Breslau wurde, für weite Teile des Chronicon sehr wahrscheinlich ist, berührt angenehm.

Der zweite Teil des Bandes behandelt die Oberlausitz. Tino Fröde bietet eine vergleichbare Liste der handschriftlichen Stadtchroniken der Sechsstädte mit ca. 430 Titeln, ein wichtiges Hilfsmittel, um einen Zugang zu diesen Quellen zu finden. Lars-Arne Dannenberg, der die Annalen der Stadt Kamenz von Caspar Haberkorn herausgegen hat, zeigt in einem aufschlussreichen Vergleich, wie dieser Autor die kurzen Notizen von Bartholomäus Scultetus in dessen Calendarium von 1576 aufgenommen und verarbeitet hat, so dass sich hier ein klares Abhängigkeitsverhältnis für diesen Zeitabschnitt ergibt, was ein sehr typisches Vorgehen bei der Kompilation von Chroniken verdeutlicht. Peter Hrachovec analysiert unter der etwas missverständlichen Überschrift „Böhmische Themen in der Zittauer Stadtchronistik", welche Rolle bestimmte Mythen (z.B. der Ursprungsmythus über die Entstehung der Stadt) und Traditionen (z.B. die Legende von der Fürstin Zittavia) in den Zittauer Chroniken spielen und wie sie zu verstehen sind. Eine solche Analyse enthüllt die Ideologie oder Denkweise in den Chroniken, die von der historischen Wahrheit oft sehr unterschieden sind.

Der dritte Teil behandelt die Niederlausitz, deren Chronistik erst relativ spät um 1600 einsetzt und die den andern Gebieten deutlich nachsteht. Der Band bietet einen längeren, noch unveröffentlichten Aufsatz des inzwischen verstorbenen Historikers und Archivaren Rudolf Lehmann, der sich seit 1925 mit dem Thema befasst hat. Ein Katalog der Handschriften und Drucke ist angesichts der großen Verluste hier nicht möglich, doch werden die vorhandenen Handschriften beschrieben. Falko Neininger ergänzt wichtige Informationen aus heutiger Sicht.

Mit diesem Werk ist ein vorzügliches Instrument als Forschungshilfe entstanden, die den Zugang zu den Archiven sehr erleichtert und eine Quellengruppe erschließt, die zu Unrecht von der Forschung vernachlässigt wurde, aber als Quelle für einzelne Abschnitte der Geschichte durchaus Augenzeugenberichte enthalten kann und in jedem Fall das Geschichtsverständnis einer Stadt wiederspiegelt. Die Liste der schlesischen Chroniken ist durch mehrfache Register gut erschlossen, leider fehlt ein solches Register für die beiden anderen Teile, die nach einzelnen Orten gegliedert sind und insofern einen leichten Zugang besitzen. Das Buch sollte in jedem historischen Seminar und jeder Universitätsbibliothek Schlesiens und der Lausitz vorhanden sein, ist aber auch allgemein eine gute Einführung in die Chronistik.

Dietrich Meyer

Ein Gedenkbuch herausgegeben von Hartmut Ludwig und Eberhard Röhm in Verbindung mit Jörg Thierfelder.

Evangelisch getauft – als „Juden" verfolgt. Theologen jüdischer Herkunft in der Zeit des Nationalsozialismus.

Stuttgart Calwer Verlag 2014. 471 S.

„In der jüdischen Tradition hat das Gedenken an die im Holocaust getöteten Christen jüdischer Herkunft schon lange einen festen Platz. In den christlichen Kirchen dagegen wurde ihre Schicksale bisher kaum wahrgenommen." Mit diesen Worten von Bischof und Kirchenpräsident der evangelischen Landeskirchen von Hessen beginnt ein Band, in dem sich die Kirchen endlich der im Dritten Reich verfolgten evangelischen Christen jüdischer Herkunft zu erinnern beginnen. Für die evangelische Kirche Schlesiens wird ein solches, in vielen Landeskirchen gerade erst beginnendes Suchen in den Kirchenbüchern nicht möglich sein. Da der hier zu besprechende Band sich nicht auf eine einzelne Landeskirche beschränkt, sondern das ganze evangelische Deutschland der dreißiger Jahre behandelt, bezieht er auch Schlesien ein. Allerdings geht es durchweg, also auch im Blick auf Schlesien, nur um die evangelischen Theologen einschließlich Theologiestudenten, die wegen ihrer Rassezugehörigkeit im Dritten Reich verfolgt wurden.

Im Ganzen enthält der Band die Kurzbiographien von 180 Theologen, von denen jeweils mit Bild zunächst in Stichworten die Lebensdaten angegeben werden, dann auf zwei Seiten ausführliche, gründlich recherchierte Angaben über ihre familiäre Herkunft, ihren Werdegang und über ihr Schicksal während des Dritten Reiches und gegebenenfalls über ihre Wiederanstellung in der Nachkriegszeit folgen. Die Theologen wurden meistens entlassen. Den Jüngeren wurde der Zugang zur Universität versagt, doch viele konnten auf den kirchlichen Hochschulen studieren. Den meisten rassisch Verfolgten gelang nach der Entlassung aus dem bzw. der Nichtzulassung zum kirchlichen Dienst die Emigration, so daß von den rassisch verfolgten Theologen wenige in der Schoah zum Opfer fielen. Vor allem Bischof Bell aus Chichester kümmerte sich um sie, eine große Zahl wurde in England aufgenommen. Bell ist der meistgenannte Name in diesem Gedenkbuch, auf ihn folgt der Heinrich Grübers.

Die verfolgten Theologen jüdischer Herkunft werden nach den Kategorien des Régimes in drei verschiedene Gruppen unterschieden: in „Volljuden", bei denen beide Eltern als Juden galten, in „Halbjuden“ mit einem als Jude geltenden Elternteil, „Vierteljuden“, bei denen nur ein Großelternteil als Jude galt; dazu kommen die “jüdisch Versippten“, d.h. die mit einer von den Nürnberger Gesetzen als Jüdin geltenden Frau verheirateten Pfarrer. Aus einer alle Biographien nach ihren Herkunftskirchen aufschließenden Tabelle (S.394) ergibt sich, daß von den 180 behandelten Theologen zehn aus Schlesien stammten: vier Volljuden, drei Halbjuden, zwei Vierteljuden, ein als jüdisch versippter geltender. Damit liegt die schlesische Kirche, was die Zahl solcher Theologen angeht, unter den Provinzialkirchen der altpreußischen Union in der Mitte, hinter der Mark Brandenburg, die mit 43 Theologen bei weitem an der Spitze steht, und auf gleicher Höhe mit dem Rheinland, während die übrigen Provinzialkirchen höchstens fünf Theologen jener Kategorien aufweisen. Nimmt man die übrigen Landeskirchen hinzu, so ergeben sich für Baden und Bayern höhere Zahlen und für Sachsen dieselbe Zahl.

Die Schicksale der behandelten schlesischen Theologen jüdischer Herkunft sind ganz unterschiedlich. Am bekanntesten ist Friedrich Forell (1888-1968). In Glatz als Sohn eines jüdischen Kaufmanns geboren und, galt der als Kind mit den Eltern zum evangelischen Glauben übergetretene Forell als Volljude. Er studierte Theologie und wirkte als Gemeindepfarrer, dann als Sozialpfarrer und Leiter der Frauenhilfe der Kirchenprovinz. 1933 aus dem Kirchendienst entlassen, arbeitete er zunächst in Wien in der Schwedischen Israelmission, flüchtete nach Schweden, baute dann in Zusammenarbeit mit Bischof Bell von Frankreich aus ein Netz zur Hilfe für Christen jüdischer Herkunft auf, bis er 1940 verhaftet wurde und nach Internierung in die USA emigrierte. Seinen als Halbjuden geltenden Söhnen aus der Ehe mit Magdalene Kretschmar, der Tante des verstorbenen Kirchenhistorikers und russischen Erzbischofs Georg Kretschmar, Wolfgang (1919-2011) und Gotthold Forell (1922-1961), die in Breslau aufwuchsen, gelang ebenfalls die Flucht, Wolfgang studierte später in den USA, der jüngere in Melbourne/Australien Theologie. Alle drei Forells anglisierten oder wechselten ihre Vornamen und traten dauerhaft in den Dienst ausländischer Kirchen. Walter Krebs (1892-1961) war Volljude, wurde als Jurist in Breslau 1933 zwangspensioniert, ließ sich taufen und schloß sich der Bekennenden Kirche an. Er emigrierte 1939 nach England, studierte Theologie in Bristol und war dann in verschiedenen Positionen als Pfarrer der anglikanischen Kirche tätig, besonders engagiert in der Judenmission. Selbst kein Schlesier war der aus Karlsruhe stammende badische Pfarrer Wilhelm Karle (1903-1990), doch er galt als jüdisch versippt, weil er mit einer schlesischen Volljüdin verheiratet war, Annemarie Brieger, der Tochter eines Landeshuter Medizinalrats, die in Theologie promoviert war, aber als eine der ersten Theologinnen und als verheiratete Frau nicht in kirchlichen Dienst treten konnte. Jahrelang wegen ihrer Mischehe schikaniert, emigrierte das Ehepaar nach der Pogromnacht mit Hilfe Bischof Bells nach England. Nach dem Krieg kamen beide in die badische Landeskirche zurück. Theodor Maas (1882-1943) war als in Breslau geborener Sohn eines – bereits zum Christentum übergetretenen – jüdischen Kaufmanns Halbjude. Seit 1921 als Pfarrer im Westerwald tätig, wurde er vom Jahr 1933 an zunehmend aus Rassegründen schikaniert, allerdings von der Kirchenleitung gehalten. 1943 fiel er einem Unfall zum Opfer. Willy Süssbach (1904-1973), in Oppeln geborener Halbjude, war nach dem Theologiestudium Pfarrer der Bekennenden Kirche in der Mark Brandenburg und emigrierte, mehrfach verhaftet und mißhandelt, ebenfalls auf Einladung Bischof Bells 1939 nach Schottland, wo er die Judenmission der Church of Scotland leitete, dann aber als Deutscher interniert wurde. Nach einigen Jahren auf Ceylon kehrte er 1956 nach Deutschland zurück und wirkte als Pfarrer in Berlin. Der aus einem schlesischen Pfarrhaus stammende Hans Joachim Iwand (1889-1960) war mit einer Halbjüdin verheiratet. Seine Tätigkeit in der Bekennenden Kirche brachte ihn zusätzlich in Gefahr und führte mehrmals zur Verhaftung. Dennoch emigrierten er und seine Frau nicht nach England, wohin sie Bischof Bell eingeladen hatte. Nach dem Krieg wurde Iwand Professor in Bonn. Carl Heinz Lubowski (1908-1945), Halbjude aus Kattowitz und als promovierter Jurist ohne Berufschancen in Deutschland, konnte 1936 seinen Jugendwunsch, Theologie zu studieren, bei Karl Barth in Basel erfüllen; der Kriegsausbruch verhinderte seine Emigration, doch die ostpreußische Bekennende Kirche nahm ihn im Krieg als Hilfsprediger auf. Aus Treue zu seiner Gemeinde in Königsberg geblieben, wurde er im April von den Russen verhaftet und starb an Entkräftung. Werner Ritter (1913- 1970) stammte aus Kreuzburg in Oberschlesien, studierte Theologie und meldete sich in Breslau zum Ersten theologischen Examen. Da er als Vierteljude vom Preußischen Oberkirchenrat keine Nachricht bekam, ob er zur Prüfung zugelassen werde, legte er im Rheinland das Notexamen für Kriegsteilnehmer ab. An der Front verwundet, trat er bereits im Krieg in kirchlichen Dienst und wirkte danach als Pfarrer und Superintendent der Rheinischen Landeskirche.

Bei der Lektüre der in dem vorliegenden Band behandelten Biographien vergehen alle üblichen Urteile über Judenchristen, für die die Taufe nur das Entrébillet in die deutsche Gesellschaft und Kultur gewesen sei. Für diese Christen jüdischer Herkunft war der christliche Glaube ihre ureigene Überzeugung, ihr Studium der evangelischen Theologie haben sie mit aller Gewissenshaftigkeit durchgeführt und als Amtsträger ihren Dienst in aller Treue gemäß dem evangelischen Bekenntnis wahrgenommen. Umso beschämender ist die Erinnerung daran, wie die evangelischen Kirchen mit diesen ihren eigenen Gliedern und Amtsträgern umgegangen sind.

Johannes Wallmann

Mitteilungen des Vereins für Schlesische Kirchengeschichte 2014 und 2015

In den Berichtsjahren 2014 und 2015 ist der Vorstand jeweils zu 3 Sitzungen zusammengekommen, am 20. März 2014 in Görlitz, am 2. September 2014 im Rahmen der Jahrestagung in Muhrau und am 16. Dezember 2014 in Berlin sowie am 24. März 2015 in Berlin, am 7. September 2015 im Rahmen der Jahrestagung in Görlitz/Jauernick und am 11. Dezember 2015 in Berlin. Bei den Sitzungen ging es schwerpunktmäßig um die Vorbereitung der Jahrestagungen, die Begleitung der – schon weit gediehenen – Herausgabe des schlesischen Pfarrerbuches durch Pfarrer Magister Dietmar Neß sowie die Einrichtung einer neuen Internetseite.

Die Mitgliederversammlungen fanden am 3. September 2014 in Muhrau und am 8. September 2015 in der Kreuzbergbaude im Rahmen der Jahrestagungen statt.

Auf der Mitgliederversammlung 2015 wurde ein neuer Vorstand gewählt. Pfarrer Magister Dietmar Neß wurde aus seiner langjährigen Vorstandsarbeit feierlich verabschiedet.

In den Vorstand wurden gewählt:

Vorsitzender: Dr. Thomas Koppehl
Stellv. Vorsitzende: Prof. Dr. Dorothea Wendebourg
Schriftführer und Schatzmeister: Pfarrer Christoph Hanke
1. Beisitzer: Pfarrer Mag. theol. Ulrich Hutter-Wolandt
2. Beisitzer: Dr. Ulrich Schmilewski

Die Jahrestagung 2014 fand vom 1. bis 4. September 2014 im Schloss Muhrau statt und stand unter dem Thema:

„Adel, Reformation und Gegenreformation in Schlesien"

Es wurden folgende Vorträge gehalten:

Dr. Ulrich Schmilewski:
Einführung in das Tagungsthema

Pfr. Ulrich Hutter-Wolandt M.A.:
Die Reformation in Schlesien und der schlesische Adel

Dr. Dietrich Meyer:
Der reformierte und der radikalprotestantische Adel Schlesiens und die Reformation

Dr. Ulrich Schmilewski:
Der römisch-katholische Adel und die Gegenreformation am Beispiel der Oppersdorf und der Schaffgotsch

Prof. Dr. Aleksandra Lipinska:
Adlige Baukunst als Ausdruck konfessionellen Bekenntnisses

Eine Exkursion führte zum Brüderhaus in Kraschnitz, zur Gnadenkirche in Militsch, zu Schloss und Kirche in Sulau sowie zum Schloss in Trachenberg.

Die Jahrestagung 2015 fand vom 7. bis 10. September 2015 in der Evangelischen Tagungsstätte Kreuzbergbaude nahe Görlitz statt und stand unter dem Thema:

„Die Angliederung der östlichen Oberlausitz an die preußische Kirchenprovinz Schlesien vor 200 Jahren".

Es wurden folgende Vorträge gehalten:

Dr. Lars-Arne Dannenberg:
Was war und ist die Lausitz?

Dr. Matthias Donath:
Integration der Oberlausitz in die Provinz Schlesien

Dr. Dietrich Meyer:
Integration der Lausitz in die Kirchenprovinz Schlesien

Margrit Kempgen:
Johann Gottlob Worbs (1760-1833) als Oberlausitzer Gelehrter – Auszüge aus einem Vortrag von Dr. Lucyna Harc, die verhindert war, mit Bildern

Pfr. Ulrich Hutter-Wolandt M.A.:
Die Kirchengemeinde Gebelzig/OL in den Jahren zwischen 1815 und 1850

Eine Exkursion führte ins Schlesische Museum Görlitz, zum Gedenkstein von J. G. Worbs in Priebus und zur Grenzkirche in Podrosche.

Mit der Herausgabe des „Schlesischen Pfarrerbuchs“, bearbeitet von Dietmar Neß auf Grundlage der Arbeiten von Johannes Grünewald, wurde begonnen. In der Evangelischen Verlagsanstalt zu Leipzig erschienen 2014 die Bände 1 bis 4, den Regierungsbezirk Breslau umfassend, sowie 2015 Band 5 für Oberschlesien, Ostschlesien.

Folgende Mitglieder sind in den Jahren 2012 und 2013 – über die Aufstellung im letzten Jahrbuch hinaus –, 2014 und 2015 aus dem Verein ausgeschieden:

Herr Diakon i.R. Kurt Niebisch, Ostlandstr. 21, 33649 Bielefeld († 9.5.2012)

Herr Hans-Dieter Schnorrenberg, Christian-Kropp-Str. 49a, 41517 Grevenbroich (†)

Herr Dr. Johannes Schaefer, An den Hubertshäusern 15, 14124 Berlin (†16.8.2013)

Herr Siegfried Fuhrig, Im Weilergarten 14, 78351 Bodmann-Ludwigshafen (†)

Herr Dekan i. R. Werner Becher, Weinstr. 37, 60435 Frankfurt am Main

Professor Norbert Conrads, Hoffmannstr. 209, 71229 Leonberg

Herr Arnulf von Bock, Eichendorfstr. 24, 40822 Mettmann

Herr Hans Stillfried, Erlenweg 4, 55583 Bad Münster-Ebernburg

Professor Othmar Karzel, Siezenheimer Str. 215, A-5020 Salzburg

Frau Ruth Schildhauer-Ott, Alfred-Döblin-Str. 19, 40595 Düsseldorf (†17.11.2013)

Herr Christian Eberlein, Rechberggstr. 6, 73614 Schorndorf (†März 2013)

Herr Dr. Dietrich von Rotenhan, An den drei Brunnen 42, 60431 Frankfurt/Main (†8.2.2014)

Professor Dr. Arno Herzig, Habichthorst 10, 22459 Hamburg

Frau Edelgard Schröder, Am krausen Baum 11, 40489 Düsseldorf

Herr Pfarrer i.R. Frithjof Bürgel, An der Galgenleite 16, 95028 Hof/Saale

Herr Pfarrer i.R. Dr. Bernhard Liess, Karlstr. 3, 82152 Planegg

Herr Pfarrer i.R. Dr. Herbert Patzelt, Nadistr. 12, 80809 München

Herr Pfarrer i.R. Peter Merx, Am Eckbusch 41/133, 42113 Wuppertal

Herr Dr. Werner Elkeles Lessingstr. 4, 68615 Mannheim (†25.5.2015)

Herr Prof. Dr. Gustav-Adolf Benrath, Weidmannstr 32, 55131 Mainz (†5.11.2014)

Als neue Mitglieder begrüßen wir:

Herr Pfarrer Albrecht Naumann, Finstertorstr. 4, 02828 Görlitz

Frau Sieglinde Schimanke-Galgenmüller, Elsterwerdaer Str. 1, 04928 Schraden

Herr Marcus König, Luxemburger Str. 6, 13353 Berlin

Herr Martin Naumann, Teubnerstr. 4 0, 4317 Leipzig

Frau Dagmar Dieck, Halbendorfer Str. 1d, 02953 Kromlau

Herr Harald Schroeter-Wittke, Abelbachstr. 6, 33142 Büren

Herr Richard Janus, Kirchborchener Str. 17, 33178 Borchen

Frau Dagmar Dieck

Herr Harald Schröder

Anschriften des Vorstandes:

Dr. Dietrich Meier, Zittauer Str.27, 02747 Herrnhut

Dr. Ulrich Schmilewski, Kulturwerk Schlesien, Kardinal-Döpfner-Platz 1, 97070 Würzburg

Prof. Dr. Aleksandra Lipińska, Institut für Kunstgeschichte der Ludwig-Maximilians-Universität, Zentnerstr. 31D, 80798 München

Dr. Matthias Donath, Zentrum für Kultur//Geschichte, Rittergut Jahna, Dorfstr. 3, 01665 Niederjahna

Andreas Laengner, Mittelstr. 31, 56584 Anhausen

Gemeinschaft ev. Schlesier (Hilfskomitee) e.V.

Arbeitsbericht für die Jahre 2014 und 2015

Reorganisation und Neubeginn

Für die Gemeinschaft ev. Schlesier ging es in den Jahren 2014 und 2015 um eine Neuorganisation und einen Neubeginn. Der letzte Schlesische Kirchentag hatte im Juni 2013 angesichts sinkender Mitgliederzahlen und fortgeschrittenen Alters der Mitglieder – über die Hälfte sind älter als 80 Jahre – beschlossen, die Satzung zu ändern und auf den Kirchentag als eine Art synodales Gremium zu verzichten. Stattdessen sollte entsprechend dem Vereinsrecht die Mitgliederversammlung über die Arbeit, die Projekte und die Finanzen entscheiden, wobei diese Versammlung ohne Rücksicht auf die Zahl der anwesenden Mitglieder beschlussfähig sei. Entsprechend wählte die Mitgliederversammlung, nachdem die Satzungsänderung durch die zuständige staatliche Behörde in Dresden genehmigt worden war, am 5. September 2015 in Jauernick-Buschbach ihren neuen Vorstand, Herrn Generalsuperintendenten Martin Herche, Görlitz, zum Vorsitzenden, zu seinem Stellvertreter Herrn Oberstudienrat i. R. Christoph Scholz, Burgwedel, zum Schatzmeister Bankkaufmann Klaus-Ulrich Vogel, Porta Westfalica, und zu weiteren Vorstandsmitgliedern Dipl.-Finanzwirt Michael Giller, Butzbach, und Herrn Klaus-Christian Röhrbein, Langenhagen. Ehrenvorsitzender wurde Dr. Erdmann Schott, der sich von 1993 an mehr als 20 Jahre lang als Vorsitzender für die Gemeinschaft, ihre Mitglieder und ihre Außenkontakte engagiert hat.

Kontakte zu den Mitgliedern

Schwerpunkt der Vorstandsarbeit waren – wie die Jahre vorher – die Kontakte zu den Mitgliedern überall in der Bundesrepublik, die bislang weitgehend von den an den Landeskirchen orientierten Landessarbeitsgemeinschaft getragen wurden. Diese luden zu Gottesdiensten nach altpreußischer Liturgie und zu Tagungen ein. Hier sind deutliche Einbrüche zu bemerken – nicht etwa nur wegen Alters und fehlenden Nachwuchses, sondern vor allem dadurch, dass sich trotz intensiven Suchens und Bittens niemand finden ließ, der Leitung und Organisation übernähme. Das gilt für Hamburg, Sachsen-Thüringen, Schleswig-Holstein und Westfalen-Lippe. Dankenswerterweise betreut weiterhin Pfarrer i. R. Klaus Lobisch kommissarisch die LAG Bayern. Für Berlin-Brandenburg konnte Pfarrer i. R. Norbert Rauer gewonnen werden, und für Hessen, Pfalz, Saar hat das neue Vorstandsmitglied Michael Giller die Leitung übernommen. In gewohnter Weise agieren die Arbeitsgemeinschaften Hannover-Braunschweig – Schaumburg-Lippe (OstR i. R. Christoph Scholz), die LAG Mitteldeutschland/Anhalt-Dessau (Dipl. theol. Markus Rinke und Diakon Schnecke); Oldenburg-Bremen (Leitungskreis mit Pfarrer i. R. Dr. Minke), Rheinland (Prof. Winfried Lange), Schlesische Oberlausitz (Sup. i. R. Hans-Wolfgang Hennig) und Württemberg-Baden (Pfarrer i. R. Dr. Paul Gerhard Eberlein). Allen, die hier Verantwortung tragen, sei weiterhin Geduld, Mut und Tatkraft gewünscht.

Hervorzuheben ist an dieser Stelle der „Gottesfreund" als regelmäßiger, institutionalisierter Kontakt. Angesichts des Alters der Mitglieder und der oft damit verbundenen eingeschränkten Mobilität hat das Monatsblatt große Bedeutung. Die seelsorgerlich-betreuende Seite wird künftig einen größeren Schwerpunkt haben müssen. Vorrang dürften nicht nur die Berichte aus der ursprünglichen Heimat bekommen. Für das nicht einfache Zusammentragen der Artikel sei dem Redakteur Andreas Neumann-Nochten und für die Begleitung der Redaktionsarbeit Frau Oberkonsistorialrätin i. R. Margrit Kempgen gedankt. Es erweist sich als kluge Entscheidung, die Redaktion in Görlitz lokalisiert zu haben – an der Neiße vor den „Toren" Schlesiens.

Regularien

Der Vorstand der Gemeinschaft – der vom Kirchentag 2013 gewählte, dessen Amtszeit 2015 endete, und der Vorstand, den im September 2015 die Mitgliederversammlung nominierte – hat die Satzungsänderung durchgeführt, die Aktivitäten innerhalb der Gemeinschaft begleitet und die Kontakte zum Konvent der ehemaligen Ostkirchen und zur Landsmannschaft Schlesien gehalten. Man war mit einem Stand vom 3. bis 7. Juni 2015 beim Kirchentag in Stuttgart präsent und gestaltete mit Landesbischof i. R. Hirschler und Generalsuperintendent Herche die Gottesdienste beim Deutschlandtreffen der Schlesier in der Zeit vom 19. – 21. Juni 2015 in Hannover. Zur Regelung dieser Aufgabe tagte der Vorstand am 28. und 29. Januar 2014 im Schlesischen Konvikt in Halle, am 25. Juni 2014 in Mainz, am 5. November 2014 in Berlin, am 12. März 2015 wiederum in Mainz, dann nach der Mitgliederversammlung am 7.9.2015 in Jauernick-Buschbach und zuletzt am 1. Dezember 2015 in Butzbach-Niederweisel. Deutlich war bei den Sitzungen, dass die finanzielle Basis der Gemeinschaft solide ist, auch wenn die Einnahmen in Folge der Abnahme der Mitgliederzahl (von 693 im Juni 2013 auf 606 am 7. Dezember

2015) zurückgegangen sind. Noch sind die Ausgaben für die Geschäftsstelle in Porta Westfalica, für den Gottesfreund und in Kombination mit Spenden auch die Schlesienhilfe zu finanzieren. Hier sind im Blickfeld die beiden Gemeinden in Breslau, die Friedenskirchen in Jauer und Schweidnitz, die Liebfrauenkirche in Liegnitz, die Frauenkirche in Lauban und die Kirche von Bad Warmbrunn. Vereinbart wurde, dass über Zahlungen der Regionalbischof zu informieren ist.

Ein besonderer Schwerpunkt der Vorstandsarbeit war die Gestaltung der Festveranstaltung am Abend des 6. September 2015 im Wichernhaus. Geboten wurden zunächst bislang unbekannte musikalische Funde aus dem Schweidnitzer Kirchenarchiv, die Dr. Stephan Anderholt vorstellte. Schwerpunkt war die Verabschiedung und der Dank an den scheidenden Vorsitzenden der Gemeinschaft evangelischer Schlesier, der wegen Krankheit nicht anwesend sein konnte. Aus der Laudatio von Dr. Minke sei hier zitiert:

Dank an Dr. Erdmann Schott

Für seine Arbeit ist heute Herrn Pfarrer Dr. Schott zu danken, „der über 20 Jahre – von 1993 bis 2015 – Vorsitzender der Gemeinschaft evangelischer Schlesier und von 1990 bis 2013 Vorsitzender des Vereins für schlesische Kirchengeschichte gewesen ist. Ihm sind nüchternes historisches Denken und Arbeiten und Führungsverantwortung zu danken, auf Grund deren die Gemeinschaft evangelischer Schlesier eine besondere Position unter den Vertriebenenverbänden einnehmen konnte. Lassen Sie mich es so sagen:

Die Gemeinschaft evangelischer Schlesier ist, anders als die Vertriebenenverbände, die im zivilgesellschaftlichen politischen Raum angesiedelt sind und sozialpolitische Forderungen vertreten, eine kirchliche Gemeinschaft im Gefolge der schlesischen evangelischen Kirche, und der Geschichtsverein ist wissenschaftliches Rückgrat der Gemeinschaft und klärt die Themen schlesischer Kirchengeschichte und theologischer Arbeit.

Auf diese Weise wird deutlich, dass die evangelischen Schlesier eine eigene, besondere Geschichte und eine eigene Frömmigkeitstradition haben, die z. B. durch die vielen Lieder in unserem Gesangbuch dokumentiert ist, die von Schlesiern verfasst sind. An dieser Stelle ist daran zu erinnern, dass Theologen wie Christian-Erdmann Schott – wie andere auch – nicht durch die Vertriebenenverbände veranlasst sind, sich der Gemeinschaft evangelischer Schlesier anzuschließen. Was sie motiviert, ist auch nicht die Verarbeitung des eigenen Fluchtschicksals oder die rückwärtsgewandte Verklärung von Heimat und Brauchtum. Es ist die Erforschung der Geschichte der schlesischen evangelischen Kirche und Theologie. Christian-Erdmann Schott kam zu den evangelischen Schlesiern über einen Aufsatz über ein Familienmitglied, das im 18. Jahrhundert in Breslau lebte. Diesem Aufsatz sind viele Aufsätze und Bücher über viele Themen gefolgt – von der Heiligen Hedwig bis zur Auseinandersetzung mit der EKD, die die Heimatvertriebenen seit den 70er-Jahren mehr und mehr aus dem Blick verliert. Für diese wissenschaftliche Arbeit war er durch Herkunft, Ausbildung und Biographie prädestiniert.

Hier ist nicht der Ort, die Vorstandstätigkeit von Dr. Schott zu analysieren oder gar eine Biografie zu bieten. Zu nennen ist hier vielmehr sein unermüdlicher Einsatz, mit dem er durch die Bundesrepublik reiste und über die evangelische Geschichte Schlesiens informierte. Sein besonderes Anliegen war der Gottesfreund, durch den die Gemeinschaft evangelischer Schlesier die Verbindung zu ihren Mitgliedern hält. Daneben bemühte er sich, dass Pfarrer Mag. Dietmar Neß das schlesische Pfarrerbuch über die ganze Zeit von der Reformation an herausgeben konnte. Zusammenfassend ist festzustellen: Sinn und Ziel der kirchengeschichtlichen Forschung bei Schott und anderen ist es, deutlich zu machen, dass die evangelischen Schlesier von Herkunft und Heimat, von Kirche und Gemeinden her einen besonderen Traditionsraum und eigene Identität haben und nicht, wie es Schott formuliert, „irgendwelche Dahergelaufenen" sind, die plötzlich aus einem Niemandsland auftauchten. Schlesier haben ein besonderes Erbe. Dieses Erbe haben wir mit den Polen und Tschechen gemeinsam. Darum spricht Christian-Erdmann Schott von der „Erbengemeinschaft" in dieser Region Europas.

Schaffen wir die Zukunft?

Oft wurde nach der Zukunft der Gemeinschaft gefragt. Es wurde betont, dass die, die in Schlesien geboren sind und das deutsche Schlesien erlebt haben, immer weniger werden. Deren Enkel sind an ihren „neuen" Wohnorten sozialisiert und erinnern sich oft nur oberflächlich an die Herkunft ihrer Großeltern und Eltern. Sie lassen sich nur selten als Mitglieder gewinnen. Dennoch ist – so gut es irgend geht – die Gemeinschaft in ihrer Existenz zu sichern, und zwar der Aufgaben wegen, die fortbestehen:

a) Die Verbindung zu den überall in der Bundesrepublik lebenden Schlesiern ist zu pflegen und der „Gottesfreund" als Brücke zu ihnen zu erhalten. In diesem Sinne sind die Antrittsbesuche von Generalsuperintendent Herche bei den Landesarbeitsgemeinschaften zu begrüßen.
b) Die Beschäftigung mit dem schlesischen Erbe, mit schlesischer Kultur und schlesischer evangelischer Kirchengeschichte hat ihren Schwerpunkt in Görlitz und der schlesischen Oberlausitz, nachdem Martin Herche zum Vorsitzenden

gewählt worden ist und da die Redaktion des „Gottesfreundes" und die kirchliche Stiftung evangelisches Schlesien in Görlitz zu Hause sind. Was das für die Arbeit der Gemeinschaft bedeutet, ist künftig zielgerichtet zu bedenken.

c) Aufgabe bleibt die Pflege der Kontakte zu den polnischen evangelischen Gemeinden in Schlesien.

Dr. Hans-Ulrich Minke

Verzeichnis der Mitarbeiter

Dr. Dietrich Meier, Zittauer Str. 27, 02747 Herrnhut

Dr. Ulrich Schmilewski, Kulturwerk Schlesien,
Kardinal-Döpfner-Platz 1, 97070 Würzburg

Prof. Dr. Aleksandra Lipińska, Institut für Kunstgeschichte
der Ludwig-Maximilians-Universität, Zentnerstr. 31D, 80798 München

Dr. Matthias Donath, Zentrum für Kultur//Geschichte,
Rittergut Jahna, Dorfstr. 3, 01665 Niederjahna

Andreas Laengner, Mittelstr. 31, 56584 Anhausen

Ortsregister

Personenregister